胡子南◎著

中资企业在德国收购策略与实务

ACQUISITION STRATEGY AND PRACTICE OF CHINESE ENTERPRISES IN GERMANY

中国经济出版社
CHINA ECONOMIC PUBLISHING HOUSE
北京

图书在版编目（CIP）数据

中资企业在德国收购策略与实务/胡子南著．--北京：中国经济出版社，2019.5

ISBN 978-7-5136-5675-7

Ⅰ.①中… Ⅱ.①胡… Ⅲ.①中资企业-跨国兼并-研究-德国 Ⅳ.① F279.247

中国版本图书馆 CIP 数据核字（2019）第 080273 号

责任编辑　贺　静
责任印制　马小宾
封面设计　华子设计

出版发行　中国经济出版社
印 刷 者　北京力信诚印刷有限公司
经 销 者　各地新华书店
开　　本　710mm×1000mm　1/16
印　　张　19
字　　数　302 千字
版　　次　2019 年 5 月第 1 版
印　　次　2019 年 5 月第 1 次
定　　价　59.00 元
广告经营许可证　京西工商广字第 8179 号

中国经济出版社 **网址** www.economyph.com **社址** 北京市西城区百万庄北街 3 号 **邮编** 100037
本版图书如存在印装质量问题，请与本社发行中心联系调换（联系电话：010-68330607）

序

中国与德国于1972年10月11日建交。2004年5月，双方宣布在中欧全面战略伙伴关系框架内建立具有全球责任的伙伴关系，并建立两国总理年度会晤机制。2010年7月，双方发表《中德关于全面推进战略伙伴关系的联合公报》，并同意建立政府磋商机制。2014年3月，中德关系升格为全方位战略伙伴关系。

且不论全方位战略伙伴关系与全面战略伙伴关系的异同之处何在，经贸合作无疑是中德关系的主体，这与两国的经济规模及互补性不无关系。中国已成为世界上第二大经济体，市场容量大，且在劳动力资源等方面拥有比较优势。德国是世界上第四大经济体，在汽车制造业、机械制造业、化学工业、可再生能源、纳米技术和环境保护技术等领域拥有比较优势。由此可见，中德两国的互补性是很强的。

长期以来，德国一直是中国在欧洲最大的贸易伙伴。2002年，中国首次超过日本而成为德国在亚洲最大的贸易伙伴。根据中方的统计，2018年中德双边贸易额高达1838.8亿美元，德方的统计则超过2000亿美元。无论如何，中国已连续三年成为德国最大的贸易伙伴。

德国是欧盟对华直接投资最多的国家，截至2018年年底，中国累计批准德国企业在华投资项目10272个，德方实际投入333.9亿美元。此外，德国是欧洲对华技术转让最多的国家。截至2018年年底，中国从德国引进技术24476项，合同金额达825.3亿美元。

德国也是对华提供发展援助最多的国家之一。2003年4月，德国政府决定，在两国财政合作框架内向我国紧急提供价值1000万欧元的医疗设备抗击“非典”，是当时向中国提供援助最多的国家之一。2008年5月汶川特大地震灾害发生之后，德国政府及各界累计向我国提供价值约2400万欧元的援助，并将中德发展援助项下的2000万欧元用于灾后重建。

众所周知，随着中国经济实力的不断增强，鼓励中国企业“走出去”已成为中国的国策和改革开放战略的重要组成部分。在中国企业“走出去”的过程中，德国的重要地位是不言而喻的。截至2018年年底，经中国商务部核准的中国累计在德国非金融类直接投资高达130多亿美元。

中德的相互投资是一种实实在在的“双赢”。上海大众汽车就是一个成功的榜样。1978年11月，邓小平同志的批示正式拉开了中外轿车合资经营洽谈的序幕。经过六年的谈判，双方于1984年10月在人民大会堂举行隆重的合营合同签字仪式，上海大众应运而生。在探索合资经营的道路上，上海大众迎难而上，走出了一条独特的利用外资、引进技术、滚动发展的道路，为中国汽车工业的快速发展提供了崭新的发展理念和成功的实践模式。经过近30年的发展，大众汽车公司的注册资本已经从最初的1.6亿元人民币增加到100多亿元人民币。

中国企业三一重工收购德国普茨迈斯特公司也是一个“双赢”的案例。普茨迈斯特的主导产品是泵车，而混凝土机械产品不是其强项。因此，三一重工可以帮助它尽快开发出搅拌车和搅拌站等混凝土设备，迅速扩大其产业链，在世界市场上获取更多的优势。国际建筑信息提供商KHL集团认为，三一的收购进一步扩大了普茨迈斯特在混凝土机械市场上的影响力。

2012年6月12日，时任德国经济和能源部长的菲利普·勒斯勒尔在柏林的一次关于德国如何吸引外国投资的新闻发布会上说，德国政府鼓励更多的中国企业投资德国，并希望德国人正视中国企业在促进其就业等方面的积极表现。

但是，近几年，来自德国的杂音也时有所闻。如在2016年5月，当中国家电企业美的向德国工业机器人制造商库卡公司发出一项收购要约后，一些德国人却认为，如果库卡的所有者变成中国企业，其工业技术和企业数据的安全性会受到不良影响。

2018年12月19日，德国联邦经济和能源部部长彼得·阿尔特迈尔公开表示，德国内阁讨论并通过了《对外经济条例》修改草案。根据新的规定，涉及德国国防以及关键基础设施领域的企业在被非欧盟资本收购时，将受到德国政府更为严格的审核。他说，德国欢迎外国企业在德国投资，但也会对一些敏感领域的投资进行"更仔细的审查"。且不论德国政府的这一举措是否针对中国，可以预料，今后中国企业在德国进行投资时面临的阻力可能会上升。

一方面，我们希望中德关系能排除各种干扰，稳步推进，使双边合作成为实实在在的双赢；另一方面，我们要加强对德国投资环境的研究，尤其要研究与"绿地"投资或并购有关的各种政策、法规、程序和流程。

胡子南博士多年关注中国企业在德国的投资。作为他的博士研究生导师，我对他能出版本书感到由衷的高兴。希望本书能为更多的中国投资进入德国提供有力的学术支撑。

江时学

2019年5月

前言

随着中国经济持续稳定发展，中资企业“走出去”的趋势越发明显，中国对外投资增速持续高于全球，中国已经成长为世界最重要的对外投资国之一。欧美成为中资企业跨境收购最关注的区域，其中德国尤其受到青睐。德国社会政治环境稳定、经济科技极具竞争力、中德经贸往来密切以及两国经济结构互补强等因素推动中资企业在德投资出现井喷式增长。2016年，中资企业在德国收购项目68个，相继宣布多个极具历史意义的大型收购交易，交易金额达到127亿美元，创造了交易数量和交易额的历史纪录。2017年，中资企业在德国收购项目共计54个，尽管交易数量有所降低，但是交易金额仍创下137亿美元的新纪录。中资企业的大规模收购在德国引起了极大反响。随着交易金额和交易量的快速增长以及收购目标转向高新技术领域，德国部分公众和媒体开始担忧中资企业收购，一时间“买空德国论”和“技术阴谋论”甚嚣尘上，中资企业在德国收购受到越来越多的不确定因素的影响。在这样的背景下，本书主要立足于对以下四个问题进行研究：第一，中资企业在德国收购的现状以及跨境收购面临哪些挑战？第二，中资企业为何选择德国公司作为收购目标以及德国是否因此而受益？第三，基于挑战，中资企业应该如何收购德国企业？第四，回顾以往收购案例，有什么经验和教训可以指导实践？上述四个问题实际上就是中资企业在德国收购时所遇到的共性问题，本书以案例研究为基础并结合理论分析，探寻在德国收购的最佳路径，希望能够为在德收购的中资企业给予借鉴和帮助。

本书归纳出中资企业在德国收购的挑战有以下几点：一是中资企业对德国关于外商收购的监管法规和操作程序不熟悉，导致在交易实施过程中经常处于被动局面；二是德国部分公众和媒体对中国投资者表示怀疑，甚至视为威胁，中资企业在德收购面临较大的公众和舆论压力；三是德国收紧了外资收购安全审查力度，并推动欧盟立法阻止中资企业收购德国和欧盟的技术型公司；四是中资企业难以充分评估德国的企业制度、营商环境和公司文化，导致投后管理出现偏差，难以实现预期目标；五是中国政府加强境外投资的监管力度并严控人民币资金出境，进一步规范了中资企业跨境收购行为；六是中资企业未能准确识别收购风险以及外部环境的重大变化，导致收购彻底失败。

中资企业在德国应对挑战的对策：一是严格遵守德国相关的法律法规。中资企业在德国收购的企业基本都是以资合公司为主，资合公司主要分为有限责任公司和股份公司，中资企业在德国收购时应严格按照德国相关法律法规进行交易操作。二是尊重德国的法律法规和当地的风俗习惯。用一个个成功的收购案例树立中资企业的正面形象。三是高度重视国内外的政府审查，尤其是德国和欧盟收紧外商投资安全审查的问题，确保交易能够顺利交割。四是进行成功的投后整合和管理。中资企业应根据德国公司实际经营状况合理设计与之相适应的治理结构、议事规格、决策机制和奖惩制度，最大限度地提高德国公司的运营效率和经济效益。五是搭建合适的交易架构。中资企业基于融资方式、风险隔离、税收优惠和投后管理等因素考虑，常利用间接收购方式进行收购交易。六是对自身和交易对手有清晰的认识和明确的定位，以准确评估交易价值并且能够识别潜在的风险。

根据技术创新产业升级理论，中资企业实施“走出去”的发展战略，通过跨国收购持续不断地进行技术积累和升级已经成为历史的必然选择，也是不可逆的发展趋势。当中国经济实力和科技实力处于绝对优势地位时，相信中资企业跨境收购不仅仅在德国，在全世界范围内都会拥有更加光明的未来。实现这个远大的目标需要我们共同努力。

目录

contents

第一章　绪　论

第二章　中资企业在德国收购的动因

第十一章 德国国家安全审查

第十二章 其他影响在德国收购的因素

第一章

绪　论

第一节　问题的提出及选题意义

伴随着我国经济持续稳定发展，中资企业实力逐渐增强，中国对外投资增速持续高于全球平均水平。近两年更实现了历史性突破，对外直接投资流量首次位列全球第二。2015 年，中国对外投资占全球比重提升到 9.9%，首次超过同年吸引外资额，成为资本净输出国。中资企业海外收购的总体规模不断扩大，收购目标转向了发达国家市场，收购领域呈现出多元化和高端化的特点。

德国是世界制造业大国，更是制造业强国，同时也是我国在欧洲最大和全球第六大贸易伙伴。中德双边贸易额是中国与英国、法国和意大利三国贸易额的总和，占中欧贸易总额的近三成。据德国联邦统计局统计[①]，2017 年中德双边贸易额继续呈增长态势，达到 1866 亿欧元。其中，德国对中国出口 862 亿欧元，德国自中国进口 1005 亿欧元。德国与中国的贸易逆差为 143 亿欧元，中国是德国第三大出口国和第一大进口来源国，连续两年成为德国第一大贸易伙伴国。[②] 中德经贸水平高，产业结构互补性强。中国制造 2025 与德国工业 4.0 都强调产业转型升级，“一带一路”倡议和供给侧结构性改革与欧盟的容克计划深度对接，为我国企业投资合作提供了新的历史性机遇。

根据安永咨询（Ernst & Young Advisory）统计，2016 年中资企业在德国收购项目 68 个，交易金额达到 127 亿美元，创造了交易数量和交易

---

① Statistisches Bundesamt, “Volksrepublik China ist erneut Deutschlands wichtigster Handelspartner”, 21. Februar 2018, https://www.destatis.de/DE/PresseService/Presse/Pressemitteilungen/2018/02/PD18_055_51.html.

② 2017 年，中国、荷兰和美国是德国前三大贸易伙伴国，其中，荷兰和德国双边贸易额为 1773 亿欧元，美国和德国双边贸易额为 1773 亿欧元。美国（1115 亿欧元）、法国（1052 亿欧元）和中国（862 亿欧元）是德国前三大出口目的国。中国（1005 亿欧元）、荷兰（914 亿欧元）和法国（642 亿欧元）是德国前三大进口来源国。

额的历史纪录。2016 年，中资企业相继完成多个极具历史意义的大型收购项目：上海电气集团收购飞机制造设备和解决方案供应商 Brotje - Automation（BAW）；美的集团收购工业机器人和智能自动化解决方案供应商 KUKA；北控水务收购德国最大垃圾焚烧发电运营商 EEW 等。中资企业在德国收购规模屡创新高，多个项目的交易金额超过 10 亿欧元。2016 年一年的交易额就超过过去中资企业在德国收购额的总和。2017 年中资企业在德国收购项目共计 54 个，尽管交易数量有所降低，但是交易金额达到了创纪录的 137 亿美元，再一次刷新了交易金额的纪录。2018 年，受中美贸易争端以及美国监管政策趋严的影响，中资企业跨境收购迅速转向欧洲①，相信德国在当前以及未来相当长一段时间内对中资企业的吸引力会进一步凸显。

中资企业的大规模收购在德国引起了极大反响。在美的收购库卡时，德国内阁成员甚至公开呼吁②："库卡掌握了德国'工业 4.0'的核心技术，该技术不应落在中国人手中。"2016 年，中国福建宏芯基金拟收购德国芯片厂商 Aixtron，德国经济部以交易可能影响国家安全为由在出具"无公共安全疑虑"证明后又收回，导致交易重新审核并最终流产。2018 年，中国汽车制造商吉利通过投行在二级市场直接买入等方式入股 Daimler AG，持有 Daimler 9.69% 的股票，成为其第一大股东，但德国联邦金融监管局认为这一行为违反了德国《证券交易法》（WpHG）。根据规定，吉利可能面临最高 1000 万欧元或年营业额 5% 的罚款。上述 3 个案例不是偶然情况，以往中资企业收购规模小，主要收购濒临破产的企业，一般不大会引人注意，但是随着交易金额和交易数量的快速增加以及收购目标向高新技术领域集中，德国部分公众和媒体开始担忧中资企业收购，一时间"买空德国论"和"技术阴谋论"甚嚣尘上，中资企业在德国收购面临更多的不确定性因素。

在这样的背景下，本书主要立足于对以下 4 个问题进行研究：第一，中

① 荣鼎咨询（Rhodium Group）发布的报告显示，2018 年上半年，中资企业宣布在欧洲的收购交易金额为 220 亿美元，是北美交易额（25 亿美元）的 8.8 倍，已完成收购交易金额为 120 亿美元，是北美交易额（20 亿美元）的 6 倍。

② "German push grows for Chinese investment", Customs Today, October 24. 2016, http://www.customstoday.com.pk/german-push-grows-for-chinese-investment/.

资企业在德国收购的现状以及跨境收购面临哪些挑战？第二，中资企业为何选择德国公司作为收购目标以及德国是否因为中资企业收购而受益？第三，基于挑战，中资企业应该如何收购德国企业？第四，回顾以往收购案例，有什么经验和教训值得反思和借鉴？上述4个问题实际上就是中资企业在德国收购时所遇到的共性问题，本书拟以案例研究为基础，并结合理论分析探寻在德国收购的最佳路径，希望能够为在德收购的中资企业给予借鉴和帮助。

首先，中资企业在德国收购面临的风险是极高的，既有外部风险也有内部风险，既有政治风险也有商业风险和法律风险。例如，不了解德国法律法规和收购程序导致交易困难和财产损失；由于人员安排不当或收购意图模糊不清导致公司经营亏损；对德国的国家安全审查不够重视导致交易被否决无法交割等。此外，收购过程中的借贷风险也时有发生，特别是对于负债率较高的私营企业，不建议用过高的杠杆进行融资收购，避免后期出现差池导致资不抵债的情况出现。还有投后整合才是整个跨境交易的关键，在投行圈中有一个著名的“七零定律”，即70%的收购难以达到预期，其中70%的不成功案例源于整合失败。由此可知，虽然中资企业在德国开展收购潜力巨大、前景广阔，但也必须警惕各类风险，防患于未然。

其次，尽管中资企业在德国收购呈井喷式增长，但是国内外缺乏对中资企业在德国收购的全面性研究。实际上，国内对跨国并购的研究有很多，但是针对德国收购的全面性研究却少之又少。通过查阅可以发现，目前主要有两个维度的研究：一是对德国经济的整体研究，从德国经济体制到德国企业概述，其中只有很少的涉猎跨境收购的相关内容（殷桐生，2016；徐聪，2015；史世伟、陈建平，2012）①。二是引入德国的相关研究，详细分析中资企业在德收购需要解决的重点问题并进行案例分析，但是这种研究缺乏中资企业的视角（卜石元，2015）②。国外对该领域的研究也仅仅局限在某些细分领域，如中国境外投资的监管制度、中国收购与中国制造2025间的关系以及德国企业特点等（纪尧姆·杜瓦尔，2016）③，没有就中资企业在德国收购行为进行全面的梳理和分析，这也是本书展开研究的一个重要考虑因素。

① 殷桐生. 德国经济通论[M]. 北京：社会科学文献出版社，2016. 徐聪. 德国经济治理[M]. 北京：时事出版社，2015. 史世伟，陈建平. 德国经济数字地图2011[M]. 北京：科学出版社，2012.

② 卜石元. 中资企业德国投资指南与案例分析[M]. 上海：上海人民出版社，2015.

③ [法]纪尧姆·杜瓦尔. 德国模式为什么看起来更成功[M]. 北京：人民邮电出版社，2016.

第二节 主要内容及研究框架

一、研究思路和主要内容

本书坚持以案例研究为基础，通过分析以往成功或失败的案例来解答本书关注的四个核心问题，从而系统性地对中资企业在德收购进行解读。

第一章是绪论，主要表述本书研究的主要问题、选题的意义和相关研究框架。

第二章主要分析中资企业为何倾向于选择德国公司作为收购目标。可简单归纳为：①德国是中资企业海外收购最安全的国家之一；②工业 4.0 和中国制造 2025 势必推动中资企业加快收购德国企业；③德国的优势产业可以帮助中资企业弥补技术上的差距；④中资企业可以通过收购推动企业实现战略目标。

第三章主要总结概述中资企业在德国收购的现状和特点以及由此产生的影响。①可以确认德国是中资企业近年来（2015—2018 年）在欧洲收购规模最大的国家；②中资企业在德国的收购过程呈现出了一些特殊性，例如，民营企业是收购的主力、收购领域主要是高新技术和高端装备制造产业、收购行为全部都是善意的，以及收购的目的主要是战略导向性等；③从德国的视角分析中资企业在德国收购带来的影响，可以发现这是一种互利共赢的关系。

第四章至第十三章是本书的核心章节，主要是对中资企业在收购期间遇到的主要问题和挑战进行梳理，并在此基础上提出解决方案。基于中资企业在德国收购遇到的主要挑战，包括不熟悉德国公司法体系以及收购程序、面临较大的公众和舆论压力、德国收紧国家安全审查、收购后整合执行不力、未能充分识别法律风险以及外部环境的重大变化等，一一进行归纳总结并提出应对之策，包括熟稔德国公司的法律法规和收购程序、选择合适的服务中介机构并审慎签署交易文件、准确地对目标公司进行价值评估、因地制宜地设计收购策略、合理搭建交易结构、努力在德国公众和媒体面前树立正面形象、积极应对德国国家安全审查以降低审批风险、重视美国和欧盟等其他因素对交易的影响以及合理安排投后整合。

第十四章主要是总结和展望，即对全书进行梳理和总结，并对中资企业未来在德国收购进行简单的预测。

二、主要研究框架

本书的逻辑思路和研究框架如图 1－1 所示。

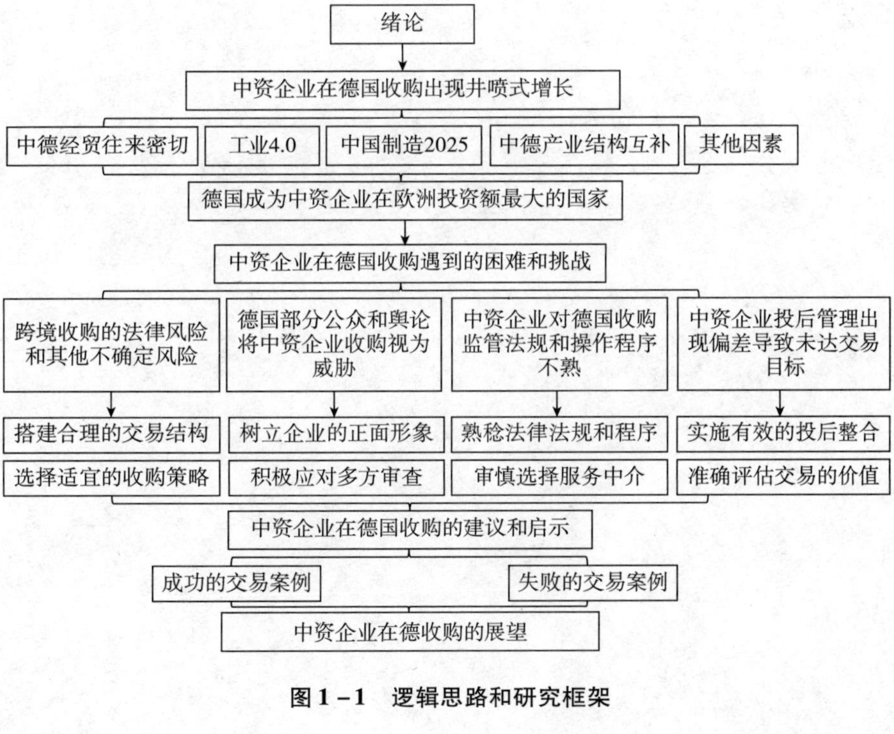

图 1－1　逻辑思路和研究框架

第二章

中资企业在德国收购的动因

近两年，在全球跨境投资增长趋于停滞甚至小幅回落的情况下，随着中国经济持续稳定发展，中资企业“走出去”的趋势越发明显，中国对外投资增速持续高于全球平均水平。2015 年，中国对外投资占全球比重提升到 9.9%[①]，首次超过同年吸引外资额，成为资本净输出国。2016 年中国对外直接投资 1961.5 亿美元[②]，首次成为全球第二大对外投资国。与此同时，德国作为全球最稳定和最具竞争力的国家之一，吸引了大量中资企业在德国投资。2016 年中资企业在德国投资 126 亿美元，收购或参股 68 家德国企业，创造了交易数量的历史纪录。2017 年中资企业在德国投资金额达到 137 亿美元[③]，创造了交易金额的历史纪录。是什么原因让中资企业如此青睐在德国进行收购？

① 商务部，国家统计局和国家外汇管理局. 2015 年度中国对外直接投资统计公报[R]. 2016－09－22：4. 公报显示，2015 年中国对外直接投资流量首次位列全球第二位，超过同期吸引外资水平，创造了 1456.7 亿美元的历史纪录，同比增长 18.3%，交易额仅次于美国的 2999.6 亿美元。

② 商务部，国家统计局，国家外汇管理局. 2016 年度中国对外直接投资统计公报[R]. 2017－09－30：3. 公告显示，2016 年中国对外直接投资流量创下 1961.5 亿美元的历史新高，同比增长 34.7%，在全球占比达到 13.5%。

③ 德法意三国联手严控中资并购[N/OL]. 2018－01－28，欧洲时报：http://www.oushinet.com/ouzhong/ouzhongnews/20180128/283166.html.

第一节　德国是海外收购最安全的目的国之一

根据德国中国商会发布的《问卷》统计，中德两国稳定的政治经济关系是吸引中资企业投资德国最主要的因素，其他还包括德国强大的经济实力、先进的制造技术、成熟的营商环境以及完善的基础设施等（见表2－1）。

表2－1　中资企业选择德国投资的原因统计

序号	考量因素	选择比例
1	中德两国政治经济关系稳定	76.53%
2	德国成熟的营商环境	62.24%
3	德国领先的国际地位	60.20%
4	德国强大的经济实力	53.06%
5	“德国制造”国际声誉	47.96%
6	德国优势的地理位置，便于开拓欧洲市场	44.90%
7	德国完善的基础设施	32.65%
8	德国强大的创新能力	26.53%
9	德国高素质的劳动力	23.47%
10	德国便利的物流网络	2.04%
11	德国规范的税务体系	1.02%
12	投资移民	0.52%

资料来源：德国中国商会发布的《中资企业在德商业环境调查2015》。

中国社会科学院发布的《中国海外投资国家风险评级报告（2017）》指出，在全球57个评级对象中，德国是中国海外投资最安全的国家。Wharton School和BAV咨询公司对来自世界60个国家的16200名精英进行调查的问卷[①]显示，德国以100分的成绩高居全球“国家品牌”排行榜的首位。世界经济论坛出版的《全球竞争力报告2017—2018》[②]中，德国被评为世界上最具竞争力的国家之一，在全球137个经济体中高居第五位。德国吸引中资企业收购的原因可总结为：

第一，强大的经济实力。德国是世界第四大经济体、欧洲第一大经济体，其经济总量仅次于美国、中国和日本，是高度发达的资本主义国家。德国人均GDP超过4万美元，国民生活水平很高，消费潜力巨大。德国的基础科学、理工科学以及应用科学极为发达，以汽车和精密仪器为代表的高端制造业推动德国经济持续稳定发展，使得德国常年保持世界前三的出口大国地位。德国联邦统计局统计[③]，2016年德国贸易顺差增值2529亿欧元，约合2700亿美元，创下二战以来的最高贸易顺差纪录。2017年德国经常账盈余达到2870亿美元，连续两年创全球最高纪录。

第二，高效、健全的行政体制和法制。德国是联邦制国家，由16个享有高度自制权的联邦州组成。各级政府权力划分清晰、各司其职。联邦政府主要负责涉及国家安全、外交、宏观经济政策、基础设施建设和社会公共服务等工作；州政府主管大学教育、环境保护和农业投资等工作。这种分权分税制的管理真正实现了权利和责任、事权和财权的统一。德国是大陆法系国家的典型代表，法律的规范、透明一直都是世界其他国家效仿的对象。在市场准入方面，德国对外资基本实行较为宽松的市场准入政策。德国《对外经济法》规定外国投资者在德国投资享受与本国企业一致的国民待遇，外国投资者在德国设立和运营公司以及资本流通都不会受到区别对待。

第三，稳定的政治环境。回顾近几十年德国政党和总理轮换可以发

---

① 麦克欣. 全球最佳国家排名出炉：德国居榜首，新加坡排名第15位[N]. 联合早报，2016-01-22：6.

② 全球竞争力报告2017—2018》对全球137个经济体根据12项指标进行评估，评估标准包括：企业创新能力、政府的经济政策、经济和金融市场状况以及基础设施和教育等。在该榜单中瑞士、美国、新加坡和荷兰位居前4。在最新一期（2108年10月17日发布）全球竞争力报告中，德国位居美国和新加坡之后，排在全球第3位。中国排名第28位。

③ 具体信息详见德国联邦统计局（Statistiches Bundesamt Deutschland）网站中ZAHLEN & FAKTEN一栏，https://www.destatis.de/DE/ZahlenFakten/Indikatoren/Konjunkturindikatoren/Konjunkturindikatoren.html.

现，与其他发达国家像日本、意大利和西班牙等国不同，德国选举和换届比较稳定。1982 年，赫尔穆特·科尔以基民盟主席的身份开始担任联邦德国总理，在位时间 16 年。继任者格哈特·施罗德在位 7 年。2005 年默克尔当选联邦总理，也是德国历史上首位女总理，其在 2009 年、2013 年和 2018 年的大选中都获得胜利，得以连任。正是由于执政党和领导人均在位时间较长，德国在对内对外政策上能够保持良好的延续性，保证了德国企业拥有一个良好的政治环境。

第四，完备的社会保障体系。德国是第一个建立社会保险制度的国家，19 世纪德国针对工伤和老弱病残专门制定并颁布了保护法令，标志着世界上第一个完整国家保险体系的建立。德国的社会保障制度已经不断发展了上百年，建立了完善的全民保障制度。德国通过征税，特别是对高收入阶层征收高比例个人所得税，再由国家转移支付给弱势社群，在一定程度上缩小了贫富差距。此外，德国政府每年将 GDP 的 1/3 用于公共福利支出，德国社会福利对公民的覆盖是“从出生到死亡”，各种各样的补助和救济真正使德国做到了幼有所育、学有所教、病有所医、老有所养、住有所居和弱有所扶，保证了德国社会环境的稳定。

第五，极具竞争力的教育制度。在德国很少有年轻人失业，究其原因，就是德国采用双轨制，即青少年在 12 ~13 岁时可以选择就读文理中学（毕业后可进入综合大学）或实验中学。如若选择实验中学，青少年一方面接受基础教育，另一方面根据企业实际需求进行专业技能培训，提高就业能力。国家鼓励企业联合高校对学生进行职业技能培训并提供补贴。通过这种校企联合的培养方式，真正提升了德国劳动力的整体素质，为德国企业持续健康稳定发展提供了大量优质的劳动力。

第六，制造业立国与“德国制造”的品牌价值。德国坚持“制造业立国”的发展战略，支撑该战略的是被称为“隐形冠军”的 1000 家至 1500 家中小企业。这些企业很少出现在公众媒体上，却在某一专业领域占有绝对优势，具有高度专业化和竞争能力强的特点。德国政府充分认识到了这些企业的价值，制定了大量鼓励扶持政策支持中小企业发展，包括保证市场开放、禁止大企业垄断和提供财政支持等，给中小企业提供了良好的发展空间。此外，“德国制造”的品牌价值也是吸引中资企业收购德国公司的关键，德国在多个行业尤其是高端制造业拥有无可匹敌的品牌效应，长期以来，“德国制造”一直都是优质、专业、环保和耐用的代名词，而这正是中资企业走向世界所急需的。

第七，德国企业估值相对较低，收购相对容易。相较于美国、英国和日本，德国很多企业由于公司规模相对较小、参与资本市场较少，导致估值相对较低。此外，2017 年以前德国对中资企业在德国收购采取相对开放和宽容的态度，在外商投资安全审查以及反垄断审查方面并未对中资企业区别对待，这与中资企业在美国收购屡屡受挫①形成了鲜明对比。当然，2017 年以后德国政府也开始收紧安全审查政策，但不能否认相较于美、日等国，中资企业在德收购受到的舆论和政府阻力依然相对较小，收购相对容易。

第八，先进的企业经营理念。德国企业坚持高度专业化、坚持创新、注重服务、遵循品质至上和全球化的发展理念。德国企业尤其是中小企业强调以人为本、注重发展员工素质、加强团队合作、追求精益求精和诚信，这些都值得处于飞速发展和变革中的中资企业借鉴和学习。

① 据美国研究机构迪罗基数据公司统计，2016—2017 年年初已有 29 个中资企业对美国公司的收购交易没有完成，包括清华紫光 230 亿美元收购美光科技（Micron Technology）、中国国有基金（Canyon Bridge Fund Partners）收购莱迪思（Lattie）半导体以及 TCL 5000 万美元收购诺华达无限通信（Novatel Wireless）公司的移动宽带业务等，都被 CFIUS 以危害美国国家安全为由予以否决。受此影响，2016 年前 11 个月，中资企业在美国并购规模为 603.6 亿美元；2017 年同期只有 138.8 亿美元，同比下降近 80%。

第二节　推动中国制造业高质量发展的有效路径

2014年，国家主席习近平在德国访问时发表的署名文章中重点提到了德国工业4.0战略，并指出中德合作将因此有更多契合点。同年，李克强总理也在德国访问期间发表了《中德合作行动纲要》，宣布中德两国将开展工业4.0合作。2017年习近平再次撰文[①]指出，中德双方应以开拓创新和开放包容的思维，加强中国制造2025和德国工业4.0战略对接，深化创新、互联网、智能制造、金融、能源、环保和绿色发展等领域的务实合作。实际上，近年来中资企业在德的收购案例已清楚地表明在中国企业由“中国制造”向“中国智造”转型升级的大背景下，中德两国经济拥有很强的互补性和巨大的合作潜力。

一、德国工业4.0

2013年4月，德国在汉诺威工业博览会上首次发布《实施工业4.0战略建议书》（以下简称《建议书》），正式提出“工业4.0”的概念。德国政府旨在通过工业4.0提高德国工业竞争力以便在新一轮的工业变革浪潮中抢占先机。

《建议书》将18世纪以纺织机为代表的机械制造设备出现定义为工业1.0，将19世纪末20世纪初电气化设备的广泛应用定义为工业2.0，将20世纪70年代以来电子与信息技术以及自动化的发展定义为工业3.0。所谓工业4.0，是指将网络、计算机技术、信息技术、软件和自动化技术与工

---

① 习近平2017年7月4日在对德国进行国事访问之际，在德国主流媒体发表了题为《为了一个更加美好的世界》的署名文章。

业技术进行高度融合，形成信息物理系统（Cyber - Physical System，CPS），将生产中的供应、制造和销售工具和信息数据化、智能化，实现高效、优质和个性化的产供销新模式。德国认为工业 4.0 是一种高度自动化、信息化、网络化的生产状态，即工厂里工人、生产设备、机器人、传送装置、仓储系统、生产设备和原材料在信息数据化的引导下形成一个循环网络，实现高效协作、成本控制、质量保障和个性化生产的目的。①

德国工业 4.0 的战略要点可以总结为一个网络、三项集成、四大主题和九大支柱技术。②

一个网络，是指信息物理系统（以下简称“CPS”）。CPS 利用计算机、传感器和驱动器装置整合为一个控制系统，形成环境感知、嵌入式系统、网络通信和网络控制等系统工程，实现实时感知、动态控制和信息服务的生产路径。

三项集成包括横向集成、纵向集成和端口对端口集成。工业 4.0 利用 CPS 形成智能网络，将生产者和消费者、生产者和生产设备、生产设备和物流设备以及生产与服务之间高效连接，从而实现生产制造网络集成。

所谓横向集成，就是要在生产商与生产商、生产商与供应商、生产商与经销商以及生产商与消费者之间实现信息、资金、物流和服务的有效连接和协同。这种连接和协同不仅仅是企业内部组织的连接和协作，还是涉及产业链上、中、下游各个环节的连接和协作，从而更高效地对原材料、资本和生产设备进行配置，缩短产品研发生产和销售周期并满足差异化的市场需求。

所谓纵向集成，就是实现企业内部管理科学化、组织单位专业化，将企业职能专业划分为采购系统、生产系统、销售系统、财务系统和服务系统；同时，实现系统之间的兼容和协同，打破信息孤岛，追求内部专业性和外部一致性。

所谓端口到端口集成，是指围绕产品全生命周期进行集成，即流程是

① Saurabh Vaidya, Prashant Ambad and Santosh Bhosle, "Industry 4.0 - A Glimpse", *Procedia Manufacturing*, Vol. 20, 2018, pp. 233 - 238.

② Kagemann, H., Wahlster, W. and Helbig, H. "Securing the future of German manufacturing industry: Recommendations for implementing the strategic initiative INDUSTRIE 4.0", *National Academy of Science and Engineering*, Berlin/Frankfurt, 2016, p. 82.

从一个端口到另一个端口，中间是连贯的，不会出现局部断点。从企业层面上看，端口到端口的集成既包括企业内部组织架构之间的纵向集成，也包括涉及整个产业链的企业间横向集成，从而实现产品生命周期全覆盖。

四大主题，是指通过引入 CPS，降低生产成本，增加生产效率，满足产品定制化需求，即工厂、生产、物流和服务智能化和专业化。

智能工厂：利用物联网技术加强信息管理和服务，通过实时数据采集输送，掌控产供销流程，科学安排生产计划，增强生产过程的控制力度，降低人工干预，构建高效节能、绿色环保和环境舒适的人性化智能工厂。

智能生产：将生产物流管理、人机互动和 3D 技术合理地应用在工业生产过程中，对整个生产流程进行实时监控、数据采集、统计分析和高效管理。

智能物流：利用物联网和互联网掌控物流资源，实现生产者和消费者实时联通与高效沟通。

智能服务：通过感知控制和大数据分析第一时间掌握消费者需求，据此提升产品销售和服务质量，增加在线体验、便捷配送、优化保养和自动维护等消费服务。

九大技术支柱，是指物联网技术、云计算技术、大数据技术、工业机器人技术、3D 打印技术、自动化技术、网络安全技术、虚拟现实技术以及人工智能技术。

综上可知，德国工业 4.0 是将德国先进的设备制造技术、强大的技术研发能力以及领先的企业管理理念与互联网和人工智能高度融合，是对德国先进高端制造业的进一步升级，在这一过程中，中资企业拥有更多的机会进行学习和借鉴，从而极大地推动了中资企业在德收购。

二、中国制造 2025 推动中资企业在德国开展收购

中国制造 2025 由国务院于 2015 年颁布。时年在全国政协第十二届常委会第十三次会议上，工业和信息化部部长苗圩指出："18 世纪中叶第一次工业革命以来，世界强国的兴衰史和中华民族的奋斗史一再证明，制造业强大是国家和民族强盛的基础。制造业是国民经济的主体，是立国之本、兴国之器、强国之基……目前全球制造业已基本形成四级梯队发展格局。第一梯队是以美国为主导的全球科技创新中心。第二梯队是高端制造

领域，包括以德国为首的欧盟和日本。第三梯队是中低端制造领域，包括中国在内的一些新兴国家。第四梯队主要是资源输出国和失败国家……中国目前处于第三梯队，面对技术和产业变革及全球制造业竞争格局的重大调整，中国既面临机遇也面临挑战，希望经过若干阶段的努力，在新中国成立100年时，把我国建设成为引领世界制造业发展的制造业强国。”在这种背景下，中国制造2025提出了3个十年“三步走”计划。通过“三步走”实现我国由制造业大国向制造业强国转变的战略目标：第一步，到2025年迈入制造业强国行列；第二步，到2035年我国制造业整体达到世界制造强国阵营中等水平；第三步，到新中国成立100年时，综合实力进入世界制造业强国前列。①

中国制造2025战略可以概括为：一条主线、四大转变、八大对策和十大领域。②

一条主线，是指以信息技术和制造技术深度融合的数字化、网络化和智能化制造为主线，这与德国工业4.0的定义异曲同工，两者都强调信息技术和制造技术的融合，都强调数字化、网络化和智能化在制造业中的重要性。

四大转变，是指由要素驱动向创新驱动转变、由低成本竞争向质量品质竞争转变、由生态负担重的粗放制造向绿色环保制造转变、由生产制造向服务制造转变。这四大转变实际上是针对目前我国制造业大而不强的现状而提出来的。“德国制造”一直都是高端产品的代名词，这与德国长期坚持创新驱动、坚持品质第一、坚持节能环保和优质服务不无关系，中国制造只有以德国制造为榜样，才能真正推动中国制造实现跨越式发展。

所谓八大对策，是指推行数字化、网络化和智能化制造，提升产品设计能力，完善制造业技术创新体系，强化制造基础，提升产品质量，推行绿色制造，培养具有全球竞争力的企业群体和优势产业并大力发展现代制造服务业。根据这八大对策，中国制造2025推出了十大重点领域：包括新一代信息通信技术、高档数控机床和机器人、航空航天装备、海洋工程装

---

① 国务院印发《中国制造2025》[EB/OL]. 2015-05-08，中国政府网：http://www.gov.cn/zhengce/content/2015-05/19/content_9784.htm.

② 工业和信息化部部长．“中国制造2025”可简单概括为“一二三四五五十”[EB/OL]. 2015-05-020，中国政府网：http://www.gov.cn/xinwen/2015-05/20/content_2865061.htm.

备及高技术船舶、轨道交通装备、节能与新能源汽车、电力装备、新材料、农业机械装备和生物医药及高性能医疗器械。

在这十大重点领域中（见表2－2），德国在高档数控机床、工业机器人、轨道交通装备、节能与新能源汽车等多个领域都拥有无可匹敌的技术优势和品牌声誉，这些正是中资企业难以依赖内源发展在短期内实现快速突破的，所以对行业内领先的德国企业进行收购就成为中资企业的必然选择。德国贝塔斯曼基金研究会在2018年5月曾公布了一项基于中国制造2025的统计数据：2014—2017年，研究会调查了德国本土共计175家中资企业持股比例≥10%的德国公司，发现其中124家德国公司（占比71%）的最大股东是中资企业，更值得注意的是，有112家德国公司（占比64%）所处的行业与中国制造2025十大重点领域重合。

表2－2　中资企业近年来收购涉及中国制造2025十大重点领域的部分项目

序号	重点领域	中资企业相关收购
1	新一代信息通信技术	2016年福建宏芯基金收购德国半导体设备供应商Aixtrion（收购失败）； 2017年西安炬光科技收购世界领先的微光学供应商德国LIMO
2	高档数控机床和机器人	2012年潍柴动力收购德国叉车制造商和液压技术领军者Kion； 2012年三一重工收购德国混凝土龙头企业Putzmeister； 2012年徐工集团收购德国混凝土机械生产厂商Schwing； 2014年均胜电子收购德国工业机器人和系统集成服务商IMA； 2016年美的集团收购德国工业机器人制造商KUKA； 2017年埃尔顿收购德国自动化装配和测试生产线供应商M. A. i； 2017年合锻智能收购德国压力机制造商Lauffer； 2017年创达科技（HK. 01322）收购德国电脑数控加工设备制造厂和“Hueller－Hille”品牌； 2018年香港创达科技收购德国机床工程解决方案供应商Zuse Holdings
3	航空航天装备	2013年中航工业收购德国航空活塞发动机生产商Centurion； 2013年海翼中国收购德国全复合材料水陆两栖飞机制造商Dornier Seawings； 2014年中航工业收购德国传动系统和动力总成系统制造厂商海力达（hilite）电机； 2017年忠旺控股收购德国高端铝挤压企业乌纳铝业； 2017年钢科研集团收购德国航空碳纤维复合材料零部件制造商Cotesa
4	海洋工程装备及高技术船舶	2014年中航工业收购德国传动系统和动力总成系统制造厂商海力达（hilite）电机

续表

序号	重点领域	中资企业相关收购
5	轨道交通装备	2011—2016 年，均胜电子先后收购德国汽车空调、车身电子控制系统制造商 Preh；汽车软件开发和 ECU 测试工程服务商 Innoventis；高端方向盘总成和内饰功能件提供商 Quin 公司；车载信息、导航和车联网服务商 TechniSat； 2016 年中鼎股份收购德国乘用车流动技术解决方案供应商 Tristone； 2017 年北斗星通收购德国提供汽车电子电器测试和验证的工程服务商 in - tech； 2017 年郑州煤矿机械集团收购德国 Bosch 电机业务； 2017 年富山公司收购德国轨道交通轮对制造商波鸿交通技术集团（BVV）
6	节能与新能源汽车	2014 年中国电建收购德国风机通风和流动气体处理设备制造商 TLT； 2016 年天翔环境收购德国水处理设备与系统解决方案供应商 AS； 2016 年北控集团收购德国最大的垃圾能源厂商 EEW； 2016 年三峡集团收购德国最大的海上风电项目
7	电力装备	2008 年金风科技收购德国掌握永磁直驱技术的风力发电机制造商 Vensus； 2016 年木林森收购德国 Osram 的通用照明业务
8	新材料	2016 年华曙高科收购德国 3D 打印设备制造商 LSS； 2017 年钢科研集团收购德国航空碳纤维复合材料零部件制造商 Cotesa
9	农业机械装备	2016 年中国化工收购德国橡塑化机和化工机械制造商克劳斯玛菲集团； 2017 年宁波乐惠装备（SH. 603076）收购德国乳饮品高速和无菌包装设备制造商 NSM Packtec
10	生物医药及高性能医疗器械	2016 年楚天科技收购德国制药装备企业 Romaco； 2017 年中国投资公司鸿商产业控股（CFIC）收购德国专营血液早期癌症检测试剂的 Epigenomics（交易失败）； 2017 年月月医疗收购德国从事急救医疗产品研发和制造厂商 Metrax

资料来源：根据近年来中资企业在德投资和收购项目整理而得。

第三节　对德国优势产业进行收购可以弥补短板

一、汽车整车和零配件

德国是全球高档汽车市场的领军国家，德国品牌在全球市场占有率超过50%。德国汽车一直都是安全、舒适、环保和耐用的代名词。德国拥有一系列国际知名企业，包括大众、宝马、奔驰、戴姆勒和保时捷等汽车制造商以及像博世、大陆、采埃孚（ZF）和蒂森·克虏伯等汽车零部件服务商。

2017 年中国汽车销量达到 2887.89 万辆，同比增长 3%，远远超过全球汽车销量排名第二的美国①，连续九年位居全球销量的第一位。尽管中国汽车销量占据全球市场的比重超过 1/3，但是中国汽车制造商仅赢得了全球汽车市场 14.17% 的利润，体现出我国汽车产业大而不强的现状。在美国《财富》公布的 2018 年世界 500 强排名中，共有 34 家汽车制造企业以及 10 家汽车零部件公司上榜②（见表 2－3）。

表 2－3　2018 年《财富》世界 500 强中、德两国汽车和零部件企业排行榜

单位：亿美元

排名	500 强排名	公司名称	营业收入	利润	国家
2	7	大众集团（VOLKSWAGEN）	2600	1311	德国
3	16	戴姆勒集团（DAIMLER）	1852	1186	德国
7	36	上海汽车集团股份有限公司	1288	509	中国

① 2017 年美国汽车销量为 1724.59 万辆，日本排名第三，汽车销量为 523.42 万辆；印度排名第四，汽车销量为 401.88 万辆。

② 在 2018 年世界 500 强上榜的 44 家汽车行业相关企业中，有 34 家为汽车制造企业，10 家为汽车零部件生产制造公司，其中，日本有 10 家入围，数量最多；中国共有 7 家入围，位居第二；德国共有 6 家企业入围，位居第三。

续表

排名	500 强排名	公司名称	营业收入	利润	国家
8	51	宝马集团（BMW）	1112	972	德国
10	65	东风汽车公司	933	140	中国
11	75	博世集团（BOSCH GROUP）	880	310	德国
14	124	北京汽车集团	696	155	中国
15	125	中国第一汽车集团公司	659	286	中国
17	202	广州汽车工业集团	503	99	中国
18	206	德国大陆集团（CONTINENTAL）	496	336	德国
22	267	浙江吉利控股集团	412	182	中国
23	268	采埃孚（ZFFriedrichshafen AG）	411	122	德国

资料来源：根据《财富》世界500强排名整理而得。

大众汽车位居丰田汽车之后，是世界汽车行业中营业收入第二高的公司，达到2600亿美元。① 德国戴姆勒位居第三，营业收入也达到1852亿美元。相较而言，中国有6家②汽车企业上榜，分别是上汽、东风、一汽、北汽、广汽和吉利。其中，上汽集团是我国最大的汽车公司，2017年营业收入为1288亿美元，但也仅相当于大众营收的49.54%，而且通过查阅上汽集团的财务报表可知，过去5个财务年度，公司有超过一半的营收来自合资公司——上汽大众和上汽通用（见表2-4）。

表2-4 2013—2017年上汽集团合资品牌贡献营业利润情况

单位：亿元

	2017	2016	2015	2014	2013
营业利润	541	484	436	403	402
合资品牌利润	283	278	266	253	223
合资品牌利润占比	52%	57%	61%	63%	55%

资料来源：根据《上海汽车集团股份有限公司2017年年度报告》整理而得。

上汽集团通过并表将合资公司的全部销售收入并入到集团利润表中。2017年上汽集团总收入为8706亿元，其中上汽大众营业收入为2562亿元，占总营收比29.43%；上汽通用营业收入为2281亿元，占总营收比

① 2018年世界《财富》500强排行榜中，丰田汽车位居汽车产业的第一位，营业收入为2651.72亿美元，比大众汽车营收高51.72亿美元。

② 长安汽车隶属于中国兵器集团，未单独上榜。

26.20%；其他营收为3864亿元。由此可知，上汽集团营收主要依赖于合资品牌，自主品牌以及其他业务2017年总营收仅为3864亿元（约等于594亿美元），这还包括上汽通用五菱的1055亿元，仅相当于大众汽车同期营业收入的22.8%。

如果按照自主品牌产量计算，吉利汽车、长安汽车和长城汽车是2017年中国自主品牌销量前3名的公司，销量分别为120万辆、110万辆和92万辆。三家车企合计销量为322万辆，尚不及大众汽车在中国市场的销量[①]。实际上，2017年中国全年乘用车自主品牌的销量之和为1084万辆，才刚刚超越大众汽车1074万辆的销量。此外，2018年《财富》500强上榜的中国6家车企合计实现利润为1371亿美元，也仅相当于大众汽车（实现利润1311亿美元）一家的水平，差距非常巨大。

2018年美国权威汽车媒体Automotive News公布的2018年世界零部件厂商百强榜[②]上，德国罗伯特·博世（Bosch）营收475亿美元，排名第一，德国大陆集团实现营收359亿美元、采埃孚实现营收344亿美元，分别位居排行榜的第四和第五。我国第一大汽车零部件厂商是延锋汽车，尽管连续三年营收大幅攀升，2017年达到142.78亿美元，爬升至第14位，但其营收规模仅相当于博世营收的30%，而且延锋汽车以及海纳川、中信戴卡等最主要的产品是汽车内外饰、汽车座椅和汽车电子，我国尚未出现以发动机、变速箱和底盘这三大件为核心产品的零部件巨头，技术含量相对较低。无论从营收规模还是从技术竞争力上看，中国汽车零部件厂商与德国企业尚存在较大差距。

汽车工业是一个反映国家综合实力的高端产业，汽车工业作为德国的支柱产业，与德国的经济发展、社会进步、技术创新和增加就业以及财政收入密切相关。尽管中国汽车整车和零件厂商与德国公司存在差距，但是正如前文所言，中国已经连续9年位居全球汽车销量国的第1位，且远远超过排名第2位的美国。随着中国经济持续稳定增长，可以预见未来10年

① 上汽大众2017年销量为204万辆，一汽大众2017年销量为195万辆，合计销量为399万辆。

② Automative News 2018年6月发布的最新一期Top 100 Automotive Suppliers。2018年共有来自17个国家和地区的企业入围，其中，日本26家，数量最多；其次是美国22家和德国20家。中国共有6家企业上榜，分别是延锋集团（第14位）、北京海纳川（第65位）、中信戴卡（第71位）、德昌电机（79位）、五菱工业（新上榜，第80位）和敏实集团。

内中国会继续保持世界第一的位置。以德国大众为例，2017 年大众近 51% 的销售额来自中国市场，中国已经成为德国汽车整车和零件厂商最为重要也是最不能忽视的市场，所以中国市场与德国技术相结合才能更好地推动两国汽车产业的发展。据统计，2010—2018 年中资企业在德国共收购了 51 家汽车和零件厂商，近期最具代表性的交易是 2018 年吉利集团投入 92 亿美元收购德国戴姆勒 9.69% 的股权，成为其第一大股东（见表 2－5）。

表 2－5　2015—2018 年以来中资企业投资收购德国汽车相关的企业清单

年份	被收购企业	收购企业	行业领域	投资比例	交易价格
2018	FFT	复星国际有限公司	汽车自动化生产线	100%	
2018	Grammer	宁波继峰汽车零部件股份有限公司	汽车内饰汽车座椅	85%	
2018	Geiger	浙江铁流离合器股份有限公司	高端汽车零部件	100%	3800 万欧元
2018	IFA	山东北汽海华汽车部件股份有限公司	汽车复合材料板簧	75%	350 万～400 万欧元
2018	SMK	深圳市凯中精密技术股份有限公司	涡轮增压机尾气排放组件	100% + 固定资产	5360 万欧元
2018	PEX	上海宝隆科技有限公司	汽车传感器	100%	
2017	Bosh 电机业务	郑州煤矿机械集团股份有限公司	汽车电机	100%	5.45 亿欧元
2017	Finoba	中国汽车工业工程有限公司	汽车零件轻质材料	100%	No
2017	Grammer	宁波继峰汽车零部件股份有限公司	汽车内饰汽车座椅	15.07%	6340 万欧元
2017	Schuerholz	江苏奥力威传感高科股份有限公司	汽车精密金属冲压、冲拆件		600 万欧元
2016	AMK	安徽中鼎密封件股份有限公司	电机电池控制、驾驶辅助和底盘电子控制系统	100%	1.3 亿欧元
2016	CGWBoustics International	辽宁德尔集团	汽车零部件空调管理系统	100%	2.35 亿欧元
2016	KUKA	美的集团	汽车制造机器人		37.78 亿欧元

续表

年份	被收购企业	收购企业	行业领域	投资比例	交易价格
2016	TechniSat	宁波均胜电子股份有限公司	汽车零部件	100%	2.18 亿欧元
2016	Tristone	安徽中鼎密封件股份有限公司	发动机和电池冷却系统	100%	1.7 亿欧元
2015	Waldaschaff	凌云工业股份有限公司	车门、后挡板以及引擎盖生产	100%	350 万欧元
2015	Wegu Holding	安徽中鼎密封件股份有限公司	抗震降噪	100%	9500 万欧元

资料来源：根据《汽车周刊》发布的《中国收购德国汽车企业列表》以及其他公开材料整理而得。

二、机械设备制造

机械设备制造业是德国工业的根基，就业人数最多，出口贡献最大，德国常年保持世界第一大机械设备出口国地位，超过70%的机械设备产品出口国外，是典型的出口导向型产业。在机械设备32个产品领域中，德国品牌在一半以上的领域中占据世界第一出口国地位，包括驱动技术机械、材料处理机械、农业机械、食品及包装机械、压缩气压及真空技术机械、精密仪器、加工机械、液压泵、塑料及橡胶机械等。另外，在民用航空技术设备、阀门及管件和机床等多个领域占据世界出口第2位。① 德国知名的机械设备制造企业数不胜数，包括蒂森克虏伯、西马克、海瑞克、福伊特和普茨迈斯特等。

机械设备制造为整个国民经济提供技术装备，其发展水平决定了一个国家的工业化程度，是中国重要的支柱产业。近年来，我国在机械设备制造领域取得了长足进步，但是仍然存在大而不强的问题，在很多领域处于落后地位，如数控机床和仪器仪表。自2002年开始，我国就成为全球最大的机床消费国，2016年我国机床市场整体消费额为275亿美元，市场容量超过美国、德国、日本和韩国等国的总和，全球占比接近1/3（占比

① 中国驻德国经商参处. 德国外贸发展情况[EB/OL]. 2015-02，中国商务部网站：http://www.mofcom.gov.cn/article/i/dxfw/jlyd/201502/20150200888699.shtml.

34.41%)。同时，我国又是全球最大的机床进口国，2016 年我国进口机床达到 75.1 亿美元，占比高达 27.3%。仪器仪表尤其是应用在科研领域的高端设备我国极度依赖进口，2016 年我国规模以上的仪器仪表公司总收入为 9355.4 亿元，可是进口额超过 3000 亿元，进口占比接近 25%。此外，我国医疗器械 2016 年的市场规模为 3700 亿元，进口为 184 亿美元，约等于 1200 亿元，进口占比也接近 30%。

以数控机床为例，因为数控机床的水平、品种和生产能力反映了国家的技术和经济的综合实力，《中国制造 2025》将数控机床以及基础制造装备列为加快突破的战略必争领域，是十大重点发展领域之一。随着国内制造业的转型升级，高技术含量高附加值产业包括工程机械、电气机械和轨道交通装备等与发达国家的竞争加剧，作为这些装备制造业的工作母机，我国的机床产品在加工精度、可靠性、效率、自动化和智能化等方面与国际先进水平存在较大差距，降低了这些产业的竞争力。尽管目前我国机床产业规模位居世界首位，但是仍以中低端为主，在高端数控机床领域，国产化率不足 5%，超过 80% 的高端数控机床依赖进口。

相较而言，2016 年德国机床制造业总产值为 150 亿欧元，是全球第二大机床制造国，其中 2/3 的产品用于出口，2016 年德国出口机床及零配件达到 92 亿欧元①。中国是德国机床最大的出口国，占比达到 20%～25%。德国机床制造技术壁垒高、种类齐全，基本上每一种机床设备都有代表世界最先进水平的产品。德国有一大批领先企业，如吉特迈（Gildemeister）是世界最大的金属切削机床制造商之一，通快（Trumpf）是工业激光系统领域的全球领导者，格劳博机床（Grob）是全球生产机床种类最全的企业，海德汉（Heidenhain）和西门子的数控系统占据世界市场 25% 的份额。为实现由机床生产大国向机床生产强国的转变，中国机床产业需要加速弥补技术短板，所以中资企业一直都对德国机床制造公司情有独钟，仅 2017 年一年中资企业就完成多笔收购交易。包括埃尔顿收购德国自动化装配和测试生产线供应商 M. A. I、安徽合锻智能收购德国压力机制造商 Lauffer、创达科技（HK.01322）收购德国机床工程解决方案供应商 Zuse

① 德国机床制造行业报告 2018[EB/OL].2018-01-27,http://www.sohu.com/a/219313730_739978.

Holdings 等。

以德国 Berkenhoff 为例，该公司拥有 100 多年的历史，旗下拥有 Bedra 精密切割丝品牌和 Bercowelding 高端精密焊丝品牌，是细分行业中技术实力最强、产品品种最多、价格最高的企业，其生产的高端精密镀层切割丝凭借切割加工的高精度和高效率被广泛应用于全球航空航天、智能制造、医疗器械和精密模具等领域，是真正享誉世界的隐形冠军。2015 年年底，中国的博威合金（SH. 601137）以 100% 股权收购这家德国公司，此后利用德国技术和研发团队成功地将应用于高精密零部件切割加工的丝线由 0. 33mm 提升到 0. 015mm，这意味着切割加工的精度将达到微米级，大大提升了现代工业制造的加工精度，达到了世界顶级水平。由此可见，成功地收购并整合德国先进的机械设备制造企业可以帮助中资企业实现跨越式发展，提升中国制造的竞争力。

三、化工制药业

德国是世界最大的化工产品出口国，拥有完善的基础设施、研究机构和高素质劳动力以及像拜耳（Bayer）和默克（Merck）这样全球知名的化工制药企业。

医药品是我国主要进口的工业品之一，2017 年进口额为 268 亿美元，同比增长 21. 3%，加上西药原料进口，则超过 300 亿美元。中国制药行业相较于德国比较落后，行业集中度低，专业人才缺乏并缺少专业配套设备，没有像诺和阿斯利康、拜耳、诺华和葛兰素史克这类世界级的制药企业。中国人均医疗支出占 GDP 的比重也远低于发达国家，对专利药的支出仅占药品总开销的 1/5，国际医药巨头一直将中国当成倾销早期药品的市场。近年来，随着中国经济实力的增强以及人口老龄化的加剧，公众对高效、安全的药物需求日益强烈。2016 年中国已经超过日本成为世界第二大药品市场，中资企业在寻求突破，以实现对进口产品的替代。

美国和日本是世界最强大的医药生产国，但是美、日两国对中资企业购买本国的医药企业非常敏感，通常会以影响国家安全为由否决交易，所以中资企业不得不转向欧洲国家，其中德国尤为受欢迎。

2017 年，中国最大的制药装备供应商楚天科技支付 1. 5 亿欧元收购德国诺玛科 75. 1% 的股份并约定在实现平稳过渡后收购剩余 24. 9% 的股权，这是迄今为止全球医药制药装备领域的第一大跨境收购案。诺玛科是世界顶级的医药包装机械和自动化方案提供商，拥有超过100年的历史。2014年被评为德国50佳创新型中型企业，其粉末造粒技术和压片技术以及气流式粉末分装技术均为世界第一，制药加工和包装设备位居世界第二。楚天科技与诺玛科合并会产生多方面的协同效应：一是在优势产品上，双方可以合作共赢。楚天科技的优势主要在液体制剂领域，诺玛科的优势主要在固体制剂领域，两家公司可利用对方的客户资源进一步开拓业务。二是在客户网络上双方高度互补。楚天科技的主要市场在亚洲，诺玛科的主要市场在欧美，双方可以聚合品牌和产品共同拓展全球市场。三是借力各自优势可实现跨越式发展。楚天科技将加大对诺玛科的投资以提升诺玛科产能，并借力诺玛科的平台展开全球并购以提升诺玛科的国际竞争力；同时，诺玛科的企业文化和品牌价值能够帮助楚天科技实现转型升级，先进技术和全球布局的生产基地能够帮助楚天科技提升国际竞争力。通过收购诺玛科，楚天科技有望成为世界医药装备行业的领军企业，其装备产量和工厂规模将稳居全球第一。

2018年年初，科瑞集团出资13亿美元，完成了对德国国家控股上市公司Biotest（BIOG. DE）的收购。Biotest公司是一家具有70多年历史的血液制品制造公司，主要业务为血浆采集和血液制品的生产和销售。公司产品类型多样，拥有11个品种、16个规格，产品覆盖全球80多个国家，营收规模和浆站数量都位居世界前五位。① 2016年Biotest公司营业收入约为5.5亿欧元，调整EBITDA后净利接近1亿欧元，利润率为15.6%。②

得益于成熟市场诊断率提升、创伤病发病率增加以及供体筛查医疗技术进步，全球血液制品需求旺盛并保持较快增长，过去5年的年均复合增长率超过7%。2016年全球血制品的市场规模已经超过1400亿元，市场空间巨大。③ 由于涉及公众生命安全，各个国家监管部门都对血液制品行业

① Unternehmen Biotest im Überblick, Biotest官方网站：https://www.biotest.com/de/de/unternehmen/biotest_im_ueberblick.cfm.

② Daten und Fakten, Biotest官方网站：https://www.biotest.com/de/de/investor_relations/daten_und_fakten_zu_biotest_/finanzkennzahlen.cfm. 数据显示Biotest 2016年营业收入为5.531亿欧元，EBITDA为8680万欧元；2015年营业收入为5.346亿欧元，EBITDA为5930万欧元。

③ Global Industry Analysts, Inc.,"Market ReseGWBh Report - Blood Banking and Blood Products", April. 2017, pp. 87.

实施了严格监管，这对血液制品制造公司的生产技术和运营管理提出了很高的要求。目前全球血液制品行业呈现出寡头竞争的格局，排名前7位的公司占据了全球80%的市场，行业集中度极高。科瑞收购 Biotest 后将在国内外拥有6家血液制品企业，浆站数达到120家，位居全球第三；现有产能达到4550吨，在建产能1820吨，位居全球第四；产品数合计达到23个，跃居全球第一，科瑞将一举跻身全球血液制品巨头行列。[①]

四、电子电气产业

德国是电子电气工业领域中的领先国家之一。德国制造的电子元件一半以上用于出口，主要产品包括：半导体（集成电路、芯片）、电阻器、电容器、感应器和电子机械元件和印刷/混合电路板等。知名的龙头企业有西门子、英飞凌（Infineon）和捷德（Giesecke & Devrient）等。

在集成电路领域，中国目前与世界领先水平差距较大[②]。2016年中国第一大进口工业品就是集成电路，进口额达到2271亿美元，占了整个工业品进口额的19.3%。从半导体设计、制造到封装以及半导体生产设备领域，我国尚处于艰难追赶期。近年来，中资企业希望通过收购实现技术的跨越式发展，但是屡屡被美国政府以危害国家安全为由予以否决。德国实际上算不上是半导体强国，只是在某些领域拥有一定的优势。例如，2016年福建宏芯收购德国半导体设备制造商 Aixtron。Aixtron 的主要产品为 MOCVD 设备，从营收规模看，Aixtron 并未进入全球半导体设备厂商的前10位，可是 Aixtron 拥有很好的技术积累，所以得到了中资企业的关注。

在电子元件领域，近年来由于我国下游市场崛起带动了我国电子元件企业快速发展，这些企业在国内站稳脚跟后急需提升技术实力进军国际市场，由于德国在该领域处于世界领先地位并拥有一大批技术领先、声誉良好和有国际竞争力的公司，成为中资企业收购的目标。最具代表性的是三安光电收购德国上市公司 Osram。Osram 拥有照明和光电科技最重要的核

① Global Industry Analysts, Inc., "Market ReseGWBh Report – Blood Banking and Blood Products", April. 2017, pp. 102 – 113.

② 20世纪以来，美国半导体企业销售额占据全球半导体近一半的市场份额，剩余的市场份额主要被韩国、日本、中国台湾和欧洲企业瓜分，没有一家大陆公司进入全球前20名。2016年中国进口芯片2271亿美元，属于第一大宗产品，比第二名1100亿美元的原油进口高出近1倍。中国芯片需求量占全球的50%，国产芯片2016年只能满足8%左右的市场需求。

心技术，2015 年营业收入高达 55.74 亿欧元①，是全球车灯厂最主要的供应商。一旦收购成功，三安光电将取得全球车用照明市场的领导地位并获得高端的红外线和激光光源技术，这将大大提升三安光电的国际声誉和市场竞争力，可惜的是项目最终因为欧司朗工会的强烈反对而失败。

当然，在这个领域中资企业在德收购的成功案例也有很多，例如，联想集团 2011 年收购德国 Medion，Medion 是一家主要经营消费电子和移动通信服务以及个人 PC 业务的企业，在欧洲市场拥有良好品牌声誉和强大的营销能力。通过交易，Medion 使联想在德国市场份额扩大了一倍，市场占有率达到 14%②，联想一举成为当时欧洲个人 PC 市场第三大厂商。2016 年木林森收购 LEDVANCE。LEDVANCE 主要经营传统照明业务，通过交易，木林森获得了百余项商标授权和技术专利以及覆盖 40 余个国家和地区的销售网络，极大地增强了公司实力。

① OSRAM, "Annual report 2015", 2 January 2016, http://www.osram－group.com/en/investors.

② Fletcher. O., "Lenovo Sets Sights on Medion", *Wall Street Journal*, New York, 2011.

第四节　借力在德国收购实现公司战略

除了弥补技术缺陷外，中资企业在德收购还有其他战略意图。例如，2015 年创维集团借收购德国高端电视机品牌 METZ 进军欧洲家电市场；2017 年郑煤机借收购德国 Bosch 成熟发电机和发电机技术实现主营业务转型，以及 2018 年顺丰控股借收购德国 DPDHL 在华供应链业务进一步稳固在国内快递市场的领军地位等。本节选取其中一个案例作详细解读。

郑州煤矿机械集团股份有限公司（以下简称“郑煤机”）成立于 1958 年，是一家煤机研发制造的老牌股份制国有企业。郑煤机具备年产 30000 台（架）煤矿综采设备的生产能力，能生产支护高度从 0.55 米到 8.8 米，工作阻力从 1600KN 到 26000KN 的各类液压支架，630 至 1250 全系列刮板输送机及其配套的转载机、破碎机等设备。公司产品遍布全国各大煤业集团，并先后出口到俄罗斯、美国、澳大利亚、土耳其和印度等国家。2010 年，郑煤机登录 A 股，2012 年又在港交所主板上市，同时拥有 A + H 股两个资本平台。

Bosch 集团是德国汽车工业产业的代表性企业，成立于 1895 年，拥有上百年的历史。近些年一直是全球第一大汽车技术供应商，2018 年位居世界 500 强第 76 位。在全球拥有超过 40 万名员工，业务遍及六大洲 70 多个国家。2017 年 Bosch 集团实现营业收入 780 亿欧元。Bosch 集团主要有四大业务板块，分别是汽车与智能交通技术，2017 年贡献营收 474 亿欧元，占比 61%；消费品（及其他），2017 年贡献 185 亿欧元，占比 24%；工业技术，2017 年贡献营收 67 亿欧元，占比 8%；以及能源与建筑技术，2017 年贡献营收 54 亿欧元，占比 7%。近些年，伴随着新能源汽车的兴起以及传统燃油汽车的发展趋于饱和，汽车发动机和发电机业务的竞争日趋激烈，利润率逐步下降，Bosch 集团决定剥离这部分业务。

2017 年，郑煤机联合中安招商、崇德资本以约 5.45 亿欧元的价格收购 SG Holding，承接了 Bosch 剥离出来的汽车发动机和发电机业务。那么业务方向完全不同的郑煤机为何要收购 SG Holding？

伴随着中国经济的持续稳定发展，煤炭行业在 2000 年以后出现了爆发性增长并于 2012 年达到顶峰。郑煤机作为国内老牌的煤机制造企业也在这个过程中实现了营收和净利的稳定增长，但是从 2012 年下半年开始，受国际金融危机影响，煤炭行业的下游产业火电、钢铁和建材等纷纷开始去产能并进行业务转型，煤炭市场需求持续走弱，煤炭价格持续走低，煤炭开采和洗选业的固定资产投资持续大幅下降，煤机设备市场需求大幅萎缩，致使郑煤机的业绩出现断崖式下跌。2012 年郑煤机营业收入和净利润曾达到创纪录的 102 亿元和 15.9 亿元，但在之后郑煤机净利迅速萎缩，到 2015 年仅有 4200 万元，仅相当于 2012 年净利的 2.64%。在这种情况下，郑煤机不得不寻求业务转型。

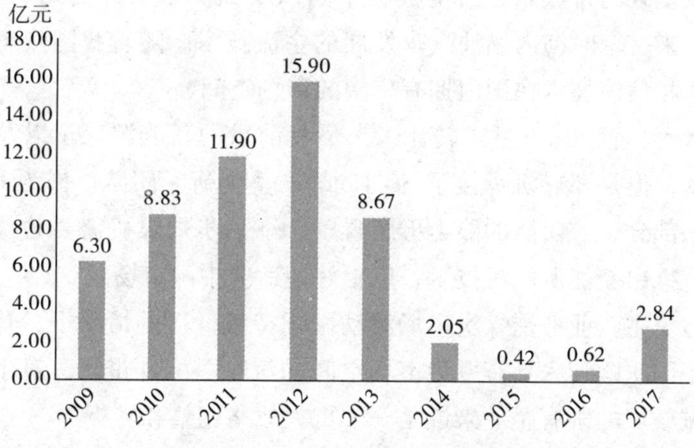

图 2-1 郑煤机 2009—2017 年净利润指标

资料来源：东方财富网：http：//emweb. securities. eastmoney. com/f10_ v2/Finance A-nalysis. aspx？ code = SH601717&type = web.

经过慎重决策，2016 年郑煤机以现金 + 换股的方式以 22 亿元的价格收购了亚新科投资有限公司旗下六家企业。这六家企业分别涉足汽车零部件的不同生产领域，郑煤机由此正式进入汽车零部件行业，不过此次收购只是郑煤机实现双主业发展的开端。无论从技术实力还是品牌声誉上看，收购 Bosch 集团的 SG Holding 并成功整合才是郑煤机实现主营业务转型的关键。

首先，郑煤机借助此次收购一举掌握了世界领先的汽车发动机启停技术和 48 伏弱混合动力系统技术[①]。Bosch 发布的《发动机启停技术市场需求分析 2018 版》显示，截至 2017 年，中国在售车型发动机启动技术标配率达到 35%，其中海外中国品牌仅为 12.66%，而海外豪华品牌则达到 78.14%。伴随着中国品牌的技术崛起以及中国市场的消费升级，发动机启停技术将迅速普及，据预测，2020 年中国乘用车发动机启停技术的标配率有望达到 60%，需求将超过 1600 万套。这对掌握了启停技术的郑煤机来说是一个千载难逢的机遇期。48 伏弱混合动力系统（又称 Mild Hybrid）是弱混系统的一个类型，即将汽车的电机马达作为发动机的辅助动力驱动汽车，Bosch 电机 48V BRM 能量回收系统尽管不属于创新性的新产品，但是其技术的成熟度和稳定性世界领先。由于该系统可以大大降低汽车油耗并减少二氧化碳的排放量，目前其在中国以及欧美市场都受到了特别关注，被视为未来一个时期内燃油汽车发展的主流技术。随着我国汽车产业的技术升级，相信该技术在国内拥有广阔的市场空间。

其次，尽管 Bosch 并未转让未来最具前景的新能源汽车以及无人驾驶汽车技术，但是郑煤机承接了 SG Holding 整个研发团队。作为 Bosch 技术研发的一部分，该团队的能力毋庸置疑，下一步郑煤机需要与德国团队共同合作，推出新能源电机技术，以更好地适应中国市场。

在传统主营业务受煤炭市场波动影响持续低迷的情况下，郑煤机毅然通过在德国收购切入具有万亿市场空间的汽车零配件市场，对于这家老牌煤炭机械领域的国有企业来说是一个重大战略调整和转折。

---

① 发动机启停技术（又称 Start – Stop 系统）是指当车辆处于停止状态（非驻车状态）时，发动机将暂时停止工作，而非传统的怠速保持。在暂停的同时，发动机设备正常供电并检查车辆状态，当松开制动踏板后，发动机将再次启动，如此循序往返以达到节约汽油消耗并降低汽车碳排放量的目的。

第五节　小　结

德国是中国海外收购最安全的国家之一，无论是政治环境、营商环境，还是社会环境，德国都极具吸引力。此外，中德两国在产业发展阶段和产业发展水平方面存在明显差别，在产业价值链、产业技术和产业分工等方面有很强的互补性。中国制造业的核心产品以半成品为主，德国是以成品为主，所以中国制造业产品附加值偏低，德国产品附加值较高。德国工业基础产业发达，产业链完整。德国制造几乎涵盖了所有制造部门，从被誉为“工业中的工业”的汽车制造、“世界工厂制造者”的机器设备制造、化学制造业到电器制造业以及每一产业的细分部门，德国都处于世界前列，是行业的领导者。目前我国已经成为制造业大国，但还不是世界制造业强国。随着人口老龄化的到来，以往中国制造依赖人口红利和廉价劳动力驱动发展的模式已经难以为继，工业 4.0 为我国提供了一个依赖技术弯道超车的契机。根据世界银行和通用电气公司的一项统计，工业 4.0 将影响 50% 的全球市场，谁优先实现工业 4.0，谁就将主导未来世界工业标准。① 因此，借力德国成熟产业的技术积淀，通过收购德国优势产业中的优秀企业，实现中国经济在产业结构上的转型升级就显得尤为重要。此外，收购德国公司还能帮助中资企业实现跨越式发展，包括实现主营业务转型、借助德国品牌影响力进军海外市场，以及利用德国公司的在华业务增强在国内的竞争力等。基于以上原因，近年来中资企业在德国收购出现井喷式增长的现象就不难理解了。可以预见，未来数年德国企业仍将是中资企业跨境收购的重要目标。

① 章程，肖群稀.“执着前行”，探寻德国制造的强悍基因——德国工业 4.0 产业链调研报告[R].2016-10-10:8.

第三章

中资企业在德国收购的现状和影响

第一节　中资企业在德国收购的现状和特点

一、德国是中资企业在欧洲收购最主要的目的国之一

长期以来，德国和英国一直都是中资企业在欧洲收购最主要的目标国。2017 年《世界报》公布的一个统计数据显示，2015 年和 2016 年德国超越英国成为中资企业投资（收购）的最大目标国。此外，法国和荷兰也比较受中资企业关注。

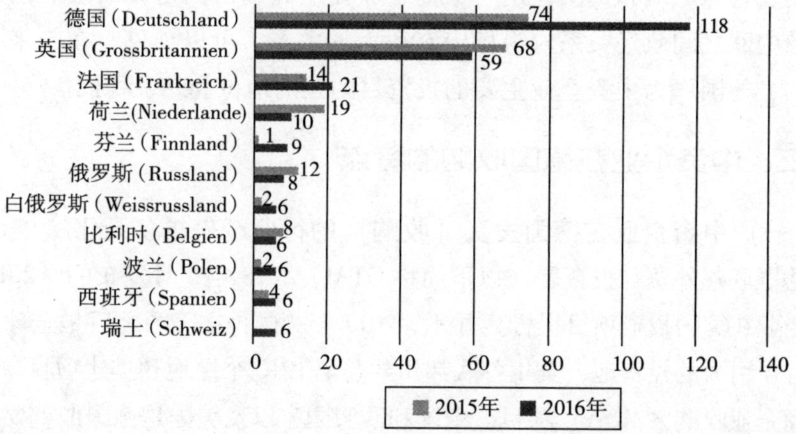

图 3－1　2016 年和 2015 年中国对欧洲国家投资（包括收购）项目数量排名

资料来源：根据德国《世界报》2017 年 3 月 2 日报道图片“Deutschland 2016 mit den meisten Investitionen——Top – Ten – Länder mit den moisten Investitionsprojekten durch chinesische Investoren, 2016”整理而得。

根据安永咨询（Ernst & Young Advisory）的统计，2017 年中资企业在欧洲合计支付 576 亿欧元，完成 247 个收购交易。相较于 2016 年中资企业

支付758亿欧元在欧洲完成300个收购项目而言，无论交易金额还是交易数量都出现了较大幅度的下滑。可是，这并未妨碍中资企业在德国创下交易额度的新纪录。2017年中资企业在德国收购项目共计54个，支付金额达到137亿美元，尽管交易数量较2016年的68个有所下降，但交易金额比2016年多出10亿美元。①

进入2018年，受中美贸易摩擦以及美国政府收紧国家安全审查政策的影响，中国对北美地区尤其是美国的投资（收购）持续下降②，荣鼎咨询制作的研究报告显示，2018年上半年，中国对外直接投资由美国大幅转向欧洲。在这一时期，中国对欧洲并购交易额为220亿美元，是北美地区25亿美元的8.8倍。中国在欧洲完成的投资额为120亿美元，是北美地区20美元的6倍。如果将2017年上半年中国化工收购先正达的交易（交易额为490亿美元）排除在外，中国在2018年上半年对欧洲投资实际上同比增长4%。其中，德国（15亿美元）排在瑞典（36亿美元）和英国（16亿美元）之后，仍然是中国最为关注的投资目的国之一。由此可知，中资企业越发青睐欧洲和德国，这与中资企业在欧洲和德国遇到的政府阻力较低以及中欧之间政经关系较为稳定有很大的关系，可以预见，在未来一段时期内，德国作为中资企业主要的投资目的国的地位会越发稳固。

二、中资企业在德国收购的特点

（一）中资企业在德国投资（收购）的行业越来越多元化

德国联邦外贸与投资署（以下简称GTAI）2018年5月发布的《2017年外国企业在德国投资项目报告》显示，2017年德国排在美国之后是全球第二大最有吸引力的投资地，全年各联邦州共登记1910个绿地和扩建项目、1925个外商企业收购（M&A）项目。中国和欧盟国家以及美国是德国最重要的投资国。过去5年中，中国和美国交替成为在德国项目投资数量最多的国家。首先，中资企业在德国最主要的投资方向为商业和金融行业，占整个投资额的比例为17%；其次是电子与半导体行业，占比为15%，最后是零售行业，

① 德法意三国联手严控中资并购[N/OL].2018-01-28,欧洲时报:http://www.oushinet.com/ouzhong/ouzhongnews/20180128/283166.html.

② 中国对北美的投资在2016年下半年达到280亿美元的峰值,2017年上半年下滑至240亿美元,下半年下降至60亿美元,2018年上半年仅有20亿美元,为过去9年最低水平。

占比为14%。中资企业所投资的最主要的业务领域为销售和市场支持，占比为54%，其次才是制造与研发，占比为15%，商业服务占比为11%。需要注意的是，以上数据是以中资企业在德国的绿地投资和扩建作为计算依据的，如果按照收购（M&A）项目统计可以发现，2010年以前中资企业在德国主要收购传统机械制造行业、汽车行业以及传统工业，且将近1/3的收购交易为破产企业重组。2015年之后，中资企业在德国收购呈现出多样化的特征，尽管机械制造业和汽车行业的收购势头依然强劲，但是像消费品、环保和制药等新兴产业和高新技术产业的收购增长更为迅速。以环保为例，仅在2016年和2017年两年，中国环保企业就收购了7家德国企业，包括北控水务斥资14.38亿欧元收购德国最大的垃圾发电公司EEW、维尔利260万欧元收购德国从事固废处理的环保公司EuRec、天翔环境收购德国最大的水处理公司BWT，以及巴安水务收购德国上市公司膜产品制造商ITN等。

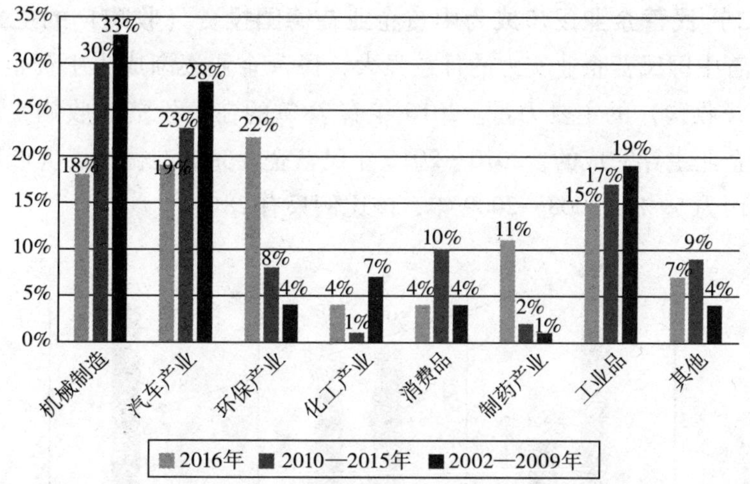

图3-2　2017年以前中资企业在德国收购行业分布

资料来源：根据德国中国商会发布的《中资企业在德商业环境调查2015》以及GTAT2017年发布的2016年中资企业在德国收购行业统计数据整理而得。

根据德国中国商会2018年最新发布的《中资企业在德商业环境调查2018》（以下简称《问卷》），从投资存量上看，机械制造业（占比23.8%）是中资企业在德投资收购最为青睐的行业，其次是汽车及零配件（20%）以及咨询/技术服务（16.3%）。此外，多元化的发展趋势也越发明显。

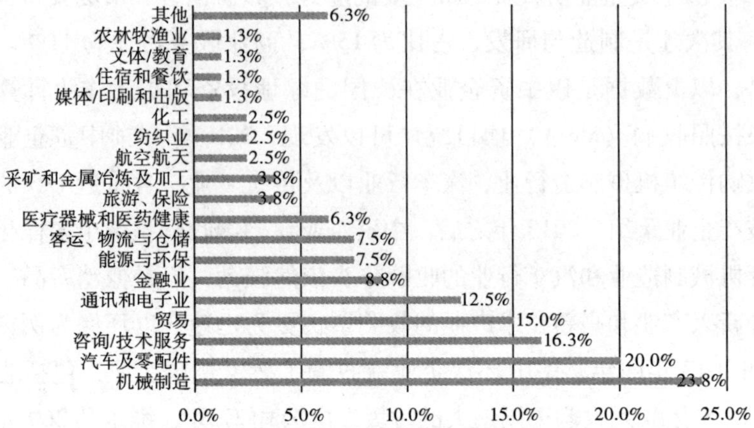

图 3－3　2018 年中资企业在德国投资经营行业分布

资料来源：德国中国商会发布的《中资企业在德商业环境调查 2018》。

（二）民营企业逐步成为中资企业在德国投资（收购）的主力

随着中国民营企业实力的日益强大，民营企业逐渐成为中资企业在德国投资（收购）的主要力量。2016 年有 78% 的在德投资（收购）项目是由民营企业主导完成的。2010—2015 年民营企业完成在德投资（收购）项目的比例为 59%，2003—2009 年，该比例只有 28%。

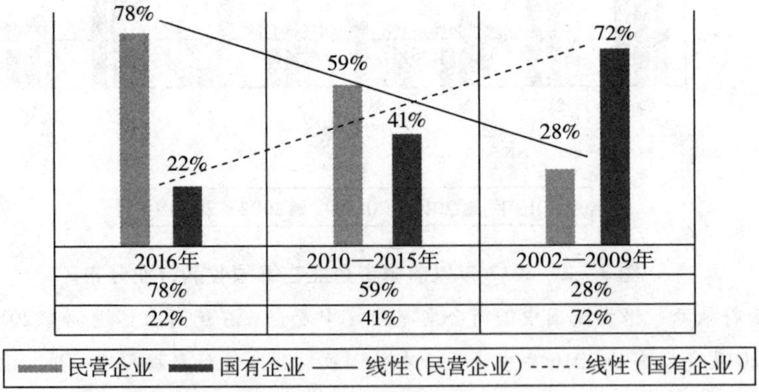

图 3－4　在德国收购的中资企业的所有制形式

资料来源：根据德国中国商会发布的《中资企业在德商业环境调查 2015》以及其他公开渠道信息整理而得。

尽管民营企业在德国收购的比重越来越大，但从投资存量上看，国有企业仍然占据最大比例。德国中国商会 2018 年发布的《问卷》统计显示，在德国的中资企业中有 38.8% 的母公司为国有企业，民营企业占比为 32.5%。

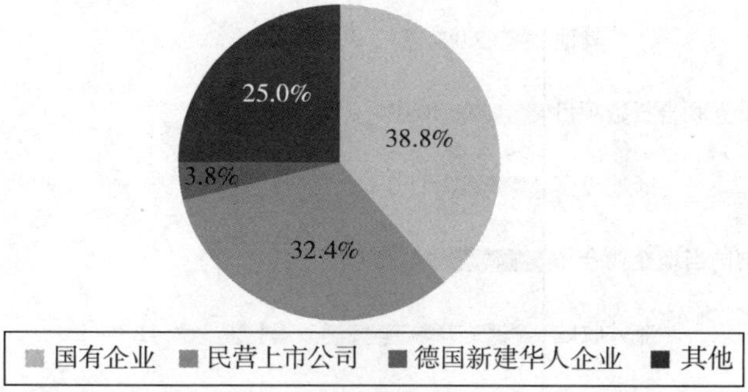

图 3－5　2018 年在德国的中资企业的所有制形式

资料来源：德国中国商会发布的《中资企业在德商业环境调查 2018》。

需要注意的是，因为上市公司以及国资背景的公司股权结构较为清晰且容易辨识，所以能够比较准确地判断它们在德国的投资（收购）行为，但是绝大多数民营非上市公司、混合所有制企业以及个人独资企业没有公开跨境投资（收购）信息的义务，且大多数通过在境外设立 SPV 公司间接投资（收购），所以图 3－5 中占比达 25% 的其他类型公司也应被视为是民营企业或混合所有制企业。

（三）中资企业对被投资（收购）的德国公司以及控制权高度重视

鉴于德国在欧洲重要的政治和经济地位，中资企业普遍重视被投资（收购）的德国公司，在被调查的在德中资企业中，有 56.3% 的企业把欧盟总部选在德国。

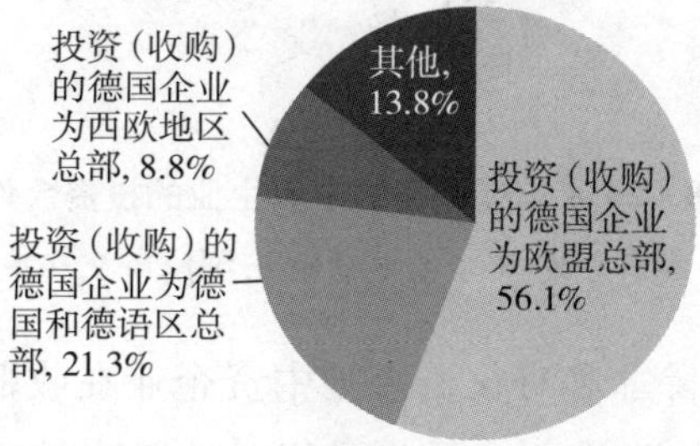

图 3－6　2018 年在德国的中资企业的业务管理范围

资料来源：德国中国商会发布的《中资企业在德商业环境调查 2018》。

兼并收购是中资企业在德国最常见的投资形式之一，仅次于直接建立分支机构。

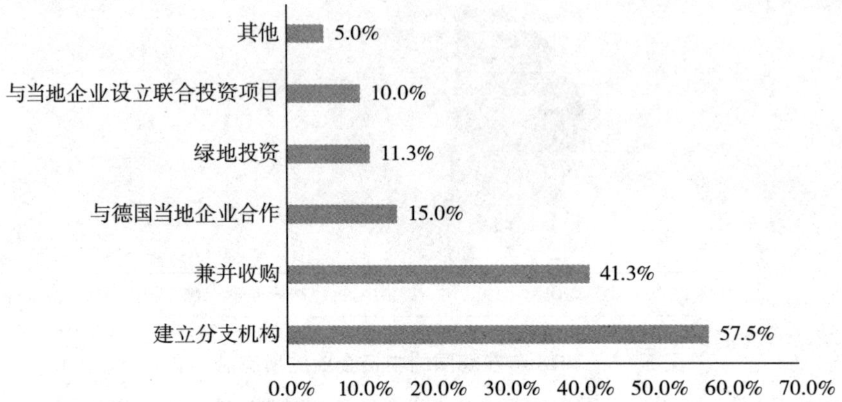

图 3－7　2018 年在德国的中资企业的投资合作形式

资料来源：德国中国商会发布的《中资企业在德商业环境调查 2018》。

中资企业对兼并收购的德国公司的控制权表现出了高度重视，100%控股和相对控股的占比分别达到 55. 4% 和 28. 6% 。

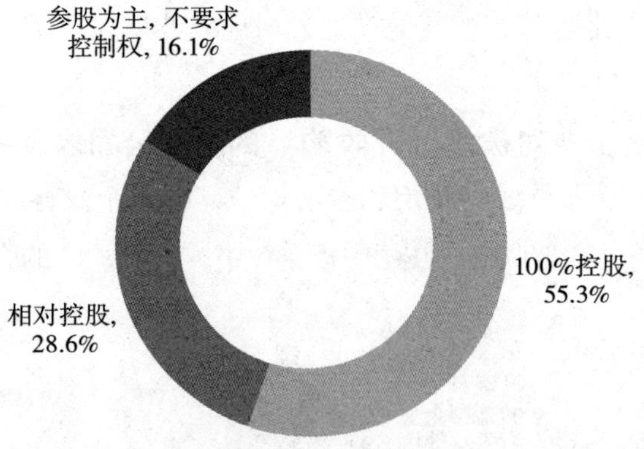

图 3－8　2018 年在德国的中资企业的投资合作形式

资料来源：德国中国商会发布的《中资企业在德商业环境调查 2018》。

需要注意的是，除非私有化，否则中资企业在收购德国上市公司时很难实现 100% 控股，收购此类德国公司相对控股应该也是更加现实和明智的选择。图 3－8 实际上也反映出截至目前，中资企业在德国收购的企业仍以中小型的非上市公司为主。

（四）中资企业在德国的投资（收购）规模仍然相对较小，尚有较大潜力可以挖掘

尽管2016年以后中资企业相继完成了多个交易金额超过10亿欧元的大型收购项目，但中资企业在德国投资超过1000万欧元的占比仅为37.7%，投资规模整体仍然偏低，这一方面与德国公司普遍规模较小、估值偏低有关；另一方面也说明中资企业远未达到所谓“买空德国”的收购规模，尚有很大的潜力可以挖掘。

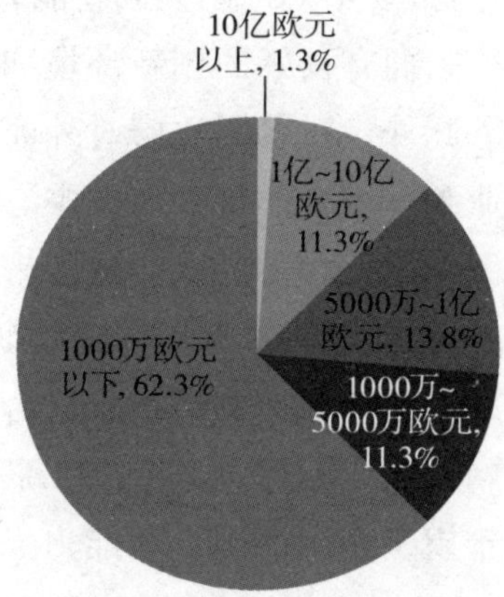

图3－9　2018年在德国的中资企业的投资规模

资料来源：德国中国商会发布的《中资企业在德商业环境调查2018》。

（五）中资企业一般选择中方和德方混合团队共同管理德国公司

《问卷》显示，派驻若干中方人员进入核心管理层以及通过董事会或监事会进行管理是中资企业对被投资（收购）德国公司最常用的管理模式。

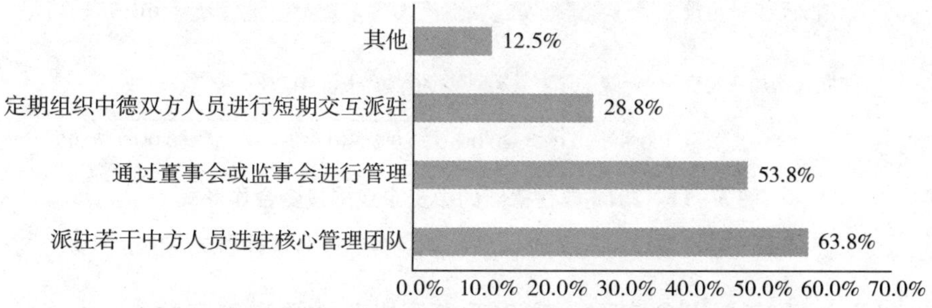

图3－10　2018年在德国的中资企业的投资合作形式

资料来源：德国中国商会发布的《中资企业在德商业环境调查2018》。

从以往的收购案例来看，中资企业一般选择信任并保留原德方管理层，仅委派有限数量的中方人员加入德国公司管理团队，协助日常经营。在公司治理方面，主要是通过董事会和监事会来确定德国公司的发展方向并进行监督。此外，中资企业往往青睐互派中德双方员工进行短期交流和学习，以便培养公司文化、增强凝聚力。

（六）中资企业越来越重视在德国开展科研创新活动

德国是一个低调的创新大国，2018 年 10 月世界经济论坛（WEF）颁布的 2018 年度全球竞争力报告中，德国在创新能力方面位居 140 个经济体中的第一位。报告认为德国拥有良好的创新环境和优质的创新人才，对创新秉承包容开放的态度。此外，在德国政府对外商投资安全审查趋紧的大背景下，与德国当地企业和高校合作设立研发中心，应该是兼并收购之外比较好地学习和获取德国先进技术的方式。近年来，中资企业在德国的研发投入呈明显增长趋势，随之而来的就是一个个研发中心的建立。例如，中车研究院在德累斯顿成立中德轨道交通技术联合研发中心、国家电网在柏林成立全球能源互联网欧洲研究院以及中兴在慕尼黑设立智能手机设计中心等，这些企业都寄希望于利用德国创新能力强、专业研究人才丰富的特点进行前沿技术研究。

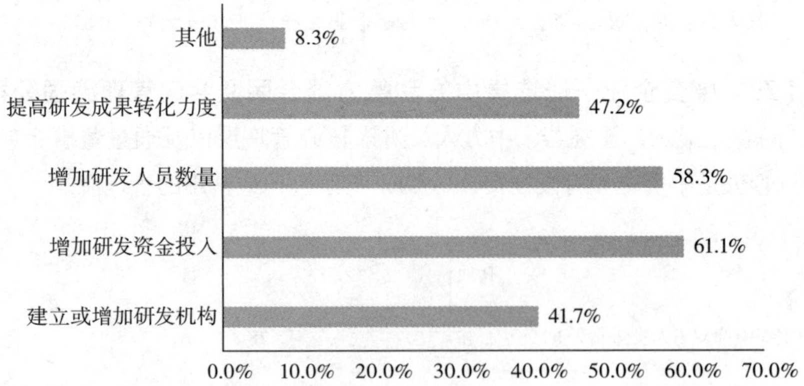

图 3－11　2018 年在德国的中资企业的投资合作形式

资料来源：德国中国商会发布的《中资企业在德商业环境调查 2018》。

（七）中资企业在德国收购几乎都是战略性的和善意的

中资企业在德国收购几乎都是战略性收购。例如，2017 年旗下拥有国内血液制品龙头企业上海莱士（SZ. 002252）的科瑞集团以13亿欧元的价格要约收购德国领先的血浆生产厂商Biotest；2016年国内环保技术综合服务商巴安水务（SZ. 300262）通过协议转让和认购新股收购德国纳米平板陶瓷膜超滤膜生产厂商ItN；2013年中航国际联合战略合作方要约收购德国水泥工程装备与服务供应商KHD等。近两年才开始出现财务投资人要约收购德国上市公司的案例——2017年中国投资公司鸿商产业控股（CF-IC）收购德国专营血液早期癌症检测试剂的Epigenomics就属于此类。

中资企业在德国的收购几乎都是善意收购（Friendly Takeover），即中资企业一般与目标公司的实际控制人就收购条件、交易价格、支付方式以及投后安排等进行磋商并达成一致，在此基础上签署股权购买协议，然后共同努力发起收购要约最终实现控股。善意收购是交易双方在自愿、合作和公开的前提下进行的，一般都能获得成功。截至目前，中资企业尚未遭遇德国企业反敌意收购的措施，甚至在2018年还出现中资企业扮演白衣骑士，帮助德国公司成功击退敌意收购方的案例[①]。

（八）中资企业在德国积极承担社会责任，创造了大量工作岗位和税收

据统计，中资企业在德国一般都采用本地化的经营策略，为德国创造了大量的就业岗位。德国中国商会对80家企业的调查显示，高达86.4%的雇员来自德国当地，而且六成以上企业的当地雇员数量有所上升，仅有5%的企业削减了人员规模。实际上，中资企业在德国投资设厂已经成为一种趋势。例如，纷美包装2011年投资5000万欧元在哈雷市建立无菌包装欧洲生产基地并雇用140名德国当地工人，其中很多是下岗职工，这些工人在无菌包装行业的工作经验几乎为零，纷美包装花费了大量的时间和人力来培训他们。蔚来汽车2014年在慕尼黑设立专门研究高性能智能电动汽车的研发设计中心，将该中心定位为服务全球的研发基地，坚持国际化的发展战略以及本地化的用人原则。截至2017年年底，已经持续投资超过8000万欧元，雇用了140多位设计师和专业人才，预计到2020年雇员人数将超过400人。宁德时代（CATL）2018年拟投资2.4亿欧元在图林根

---

① 继峰股份(603997)扮演白衣骑士帮助德国老牌汽车内饰制造商Grammer成功击退敌意收购方并通过认购强制可转换债券+二级市场增持+要约收购的“三步走”战略，成功完成“蛇吞象”的收购交易，100%控股Grammer。

州建立电池生产基地和智能制造技术研发中心，计划于2021年投产，实现产能14Gwh，由此将全球最领先的动力电池技术带到德国，并为当地提供就业岗位600个。

德国雇员也对公司的中方老板普遍感到满意。2017年12月，德国《商报》公布的一项由德国工会进行的抽样调查显示，在被调查的42家中国收购德国企业的5.5万名员工中，德国企业管理层和员工普遍对中国投资者表示高度满意，因为收购后德方看到了“中国投资者与德国企业共同发展的决心”①。

在德中资企业的经营一般都比较稳定，营业收入保持增长态势。2017年有78.8%的受访企业的订单数量比上一年有所增加，有57.5%的受访企业营业收入较上一年有所增加，仅有8.8%的受访企业营收出现下降。在这样的大背景下，有68.8%的企业向德国当地机构的纳税额比上一年有所增加。

（九）中资企业在德国分布呈现出“中心聚集，周边辐射”的特点

根据德国中国商会发布的《问卷》统计，截至2018年在德中资企业已经超过3100家，在德国16个联邦州中都有布局，但主要分布在德国的西部和北部。北莱茵—威斯特法伦州、黑森州和汉堡是中资企业最为集中的区域。相较而言，德国东部地区的中资企业相对较少，但增长较快，呈现出“中心聚集，周边辐射”的特点。

表3-1 中资企业在德国各地区分布

排名	地区	2015年统计数量	比例	2018年统计数量	比例
1	北莱茵—威斯特法伦州（Nordhein - Westfalen）	800家	34.81%	1100家	35.07%
2	黑森州（Hessen）	530家	23.06%	700家	22.31%
3	汉堡（Hamburg）	516家	22.45%	550家	17.53%
4	巴伐利亚州（Bayern）	181家	7.88%	400家	12.75%

① Stephan Scheuer und Klaus Stratmann, "Die neue China - Skepsis", Handelsblatt, Dezember 21. 2017, http://www.handelsblatt.com/my/unternehmen/industrie/umstrittene-kaeufer-fuer-hightech-zulieferer-cotesa-die-neue-china-skepsis/20765430.html.

续表

排名	地　区	2015 年统计数量	比例	2018 年统计数量	比例
5	不莱梅州（Bremen）	120 家	5.22%	120 家	3.83%
6	巴登符腾堡州（Baden – Wurttemberg）	100 家	4.35%	100 家	3.19%
7	新联邦州（包括原德国东部 6 个州）	55 家	2.39%	161 家	5.13%
合计		2298 家	100%	3137 家	100%

资料来源：德国中国商会发布的《中资企业在德商业环境调查 2015》以及《中资企业在德商业环境调查 2018》。

从表 3 –1 可知，北莱茵—威斯特法伦州（以下简称北威州）是中资企业在德国投资（收购）最为青睐的地区，包括上工申贝、海信、华为、联想、北方凌云、徐工集团以及中兴通讯等众多实力较强的中资企业投资落地北威州，涉及高端装备制造、电子通信、有色冶炼以及汽车制造等众多行业。这与其优越的地理位置、广阔的消费市场以及极强的经济和科研实力密切相关。

北威州位于欧洲的中心，与荷兰和比利时接壤，是德国乃至欧洲最重要的交通枢纽之一，域内的杜伊斯堡更是欧洲最重要的货物集散地之一，是世界上最大的内陆港，中国有多个城市与杜伊斯堡间都通有货运列车。同时，北威州也是德国人口最多、人口密度最大的联邦州。该州常住人口达到 1789 万①，区域内拥有两个德国重要的聚集区——鲁尔工业区和莱茵河沿岸都市区，涵盖克隆、多特蒙德、门兴格拉德巴赫、波鸿和科恩以及杜伊斯堡等多个大城市。北威州还是德国经济最发达的联邦州，众多德国大型企业都选择该州作为总部，包括入选德国市值 TOP30 的拜尔、德国电信、德国邮政、蒂森克虏伯、E. ON 能源公司和莱茵集团等。该州还拥有 70 多万家中小企业和近百家被誉为“隐形冠军”的企业。北威州拥有高等院校 72 所以及各类科研机构 40 多家，构成了德国乃至欧洲最密集的科研网络。基于以上原因，多年来北威州一直是德国吸引外资最多的联邦州，远远超过其他州。2017 年有两万多家外国企业入驻北威州，包括英国石油公司、爱立信、3M、丰田等众多世界级公司。

① 数据来源于德国联邦统计局，2016 年 12 月 31 日统计，https://www.destatis.de/DE/ZahlenFakten/LaenderRegionen/Regionales/Regionaldaten.html.

黑森州也是中资企业比较关注的区域，欧元区最重要的金融中心法兰克福就位于黑森州。法兰克福坐拥欧洲中央银行、德国联邦银行、德意志股票交易所以及超过250家银行。中国五大国有银行业也都在法兰克福设有分支机构，法兰克福对德国乃至欧洲经济的发展起着举足轻重的作用。与此同时，黑森州的莱茵河和美因河地区是仅次于鲁尔区的德国第二大工业区，在化工、汽车制造、电子技术和机械制造等领域拥有极强的竞争力。

第二节 中资企业在德国收购的影响

中资企业在德国收购无疑会对中国产生积极影响，正如前文所言，由于中国经济正处于转型发展的关键期，收购德国优势产业中的优秀企业可以帮助中资企业实现跨越式发展，进而推动中国经济转型升级，但是这种影响不是单方面的，不像德国部分媒体和公众所担忧的——中国政府暗地支持中资企业买空德国高新技术企业的“技术窃取阴谋论”以及中国妄图通过收购控制德国关键产业，进而干涉德国内政的“中国威胁论”，实际上，中资企业的收购会为德国和德国企业带来切实的利益，应该是一种互利共赢的结果，本节将更多地从德国视角来分析中资企业在德国收购的影响。

一、帮助德国企业走出发展困境，推动中德两国企业互利共赢

（一）帮助德国中小企业摆脱代际危机

尽管德国以盛产“隐形冠军”中小企业闻名于世，但它们也存在各种问题，如代际危机。由于这些中小企业基本都是家族企业和非上市公司，继承人的问题尤为突出，德国 KfW 银行集团曾做过一项调查①，被称为“德国经济引擎”的中小型企业在德国大约有 370 万，其中有84.2 万家，约占总数 1/4 的企业因为无合适家族继承人不得不选择被出售，否则企业可能就会停止经营并关闭。

---

① Volker Zimmermann，“SMEs and innovation：enterprises innovate less as their workforce ages”，KfW ReseGWBh Focus on Economics，May. 2016，https://www.kfw.de/PDF/Download – Center/Konzernthemen/ReseGWBh/PDF – Dokumente – Fokus – Volkswirtschaft/Fokus – englische – Dateien/Fokus – No. – 125 – SMEs – and – innovation – May – 2016. pdf.

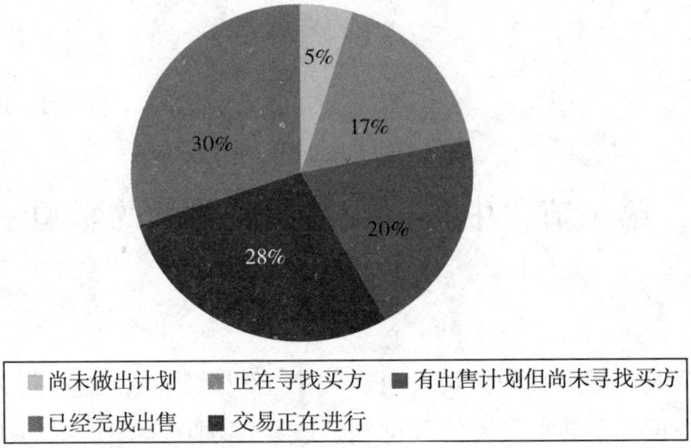

图3－12　存在无合适继承人问题的德国84.2万家企业未来5年的出售计划统计

资料来源：易界并购．代际危机下的德国“隐形冠军们”［EB/OL］．界面，http：//www.jiemian.com/actizle/2035229.html.

这主要是因为德国长期以来的低生育率严重削弱了私营企业的潜在继任者，同时德国经济一直比较景气，就业率较高，这在一定程度上吸纳了部分继任者。此外，很多潜在的继任者没有意愿和动力接管企业的管理工作，或由于缺乏使命感和经营经验而无法胜任。

以生产消防和救援车辆为主业的德国Ziegler为例，该公司拥有上百年的历史，由于第四代继任者缺乏工作热情和奋斗精神，公司管理混乱，员工士气低沉，核心技术流失，导致公司连年亏损，2011年公司不得不向法院申请破产。中国国际海运集装箱集团（以下简称“海运集团”）2013年通过竞标全资收购了Ziegler，通过一系列成功的战略整合帮助公司完成了由巨额亏损向持续盈利的转变，Ziegler员工增加了近30%，并研发出了多款极具国际竞争力的新产品，公司品牌由此获得新生，在德国市场的占有率也重新排到第一位。当然获益的不仅仅是Ziegler，海运集团也通过此次收购一举掌握了消防专业车辆的核心技术，并借此进一步打开了国内消防车市场，增加了自身在该细分领域的竞争力。

（二）为德国中小企业带来最为急需的资金支持

德国的中小企业每年为德国创造1/3以上的企业收入和2/3的就业机

会①，尽管绝大多数企业就人均收入而言极具竞争力，并且是细分市场的翘楚，但是在宏观层面上它们仍然会受到德国乃至世界经济波动的影响，在微观层面上也会因为缺乏足够的资金支持无法进行新产品的研发和国际市场的深度开拓，进而丧失发展壮大的良机。相较于美国和中国，德国风险投资行业一直不够发达，中小企业尤其是初创型企业很难引起投资方的注意并吸纳足够的资金支持公司发展。据联邦德国股份投资协会（BVK）统计，2017 年整个欧洲对初创型企业的投资为 156 亿欧元，仅为同期美国 638 亿欧元投资额的 24.45%。德国的风险投资额仅占国内生产总值的 0.035%，而美国的占比是 0.371%，从绝对数值上看，德国为 1258.39 亿美元，只有美国 72552.29 亿美元的 1.73%。募资难已经是德国中小企业尤其是初创型企业发展壮大面临的最大挑战之一。在德国开展收购的中资企业一般都是实力较为雄厚的大中型企业，它们可以为德国中小企业带来急需的资金，帮助企业扩大生产规模，雇用更多员工，加大对高端产品的研发投入，建立全球销售网络，进而推动德国企业实现跨越式发展。

以金风科技收购德国 VENSYS 为例。2008 年金风科技斥资 4120 万欧元收购全球最早研发直驱永磁风力发电技术之一的德国 VENSYS 70% 的股权。当时 VENSYS 只是由几个研发人员构成，既无技术产品化的资金也无拓展国际市场的经验。在收购后的 10 年间，通过金风科技持续的资金扶持和帮助，今天 VENSYS 已经从一个科技研发团队成长为全球风电行业的技术领军者，金风科技也得以发展成为世界最大的风机制造商。

表 3-2　2015—2017 年中资企业在德国收购中小型企业的代表性交易

公告日	目标公司	行业	收购方	交易价格
2017.3.14	CGWBoustics International	工业和化工	阜新德尔汽车部件股份有限公司	2.71 亿美元
2016.7.25	Acino; Acino Supply	医疗健康	绿叶制药集团有限公司	2.69 亿美元
2016.3.2	Nordic Yards Wismar	工业和化工	云顶香港有限公司	2.51 亿美元
2016.2.1	TechniSat Automotive	汽车	宁波均胜电子股份有限公司	2.37 亿美元

① ［德］赫尔曼·西蒙.《隐形冠军》［M］.北京：经济日报出版社，2005：34.

续表

公告日	目标公司	行业	收购方	交易价格
2015.7.8	Hauck & Aufhauser	金融	复星国际有限公司	2.31 亿美元
2016.2.6	Bilifinger Water	环保	成都天翔环境股份有限公司	2.29 亿美元
2016.8.14	Broetje – Automation	工业和化工	上海电气集团股份有限公司	2.07 亿美元
2016.11	Tristone Flowtech	工业和化工	安徽中鼎密封件股份有限公司	1.80 亿美元

资料来源：根据易界 Dealglobe 提供的收购数据整理而得。

中资企业在德国收购的目标绝大多数都是类似于 VENSYS 这样的中小企业，这种资本与技术的深度融合实际上可以更好地挖掘德国中小企业的潜力。

（三）帮助德国企业拓展最具潜力的中国市场

尽管德国是发达国家，居民消费能力较强，但相较于中国，市场空间和整体消费规模仍然有限，而德国又是外向型经济，以德国法兰克福股市 DAX[①]30 的德国企业为例，其 2/3 的销售额来自海外，其中信息技术公司 SAP、医疗巨头拜耳以及运动品牌阿迪达斯等海外份额都超过了 80%。目前，中国是仅次于美国的全球第二大消费市场。随着中国经济的持续稳定发展、人民生活水平和消费能力的提高，中国有望在三年内超越美国成为全球最大的消费市场。任何企业如果想发展成为一家世界级的跨国公司都不能忽视中国市场，德国企业当然也不例外，实际上，德国的大型企业一直高度依赖中国市场。据中国德国商会统计，有超过 6000 家德国企业活跃在中国市场。德国企业尤其是大企业高度依赖中国市场，中国市场在德国企业销售额中所占的比重越来越高，甚至引起了德国社会和媒体对德国企业过于依赖中国市场的担忧。德国《商报》（Handelsblatt Premium）在 2018 年 4 月发表的一篇文章中指出：德国经济已经紧密地同中国的发展交织在一起，对几乎整个德国工业来说，中国不仅当前是最重要的销售市场，也是未来发展的寄托，甚至排在本土市场之前，德国已经彻彻底底地

① DAX 指数是德国证券交易所推出的一种蓝筹股指数，是德国最重要的股票指数，包含 30 家德国主要行业最大、最主要的公司。

对中国上瘾了。根据中国驻德国经商参赞处 2018 年的统计[①]，过去 10 年德国对华出口额增长了 450%，过去 20 年德国对华出口额增长了 1500%。以德国 DAX30 企业为例，据咨询公司 EAC 统计，2016 年这 30 家德国企业在华设立各类企业约有 650 家，在华销售额超过 200 亿欧元，占这些企业全球销售额的 13%。像英飞凌（Infineon，32.2%）、阿迪达斯（Adidas，12.5%）、海德堡水泥（HeidelbergCement，11.2%）、大陆（Continental，11.6%），西门子（Siemens，9.2%）、拜耳（Bayer，8.6%）和汉高（Henkel，7.3%）等在华销售收入占其全球市场销售收入的比重都比较高。

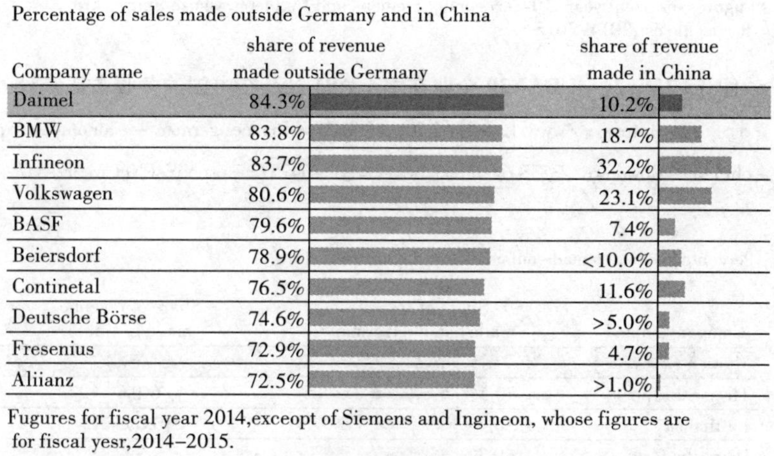

图 3－13（1）　DAX30 企业在本土之外以及在中国的营收占比统计

资料来源：https：//www. handelsblatt. com/today/finance/german－economy－exposed－to－a－chinese－slowdown/23535062. html？ticket＝ST－742572－prphqSePXcCwe6rxe5s7－ap3.

① 中华人民共和国商务部转引自驻德国经商参赞处. 德国跨国企业对中国市场依赖大，中美贸易战将导致德经济严重衰退［EB/OL］. 2018－05－04，http：//www. mofcom. gov. cn/article/i/jyjl/m/201805/20180502739989. shtml.

Percentage of sales made outside Germany and in China

Company name	share of revenue made outside Germany	share of revenue made in China
Daimel	84.3%	10.2%
BMW	83.8%	18.7%
Infineon	83.7%	32.2%
Volkswagen	80.6%	23.1%
BASF	79.6%	7.4%
Beiersdorf	78.9%	<10.0%
Continetal	76.5%	11.6%
Deutsche Börse	74.6%	>5.0%
Fresenius	72.9%	4.7%
Aliianz	72.5%	>1.0%

Fugures for fiscal year 2014,exceopt of Siemens and Ingineon, whose figures are for fiscal yesr,2014–2015.

图 3－13（2） DAX30 企业在本土之外以及在中国的营收占比统计

资料来源：https：//www. handelsblatt. com/today/finance/german － economy － exposed － to－a－chinese－slowdown/23535062. html？ticket＝ST－742572－prphqSePXcCwe6rxe5s7－ap3.

Percentage of sales made outside Germany and in China

Company name	Share of revenue made outside Germany	Share of revenue made in China
Munich Re	71.7%	2.6%
Thyssenkrupp	70.5%	6.1%
Lufthansa	70.4%	<10.0%
Deutsche Post	69.3%	8.3%
Deutsche Telekom	66.6%	<1.0%
Deutsche Bank	65.0%	<5.0%
EON	62.7%	0.0%
REW	43.2%	<1.0
Commerzbank	34.6%	1.0%
Vonovia	0.0%	0.0%

Figures for fiscal year 2014,except for Siemens and Infineon, whose figures are fiscal year 2014–2015.

图 3－13（3） DAX30 企业在本土之外以及在中国的营收占比统计

资料来源：https：//www. handelsblatt. com/today/finance/german － economy － exposed － to－a－chinese－slowdown/23535062. html？ticket＝ST－742572－prphqSePXcCwe6rxe5s7－ap3.

德国三大车企对中国市场的依赖尤其严重，2017 年，大众、宝马和奔驰在华销售占其总销量分别为 37.3%、24.2% 和 23.2%。以大众为例，数据显示2016年大众在全球汽车销量为1031.3万辆，位居世界第一，中国市场就贡献了38.6%的销售额。2016年大众在华销量为398万辆，同比增长12%，实现销售收入500多亿欧元，实现净利润近80亿欧元，净利润率接近20%，远超汽车行业平均利润水平。① 此外，梅赛德斯奔驰和宝马2016年在华销量同比都出现较快增长，中国市场的销量已经占据这三家汽车制造企业总销售量的1/3强，重要性不言而喻。此外，中国德国商会公布的《德国在华企业商业信息调查2016》显示，尽管德国在华企业认为2016年中国的营商环境较为艰难，但仍对未来三年的整体形势保持乐观。其中超过一半的受访企业表示工业4.0以及中国制造2025给德国在华企业带来了机遇，拟加大在相关领域的投入。

除了对华直接投资，被中资企业收购也是德国中小型企业成功开拓中国市场的一种选择，借力中国资本进军中国市场正是绝大多数德国中小型企业选择被中资企业收购的考量因素之一，毕竟受限于自身规模，这些中小型企业无法像大众、英飞凌和阿迪达斯这类跨国企业一样可以不惜成本地进军中国市场。以德国2005年被上工申贝收购的德国老牌高端缝纫机制造商Durkopp Adler为例，该公司拥有上百年的历史，曾是德国最成功的高端缝纫机生产品牌，但是由于未能把握住中国市场爆发的发展机遇，导致在中国市场占有率过低，销售收入持续下滑，经营严重亏损。上工申贝在完成对Durkopp Adler的收购后，将其技术引入国内并研发适合中国市场需求的产品，帮助Durkopp Adler成功开拓中国市场，一举扭转了公司亏损的局面，今天Durkopp Adler再次成为德国缝纫机行业的龙头，上工申贝集团也成为世界缝纫机行业的第二大公司。

回顾以往中资企业在德收购案例可知，中资企业收购德国企业的案例绝大多数都实现了“共赢”，中资企业在德国收购有利于德国企业持续稳定健康地发展。

二、进一步促进中德两国经济联系

2017年7月，国家主席习近平对德国进行国事访问时曾指出：“2017

① Matt Gasuier, “World Full Year 2016: VW outruns Toyota to #1”, February 2017, https://bestsellingcarsblog.com/2017/02/world - full - year - 2016 - volkswagen - 1 - outpaces - toyota - despite - dieselgate/.

年是中德建交45周年，中德务实合作成果丰硕。德国已连续42年保持中国在欧洲最大的贸易伙伴地位。2016年中德双边贸易额1700亿欧元，中国首次成为德国最大的贸易伙伴。德国也是欧洲对华技术转让最多的国家，截至2017年5月，中国从德国引进技术合同累计金额达到768.2亿美元。中德两国投资合作已经由单行道进入双向快车道。”[①] 近年来，随着中国经济的发展壮大，越来越多的中资企业开始在德国进行收购，改变了以往主要是德国企业在中国投资的情况。2016年历史上首次中国对德国投资额超过德国对中国投资额，双向平衡投资有利于深化两国经济合作，真正实现互利共赢。

中国和德国分别是世界第二和第四大经济体，长期以来双边经贸往来密切，成果丰硕。自1972年开始，德国已经连续43年成为我国在欧洲最大的贸易伙伴国，尤其是中国改革开放以来，中德双边贸易额出现飞速增长。1978年中德双边贸易额仅为16.8亿美元，直至2017年增长至1681亿美元（中方统计），增长超过了100倍。中德双边贸易额已经超过中国与英国、法国和意大利三国贸易额的总和，占中国与欧盟贸易额的1/3。2002年至今，我国一直是德国在亚洲的最大贸易伙伴国。2016年，双边贸易额为1700亿欧元，中国首次超越法国和美国成为德国最大的贸易伙伴国。[②] 同时，中国还是德国第一大进口国和第四大出口国。2017年双边贸易额达到1866亿欧元，增长9.76%，中国蝉联德国最大贸易伙伴国，中国还是德国第三大出口目的国（出口862亿欧元）和第一大进口来源国（进口1005亿欧元）。[③]

---

① 习近平. 为了一个更加美好的世界[EB/OL]. 2017-07-17，新华网：http://www.xinhuanet.com/2017-07/04/c_1121263732.htm.

② 1961—2014年，53年间法国一直是德国最大的贸易伙伴国，直至2015年由美国所替代。

③ Statistisches Bundesamt, "Jahr 2016: Volkrepublik China erstmals wichtigster Handelspartner", 18. Februar 2018, https://www.destatis.de/DE/ZahlenFakten/GesamtwirtschaftUmwelt/Aussenhandel/HandelspartnerJahr.html.

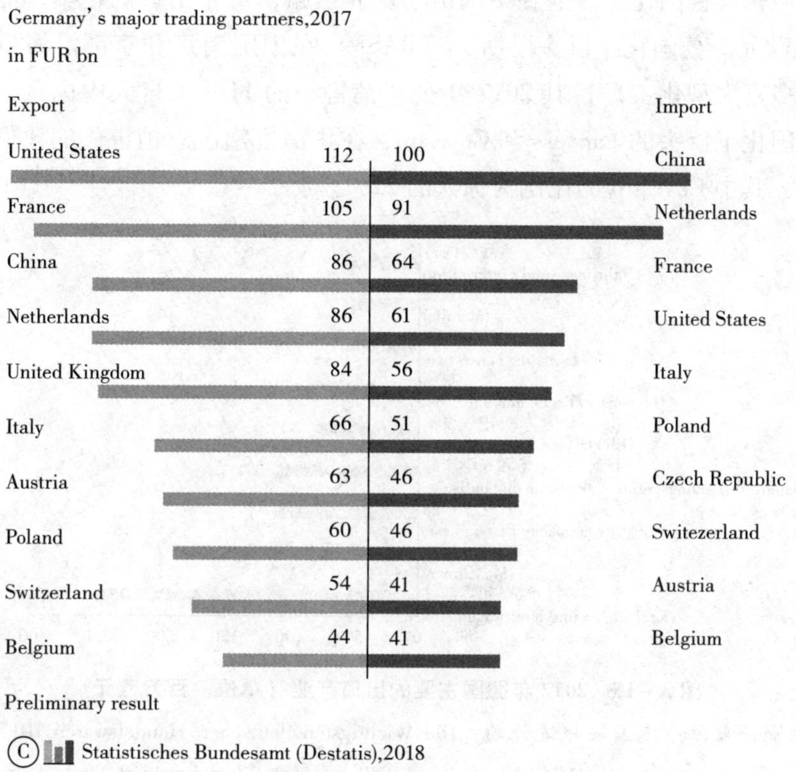

图 3－14　2017 年德国主要的贸易伙伴国

资料来源：德国联邦统计局：Jahr 2016：Volkrepublik China erstmals wichtigster Handelspartner，https：//www. destatis. de/DE/ZahlenFakten/GesamtwirtschaftUmwelt/Aussenhandel/HandelspartnerJahr. html.

根据德国研究机构预测，鉴于 2018 年德国出口仍然保持稳定增长，德国很有可能连续三年成为世界最大的贸易顺差国，其中，中国对于德国来讲尤为重要。通过图 3－15 可知，汽车、机械和化工是德国的核心产业和最主要的出口行业。就这些行业而言，中国市场甚至超过了德国本土市场，是德国企业在全球最重要的销售市场。以化工产业为例，中国是世界上最大同时也是发展最为迅速的化工产品市场①，2017 年总销售额达到 1.8 万亿欧元，几乎是美国市场的两倍。得益于德国制造优质的产品和良

① 中国化工产业过去几年增速超过 20%，2017 年增长趋缓，但也超过 10%。

好的声誉，德国化工企业在中国市场发展迅猛，每年出口的化学产品高达 74 亿欧元。德国化工巨头巴斯夫（BASF）在中国南京和东部沿海省份经营着多家大型化工厂，其 2017 年公司销售额的 11% 来自大中国区，而同为德国化工巨头的 Lanxess 和 Covestro，在华销售额占总销售额的比例甚至更高，其中 Covestro 的比例为惊人的 22%。

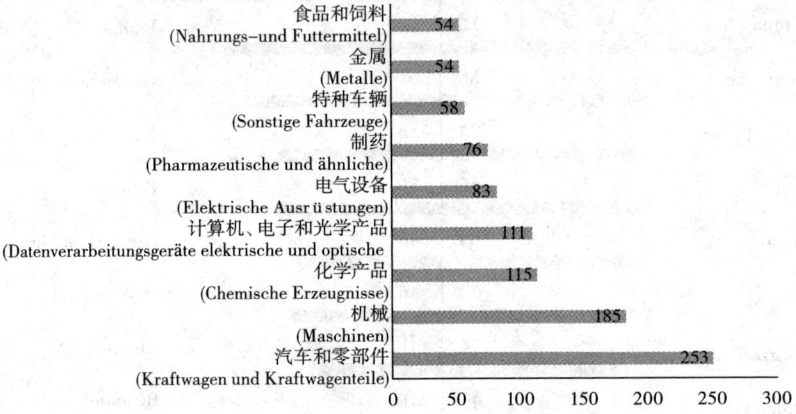

图 3－15　2017 年德国主要的出口产业（单位：百万欧元）

资料来源：德国联邦统计局：Die Wichtigsten deutschen Handelswaren 2017，https：//www. destatis. de/DE/ZahlenFakten/Indikatoren/Indikatoren. html.

中国还是德国最重要的投资目的国之一。据统计，截至 2017 年中德双向投资规模已经超过 1000 亿美元，目前有超过 5000 家的德国企业在中国进行投资。像德国大众，拟在 2022 年前向中国市场再投资 150 亿欧元。德国生物医药巨头拜耳公司一直将中国视为其亚洲最大的单一市场，过去 30 年一再加大对中国的投资。截至 2018 年，拜耳已经在中国大陆、香港和台湾设立 20 多家公司，雇用了 9781 名员工[①]。德国百年保险品牌安联集团近些年也一直深耕中国市场，例如，2017 年安联集团联合 TH Real Estate 共同设立封闭式美元基金，专注于投资中国品牌的折扣商场。2018 年安联集团发布报告指出，中国寿险保持强劲增长态势，已经取代日本成为亚洲最大的寿险市场，应进一步加大对中国的投资。

① 数据来源于 Bayer China－History，http：//www. bayer. com. cn/index. php/AboutBayer/BayerChina/2nd/History.

近年来，随着中国创新驱动和经济结构升级，中资企业“走出去”的步伐越发明显，以往德国企业单向投资中国的情况发生了变化，出现了双向投资的趋势，应该说这是一种更加平等、更加健康的合作发展模式，有利于发挥各自的优势并扩大双方的利益聚合点，促进中德双方的经贸往来。

中资企业在德国收购
策略与实务

第四章

德国公司的法律体系

中资企业在德国收购主要分为两种类型：一种是收购德国非上市公司。例如，楚天科技 2017 年收购德国医药装备制造商 Romaco，均胜电子 2014 年收购德国工业机器人和系统集成服务商 IMA。另一种是收购德国的上市公司。例如，美的集团 2016 年要约收购德国工业机器人制造商 KUKA，科瑞集团 2017 年要约收购德国血浆生产厂商 Biotest。非上市公司的法律形式一般是有限责任公司（GmbH），上市公司的法律形式是股份公司（AG），本章主要对这两种公司类型进行分析。

第一节　德国公司法律体系概述

德国公司法体系设立严谨，既有综合性立法也有专门立法。综合性立法是指德国《商法典》（又称 HGB）。《商法典》是德意志帝国在 1896 年 8 月 18 日公布并于 1900 年 1 月 1 日正式实施的一部民法典，是德国公司法系最重要的法律文件，同时也对包括中国在内的许多国家产生了深远影响[①]。这部法典公布至今已经有 100 多年历史，经过多次重大修改和增减，它的基本内容和逻辑框架一直都未作过大的调整。现行的《商法典》于 2013 年最新修订，分为五卷共 905 条，分别对经济贸易、公司法律形式、

① 以股份公司法（AKtG）为例，世界上有多个国家参照德国标准设计本国相关法律，包括丹麦、挪威、瑞典、芬兰、土耳其、葡萄牙、巴西、英国、波兰、比利时和阿根廷、秘鲁、玻利维亚等拉美西班牙语国家。

商业账簿、商业行为以及海外贸易进行了详尽的解释与规定。第二卷（第105条至第237条）主要对人合公司（Personengesellschaft）设立、公司类型、股东权利和义务、公司责任以及破产清算进行了界定。第三卷（第238条至340条）主要对公司商业账簿以及资合公司（Kapitalgesellschaft）包括股份有限公司、股份两合公司和有限责任公司的经营、合并和分拆等进行了规定。①

专门立法主要包括《有限责任公司法》（GmbH - Gesetz，缩写为GmbHG）和《股份公司法》（Aktiengesetz，缩写为AktG）。《有限责任公司法》颁布于1892年4月20日，2017年7月17日最新修订，共6章88条。对有限责任公司设立（Errichtung der Gesellschaft）、公司与股东关系（Rechtsverhältnisse der Gesellschaft und der Gesellschafter）、公司代表和管理（Vertretung und Geschäftsführung）、公司相关文件修改（Abänderungen des Gesellschaftsvertrags）、公司破产清算（Auflösung und Nichtigkeit der Gesellschaft）以及违规惩罚（Ordnungs - , Straf - , Bußgeldvorschriften）等进行了规定。②《股份公司法》颁布于1965年9月6日，2017年7月17日最新修订，共4卷18章410条，该法从股份公司（Aktiengesellschaft）、股份两合公司（Kommanditgesellschaft auf Aktien）、关联企业（Verbundene Unternehmen）以及违规惩罚（Sonder - , Straf - und Schlußvorschriften）4个方面对股份公司的管理运营予以规范，③ 是对《商法典》的有力补充，《股份法》的条款具有强制性，目的是更好地保护公众以及股份公司股东的利益。

依托于以上法律体系，德国公司主要分为个体企业（Einzelunternehmen）、资合公司（Kapitalgesellschaft）和人合公司（Personengesellschaft）三大类。

人合公司是指两个或两个以上的自然人以个人信用对生产经营活动承担无限责任的公司。人合公司从工业化初期至二战一直是德国公司的主要

---

① 杜景林，卢谌，译. 德国商法典：第一版[M]. 北京：中国政法大学出版社，2010：3 - 6.

② 德国司法部（Bundesministerium der Justiz und für Verbraucherschutz）网站关于有限责任公司法解释，具体详见：http://www.gesetze - im - internet.de/gmbhg/index.html.

③ 德国司法部（Bundesministerium der Justiz und für Verbraucherschutz）网站关于股份公司法解释，具体详见：http://www.gesetze - im - internet.de/aktg/AktG.pdf.

形式，成立人合公司没有最低出资额限制，这种公司在对外进行经济活动时依托的不是公司信誉，而是股东的个人信用。如果公司资不抵债，股东会以其全部资产对债权人承担无限责任，所以股东决定了人合公司的经营和发展。一旦股东死亡或丧失民事行为能力，可能就会对人合公司产生重大影响甚至直接导致公司破产，所以这类公司股份转让困难，股东和公司的权利、义务区分不清，已经不符合现代经济的发展趋势。实务中，中资企业在德收购的企业基本都是资合公司。

表 4-1 资合公司和人合公司的区别

项目	资合公司	人合公司
股东数量	至少一名股东	至少两名股东
股东类型	法人	自然人
责任	公司以缴纳出资额的义务为限，承担有限责任	公司以股东全部财产为限，承担无限责任
注册资本	股份公司最低注册资本 50000 欧元； 有限责任公司最低注册资本 25000 欧元	无出资额限制
融资	以公司的信誉和现金流状况为基础，作为公司负债，公司承担债务	以股东个人信誉和财产为基础，作为公司负债，但股东个人承担债务
公司管理	公司组织架构清晰，权利、义务明确且互相制衡： 有限责任公司设有股东会和执行董事； 股份公司设有董事会、监事会和股东会	公司组织架构不清晰，股东绝对掌控公司
股东变更	公司转让股权方便，在只有一名股东的情况下仍可存续	公司转让股权困难，如果只剩一名股东将导致公司解散
企业背景	一般是大型企业或是现代企业	一般是家族企业或个人企业

资料来源：根据维基百科 German company law 整理而得。

资合公司是指一个或数个按照法律规定合计支付最低注册资本金的自然人或法人注册成立的公司。主要分为有限责任公司（Gesellschaft mit beschraenkter Haftung，缩写为 GmbH）和股份公司（Aktiengesellschaft，缩写为 AG）。资合公司是现代企业制度下经营公司业务的首选形式，具有很强的法人性。这类公司是资本决定公司信用，公司而不是股东承担公司债务；企业所有权和经营权分离，公司股东以出资额为限承担有限责任。资合公司尤其是已经上市的股份公司的股权转让便利，流动性较强。①

此外，与中国不同，德国公司法对外资或外国人在本国设立公司不作区别，对外商投资采取相对平等和宽松的政策，不要求德方在德国公司中达到一定的持股比例，所以中资企业在德国开办和经营公司时可以享受和德国人相同的待遇。

① Walter Hilber & Karl Vogel, "*Das neue GnbH - Gesetz: Kommentar fuer Gesellschafter, Geschäftsfuehrer und Berater*", Gabler Verlag, 1980, pp. 8 - 32.

第二节　德国有限责任公司简介

有限责任公司是德国最常见的一种公司形式，也是中资企业在德收购时最常遇到的形式。德国《商法典》第161条以及德国《有限责任公司法》对有限责任公司进行了定义和规范。有限责任公司是一个以公司资产对债权人承担责任的独立法律实体，股东以认缴出资额（货币或实物）为限对公司承担有限责任，一般有限责任公司至少有两个组织机构：股东会和董事总经理。如果公司章程中对设立监事作出规定，则还要设有监事会。

一、设立条件

有限责任公司发起设立首先需要制定公司章程（Gesellschaftssatzung），涵盖公司名称、地址、业务范围、注册资本、管理架构、股东权利和义务等内容，需要全体股东签字并在公证人处履行设立和公司章程公证程序，然后申请商业登记簿登记方可生效。一般有限责任公司最低注册资本为25000欧元，必须以现金形式支付①。有限责任公司在申请商业登记前应开立一个银行账户并实缴出资。公司至少要有一名股东，无论是德国境内外的自然人或者是法人，没有上额限制。有限责任公司可以将股份划分为若

① 为方便外国企业投资德国，2008年以后德国引入所谓微型有限责任公司（Unternehmergesellschaft或UG），该类型公司在设立时并不强制要求最低25000欧元的注册资本，原则上不少于1欧元即可申请设立，但公司成立后需每年提取利润的1/4作为资本公积金直至达到法定最低注册资本25000欧元后终止。具体详见《有限责任公司法》（GmbHG）解释第1章“公司设立”（Errichtung der Gesellschaft）第5a条“微型有限责任公司”（Unternehmergesellschaft），具体详见：http://www.gesetze-im-internet.de/gmbhg/__5a.html.

干最低面额不低于1欧元的股份[①]，股份面值可以设定为1欧元的任意倍数并由股东认缴。[②] 在有限责任公司设立后任何股份转让都需公证并向商业登记部门递交更新的股东名录，需要注意的是，只有登记在股东名录上的股东才能被视为公司股东。此外，中资企业在德国设立有限责任公司时，可以选择工商税率最为优惠的地区进行注册，德国各个城市的工商税率不尽相同，所以在涉及收购以及公司日常经营时税务优势是一个极其重要的参考因素。尽管德国法律规定公司只能有一个注册地址，但是却可以在德国境内设立多个分支机构或办事处。

二、股东权益

《有限责任公司法》规定了股东应对公司承担的权责，股东的责任以其股本出资额为限。股东最主要的权利包括：有权要求公司按照股权比例分配利润；有权就公司任免执行董事、监督董事会职能以及修改公司章程等重大事项进行投票；有权力审核公司年度财务决算并获取公司经营方面的重要信息。股东通过股东会行使权力，股东大会每年至少举行一次。在股东大会上，一般决议要求简单多数同意（超过50%）就可通过，但是涉及公司章程修改以及公司破产清算这类重大事项需要股东会四分之三以上拥有投票权的股东同意方可执行。[③] 相较于国内三分之二以上股东同意，要求比例更高。实务中，中资企业在德收购目标公司时，如果持有目标公司的股权比例少于75%，除非德方股东同意，否则很难更改公司章程并完全掌控公司，在这种情况下，中资企业应当就公司经营的“重大事项”具有否决权或至少将“按照收购方的诉求修改公司章程”作为项目交割的前提条件与德方谈判并作好约定，以便交割后更好地管理目标公司。

---

① 2008年德国司法部对有限责任公司股份面值的规定作了修改，在此之前有限责任公司的每股最低面值为100欧元。

② 《有限责任公司法》（GmbHG）第1章“公司设立”（Errichtung der Gesellschaft）第5条“注册资本”（Stammkapital Geschäftsanteil），具体详见：http://www.gesetze-im-internet.de/gmbhg/index.html.

③ 《有限责任公司法》（GmbHG）第2章“公司的法律关系和股东”（Rechtverhältnisse der Gesellschaft und der Gesellschafter），具体详见：http://www.gesetze-im-internet.de/gmbhg/index.html.

三、执行董事和公司代表权

股东会和执行董事（Geschäftsführer）是有限责任公司必须要设立的两个机构。如果公司规模较大、人数较多，一般会通过股东会任命多名执行董事，如果公司规模较小、人数较少，可只设一名执行董事。执行董事可以是股东，也可以是非股东，执行董事也可以是外国公民并允许长期居住在国外，因此，中资企业可以委派一名在国内工作的中国籍员工担任德国有限责任公司的执行董事。与国内公司设立董事长和总经理的职位不同，《有限责任公司法》第 35 条规定执行董事是德国有限责任公司的全权代表。如果只有一名执行董事，他拥有单独代表公司的权利；如果有多名执行董事，他们共同拥有代表公司的权利。实务中，德国企业可以通过编制公司章程作出安排。例如，规定需要执行董事共同行使代表权或安排一名执行董事和一名全权代理人共同行使代表权等。全权代理人是由执行董事直接任命的，一般仅限于管理企业日常性事务，权限相对较小。德国法律并未对全权代理人的人数进行限定，公司可根据实际需求进行设置。《有限责任公司法》第 37 条规定公司股东会有权限定执行董事以及全权代理人代表公司权利的范围，如超出权限范围执行董事和全权代理人需要获得公司股东的批准。

鉴于德国有限责任公司的执行董事均为公司的法定代表人，中资企业在德收购时需要特别关注执行董事的职位。如中资企业拟加强对被收购德国公司的管理，就应选派合适人员担任执行董事。例如，上工申贝集团收购德国 Durkopp Adler，上工申贝委派一名中方员工担任公司执行董事管理人事和财务，德方执行董事则负责生产和经营。沈阳机床收购德国 Schiess，公司的执行董事全部由中方员工担任，但这种情况极其少见。①

四、其他委员会的设立

实务中，规模较大的德国公司有时也会设立类似于顾问委员会或风险控制委员会之类的机构，主要是为了帮助公司规范经营或协调股东间的利

① 卜元石. 中资企业德国投资指南与案例分析：第 11 版［M］. 上海：上海人民出版社，2015：123.

益。德国法律明确规定①，如果有限责任公司规模超过500人必须要设立监事会且监事会成员的三分之一必须是员工代表。如果有限责任公司规模超过2000人，则监事会成员的一半必须是员工代表。该监事会与股份公司监事会的功能相类似，主要是为了监督公司管理层。在德国开展收购业务的中资企业往往规模较大，决策机制复杂且需要专注于全球市场，有时可能难以高效地管理被收购的德国企业，在这种情况下，中资企业完全可以在德国分子公司设立类似于监事会之类的机构，将对德国公司的监督权转嫁到该机构以降低中资企业的管理成本并提高决策效率。

从法律角度来看，无论是收购还是整合，中资企业在德设立或管理的分支机构需要考虑的因素有很多，包括责任限定、股本比例、股东控制力、融资便捷性、运营管理费用和税负等。由于在德国开展业务的中资企业往往实力强劲，实际上最关注的还是股东责任和股东控制力，即中国母公司作为股东应该在尽量小的范围内对德国公司承担有限的责任，并在尽量大的范围内增加在德国公司的影响力。实务中，中资企业往往对德国被收购企业的管理层都比较信任，一般会保留德国公司原来的管理架构和管理人员。例如，三一重工收购Putzmeister后，三一重工决定不对Putzmeister的经营管理作过多干预，未向德国公司委派新员工，只是在母公司层面指引Putzmeister的发展方向。

---

① 《有限责任公司法》(GmbHG)第三章第52条，具体详见：Gesetz betreffend die Gesellschaften mit beschränkter Haftung, Abschnitt 3 Vertretung und Geschäftsführung, http://www.gesetze-im-internet.de/gmbhg/index.html.

第三节　德国股份公司简介

大型公司和上市公司一般会采用股份公司的形式，如德国 DAX30 的企业。股份公司是以自有资产对公司债权人承担责任的独立法人实体，股东以认缴出资额（货币或实物）为限对公司承担有限责任。公司的股份一般可以自由转让，无须进行公证。相较于有限责任公司，《股份公司法》对股份公司的规定和管理更为严格，包含很多强制性法规，没有为公司章程留出太多自由发挥的余地。实际上，在公司筹备设立、运营管理、股权转让、重组整合和破产清算等方面，股份公司都比有限责任公司更加规范。

一、设立条件

股份公司发起设立首先需要制定公司章程，涵盖公司名称、地址、业务范围、股东出资、股票类型（记名股票或不记名股票）、董事会成员选任以及股东权利和义务等内容。其次由公司发起人任命第一届监事会，再由监事会任命第一届董事会，然后由公司发起人编制创立报告，并交由第一届监事会和董事会成立后共同审核。董事会应督促股东履行出资义务，将出资款汇入指定公司账户并向当地法院工商登记处申请办理工商登记手续。与有限责任公司设立情况相类似，股份公司的章程和创始股东初始股份认缴都需要进行商业登记方可生效，登记申请需由创始人以及第一届董事会和监事会的所有成员共同签字完成。

股份公司的最低注册资本为50000 欧元，公司至少要有一名股东，无论是自然人或者是法人。① 与国内股份公司相类似，根据不同的分类标准，

① 《股份公司法》(AktG)第 2 条 Gründerzahl 和第 7 条 Mindestnennbetrag des Grundkapitals 分别对股份公司最少股东数量以及最少注册资本作了规定，具体详见：http://www.gesetze-im-internet.de/aktg/index.html.

德国的股票也可分为：①记名股票（是指股东名册上登记持有人的姓名，股东转让股票时需经股份公司董事会批准并要办理股票过户手续）和不记名股票（是指股票票面和股份公司股东名册上均不记载股东姓名的股票，是最常见的股票形式）。②普通股票和优先股票（Vorzugsaktien），德国的优先股票可以附带表决权，即优先股票既享有优先分配股份公司利润和资产的权益，也可能享有投票权。③有面额股票（Nennbetragsaktien）和无面额股票（Stückaktien）。顾名思义，有面额股票是指在票面上记载一定金额的股票，一般为1欧元/股或是其整数倍。[①]

二、三权分立的组织结构

《股份法》规定[②]股份公司按照三权分立的方式确定公司的组织架构，分别是权力机构股东会、执行机构董事会和监督机构监事会。

股东会一般由董事会召集召开，由监事长担任股东会主席。此外，监事会和持股比例不少于5%的股东也有权就某些特殊事项召集召开临时股东会，股东会拥有修改公司章程、审议年度营业报告、任免公司董事和监事以及调整公司管理架构等重要权利，即股东按照持有的股份份额通过股东会行使投票权参与公司决策。《股份法》规定[③]股东对股份公司承担出资义务且不能损害公司利益，即便是第一大股东也不能妨碍或干涉公司经营管理。所以中资企业在收购德国上市公司时即便与有出售意愿的股东甚至第一大股东达成一致，也难以通过他们获得目标公司的商业机密或操纵收购交易。此外，《股份法》还规定[④]公司股东享有平等待遇，在任何情况下都不允许不平等地对待股东，所以中资企业尽管已经与公司实际控制人达

① 具体详见《股份公司法》(AktG)第8条 Form und Mindestbeträge der Aktien 和第9条 Ausgabebetrag der Aktien.

② 《股份公司法》(AktG)并未明确指出股份公司按照三权分立的方式确定公司组织架构，而是对股份公司的不同机构的管理权限分别进行了定义，具体详见：Franks & Colin Mayer，"Ownership and Control of German Corporations"，*The Review of Financial Studies*，Oxford University Press，14（4）：943－977.

③ 《股份公司法》(AktG)第54条 Hauptverpflichtung der Aktionäre 对股东的基本义务作了规定，第55条 Nebenverpflichtungen der Aktionäre 对其他义务作了规定，具体详见：http://www.gesetze－im－internet.de/aktg/__55.html.

④ 股份公司法(AktG)第53a条 Gleichbehandlung der Aktionäre 规定股份公司的股东享有平等权利。

成收购意愿，也还要依照相同的交易价格向广大的中小股东发起强制要约收购或自愿要约收购。股东会所有重要决议都必须进行公证方可实施，如股东会召开的程序或作出的决议不符合公司章程或法律规定，股东、董事或监事有权向公司所在地的州法院提出异议并要求更正。需要注意的是，与有限责任公司相类似，涉及股份公司的重大事项，包括公司章程修改、调整注册资本、公开发行股份、债券以及解散和清算公司等都需要股东会的审批，即持有公司股份四分之三以上股东同意方可执行，这高于国内三分之二的比例，所以中资企业在持有德国股份公司的股权比例达到或超过75%时才在名义上拥有控制权。

董事会负责股份公司的日常管理工作，由不少于一名董事组成。德国法律规定股份公司注册资本超过300万欧元或雇用员工超过2000人，公司董事会至少应该有两名董事，且董事人员只能是自然人，具体安排应由股东会决定并写入公司章程。与有限责任公司不同，股份公司董事会按照法律法规和议事规则经营管理公司事务，享有独立管理权。一般情况下，董事会成员由监事会任命，而非股东任命，但无论是监事会还是股东都无权向董事会发号施令，董事会也无须遵从监事会和/或股东会的任何指示，相应的董事对外代表公司的法定权利也不受公司任何机构或决议的约束和限制。董事的任期为5年，可以连选连任，如无正当理由，监事会和股东都无权解聘董事。董事会在公司日常经营中必须勤勉尽责，否则董事对公司损失承担连带责任。尽管董事会权力看似很大，但是公司章程往往会规定公司的重大事项还是需要股东会审批。此外，监事会和股份公司的实际控制人（大股东）一般会就董事人选进行磋商，最终只会聘任双方都能接受的人选。

表4－2 董事会及其董事承担的主要义务

义务类型	具体内容
一般义务	（1）履行股东会决议； （2）履行被监事会监督义务； （3）履行竞业禁止和保密义务
财务管理	（1）依照德国通用会计准则（GAAP）履行公司财务管理； （2）准备年度财务报告和决算报告； （3）履行公司纳税义务

续表

义务类型	具体内容
股份管理	（1）监督股东履行出资义务； （2）保证公司自由支配股东出资； （3）依照法律法规和公司章程规定组织召开股东会
破产清算	（1）按照成文法规定执行破产清算程序； （2）破产清算期间确保公司费用支出合理

资料来源：根据《股份法》第 93 条 Sorgfaltspflicht und Verantwortlichkeit der Vorstandsmitglieder 关于董事会的义务权限定义整理而得，具体详见：http：//www. gesetze – im – internet. de/aktg/_ _ 93. html.

监事会的主要义务是监督董事会的经营管理工作，包括监督董事会是否遵照法律和公司章程的规定开展业务；是否以恰当、合适的商业模式管理股份公司；董事会过往以及未来拟实施的涉及公司财务、商业或法律的决定是否有利于股份公司等。除此之外，监事会的主要职责还包括任命和解聘董事会成员；协调股东与董事之间的关系；与董事会共同应对涉及公司的诉讼；依照股份公司章程的规定批准或否决董事会提交的年度财务报告以及其他决定等。监事会在股份公司的日常经营中也必须勤勉尽责，否则监事对公司损失承担连带责任。《股份公司法》规定监事会至少由 3 名成员组成，关于监事会人员的安排应依照股份公司实际规模予以确认，监事会人员应该是 3 名的整数倍。

表 4 – 3　监事会人员设置安排

股份公司规模	监事会人员设置
公司注册资本 < 150 万欧元	不超过监事人数 9 名
公司注册资本 150 万至 1000 万欧元之间	不少于监事人数 15 名
公司注册资本 > 1000 万欧元	不少于监事人数 21 名

资料来源：根据《股份公司法》第 95 条 Zahl der Aufsichtsratsmitglieder 关于监事会人员配置要求整理而得，具体详见：http：//www. gesetze – im – internet. de/aktg/_ _ 95. html.

雇用员工超过 500 人必须安排职工代表担任监事。监事会主席一般由股东委派，职工代表为监事总人数的 1/3。如果股份公司雇员超过 2000 人，股东代表和职工代表分别为监事总人数的 1/2，股东代表由股东选举产生，职工代表由职工会议选举产生。[①] 以被美的收购的 KUKA 为例，收购前 KUKA 的监事会由 12 名成员组成，有 1 名监事会主席和 1 名副主席，其中 6 名监事由股东大会任命，6 名监事由员工依据《共同决定法》（Mitbestimmungsgesetz）选举产生。[②] 监事的任期为 5 年，与董事相类似，除非有正当理由，否则一般情况下监事不能被解职。监事被解除职务的方式包括：①出于正当理由监事会的其他成员提议解除某监事职务并且得到法院裁决支持；②持有公司股份四分之三以上（75%）的股东同意解除股东指派的某监事职务，该条不适用于职工监事；③公司章程约定股东有权因为正当理由解除某监事职务，该条不适用于职工监事。综上可知，股份公司的职工监事具有相对独立性，但是《股份公司法》也规定如果监事会出现投票数量相同的情况，监事会主席拥有最终决定权。[③]

实务中，中资企业在收购德国上市公司时往往基于信任和收购策略会承诺不过多干预目标公司经营且不会变更管理架构，但一般会要求获得一个或多个监事席位。例如，美的在收购 KUKA 后委派多名中方监事并增设独立董事。海航集团投资德意志银行成为其第一大股东后任命一名监事。联想收购德国电子消费公司 Medion 后任命了两名中方监事，德方保留了一个监事席位。凌云集团收购德国汽车零部件商 Keekert 后指派了两名中方监事，德方保留剩余的四个监事席位。金风科技收购德国 Vensys 后任命了三名中方监事，德方保留了两名员工代表。上工集团收购德国工业机械公司 Pfaff 后中方人员控制了整个监事会，但这种情况比较少见，中德混合的形式是目前的主流。

---

① 《股份公司法》(AktG)第 96 条 Zusammensetzung des Aufsichtsrats 对监事会人员的构成作了规定，具体详见：http://www. gesetze - im - internet. de/aktg/__96. html.

② 《美的集团：要约收购 KUKA AKTIENGESELLSCHAFTE 报告书》第 14 款关于 KUKA 监事会人员安排之说明。http://newstock. cfi. cn/p20160629002381. html.

③ 《股份公司法》(AktG)第 103 条 Abberung der Aufsichtsratsmitglieder 对监事会人员的解职作了规定，具体详见：http://www. gesetze - im - internet. de/aktg/__103. html.

第五章

德国公司的收购流程

第一节　中资企业在德国遇到的收购程序性问题

德勤（Deloitte）2017 年发布的《中资企业海外并购及并购后整合现状调查》中显示，中资企业海外收购约有 44% 的项目在交易过程中因为各种原因被迫终止。

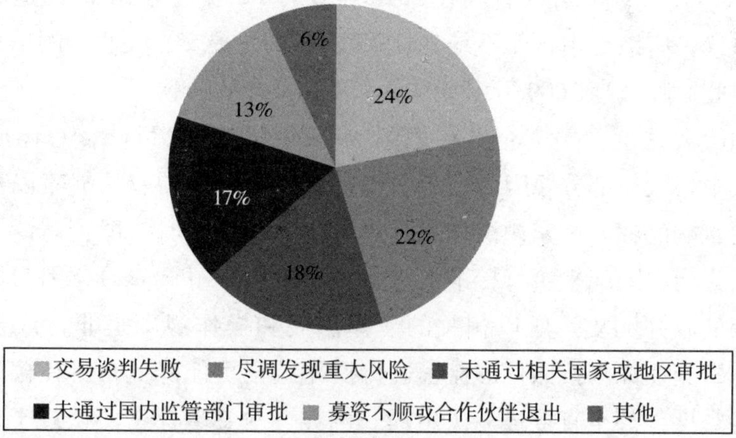

图 5－1　中资企业跨境收购交易被迫终止的原因统计

资料来源：Deloitte 发布的《中资企业海外并购及并购后整合现状调查》调查报告。

交易谈判失败（24%）是中资企业跨境收购过程中失败的最大原因，其次是尽职调查发现重大风险（22%），再加上募资不顺或合作伙伴退出（13%），这三点失败原因是跨境收购交易过程中常规的风险因素，这与中资企业跨境收购经验、收购意图、收购方式选择以及交易架构设计有很强的关联性，可归纳为技术操作层面的问题。中资企业如果想最大限度地规避这类风险，前提就是要熟稔德国公司法体系以及不同类型公司的收购程序。

中资企业在德国收购主要分为两种类型：一种是收购德国有限责任公司，另一种是收购德国的上市公司。这两类公司的收购流程和监管法规存在明显差异，且每个交易案例都因为自身的特殊性而不尽相同。以收购德国上市公司为例，相关交易受到诸多法律法规的约束，如《德国证券交易法》《法兰克福证券交易所交易规则》《德国证券收购法》等，如果不熟悉这些交易规则和收购程序，很容易就会在交易过程中处于被动局面。最具代表性的案例是2018年吉利在二级市场直接购买Daimler的股票成为其第一大股东，但是德国联邦金融监管局（BaFin）认为这一行为存在违规，可能违反德国《证券交易法》（WpHG）中关于信息披露的相关规定。联邦金融监管局称根据德国法规，收购方在首次持有德国上市公司3%或更多具有表决权的股份时应通报上市公司和联邦金融监管局，纰漏门槛依次是3%、5%和10%等，吉利在2018年2月22日晚与Daimler达成收购股份的协议，应该于当日而不是2月23日通报并提交有关收购的信息，吉利可能因此面临最高1000万欧元或年营业额5%的罚款。

2010年之前，中资企业在德国收购的成绩乏善可陈，总体成功率偏低，其中很大一部分原因是由于中资企业缺乏明确的收购战略以及不熟悉德国的收购流程。一家德国非公众公司在选择出售时一般会聘请一家投资银行作为卖方顾问来执行标准的出售流程（Sales Process），因为德国拥有上百年的收并购史，所以相关的法律法规和操作规则是非常成熟和规范的，中资企业如未按照标准流程进行操作就很可能降低自身在德国公司眼中的信誉度，甚至直接被淘汰出局。例如，对签署保密协议过于谨慎，这主要是由于中资企业的法律部门对英文版本的保密协议不熟悉，再加上内部审批流程拖沓，以致不能及时获得德国公司的信息备忘录（Information Memorandum），可能因此损失大量用来判断目标公司收购价值的时间。对初步接洽（Indication of Interest）阶段的估值规则不熟悉，给出范围过大的收购报价，这主要是因为中资企业希望在下定决心收购之前给自己留有一定余地，但过宽的估值报价会让德国公司和卖方顾问对中资企业是否能给出合理报价产生疑虑。对投资意向书（Letter of Intend）的法律效力认识不清，因为LOI具有一定的法律约束力，所以目标公司和卖方顾问希望LOI越详细越好，涉及交易对价、支付方式和交割条件这类关键条款是一定要予以明确约定的，可是中资企业如若签署具有法律效力的协议需要事先履行尽调和领导审批程序，这样就会出现矛盾。实际上，LOI 一般会约定项目交易的先决条件，即尽职调查结果是否能够证明目标公司提供的信息属实、政府审批是否通过以及募集资金是否到位等，如若出现问题可不执行交易，也不需要承担责任。

第二节　德国非上市公司收购流程及注意事项

非上市公司一直都是中资企业在德国收购的重点。2016 年江苏苏美达收购德国汽车铰链、传动系统组件和防侧翻系统组件生产商 ISH，2016 年珠江钢琴收购欧洲最大的钢琴制造商德 Schimmel 以及 2018 年汇顶科技并购全球领先的半导体蜂窝 IP 提供商 CommSolid 都属此类。此外，还有部分项目是中资企业收购德国上市公司的剥离业务或分支机构，例如，2017 年郑州煤矿机械集团收购德国 Bosch 的电机业务，2018 年乐惠国际收购德国 MAX 股份公司的分公司酸奶和巴氏奶包装设备商 Packtec，也可归为对非上市公司的收购。该类收购流程与收购上市公司的流程存在明显差异，本节归纳和分析中资企业对德国非上市公司收购的交易程序以及可能会遇到的问题。

一、收购准备

收购准备阶段是整个收购活动的开端，中资企业依照公司行业状况、自身资源、未来发展方向和战略发展目标设计跨境收购指导方针；设定包括所处行业、公司规模、财务状况和技术特点等在内的目标企业标准，然后与财务顾问以及其他中介机构在全球范围内寻找并筛选最符合的目标公司。如果收购目标属于高端装备制造、化工、精密仪器、汽车及零部件行业，就很有可能在德国找到合适的目标公司，实际上企业有明确的收购意图和收购标准会更加快速地确定收购标的。2012 年三一重工收购混凝土制造巨头 Putzmeister，从提供报价到签署最终的收购协议仅仅用了 12 天，这与三一重工笃定公司发展战略并长期关注和熟稔目标公司直接相关。2016 年美的集团以 292 亿元的创纪录价格收购德国机器人制造商 KUKA 是因为 KUKA 是机器人四大家族中最有可能被收购的公司，且与美的提出的“智慧家居+智慧制造”战略高度吻合，所以美的不惜一切代价收购了KUKA。2018年中国家居的领先品牌之一的顾家家居（SH.603816）收购德国知名度最高的家具品牌公司Rolf Benz，是因为Benz旗下的三大沙发品牌“Rolf Benz”“Hülsta sofa”和“Freistil”覆盖了欧洲不同的消费阶层，并以耐用、经典、高质、奢侈和优雅享誉全球。顾家家居通过收购Rolf Benz可以进一步开拓欧洲市场并完善其国际化布局，提升品牌形象，增强公司的研发实力和设计能力，所以顾家家居毫不犹豫地接洽Rolf Benz的控股股东并成功完成收购。

二、收购竞价

在挖掘到“心仪”目标后，中资企业会开始正式的收购程序。中资企业在德收购有两种认购程序：一种是一个潜在买方与转让方之间（Bilateral）直接就交易的可行性进行洽谈并提供报价；另一种是多个潜在买方（Public Auction）通过竞购参与交易并提供竞价。像三一重工在收购Putzmeister时就有包括中联重科在内的全球8个竞争者；木林森在收购Osram照明业务时也有包括飞乐音响和雷士照明在内的众多竞争者。一般中资企业更倾向于通过一对一谈判和报价的方式进行收购，这主要是因为竞购可能会让中资企业支付更高的收购价格。此外，政府审批的不确定性也会让中资企业处于不利的竞争局面，可是绝大多数规模较大的或转让方是财务投资者的项目一般都采用竞购程序。转让方更倾向于以竞购的形式确认交易对手，因为一方面他们可能获得更高的报价，另一方面也能通过主导竞购获得更为有利的交易条件。竞购程序并没有通用的模式或规则，简单地可以归纳为以下几个阶段①：

（一）初步投标

在这一阶段，转让方寻找合适的财务顾问、法律顾问和其他中介机构（以下简称“卖方顾问”）签署服务协议，委托他们制作相关文件并在市场上筛选潜在的买方。一般卖方顾问会与潜在的买方取得联系，向买方发送推介材料（又称“Teaser”）并咨询这些企业是否对目标企业有兴趣。卖方

---

① Hansell Gerry and Kengelbach Jens,“Lessons from Successful Serial Acquirers”, *Transaction Advisors*, 2014, pp. 63.

顾问通过推介材料简单地介绍转让方的业务和财务情况，一般是匿名的且信息量较小，但是可以帮助潜在买方初步判断目标企业是否符合自身的发展战略和收购标准。如果企业表示出兴趣，就需要建立项目工作组并聘请具有跨境收购经验的中介机构，包括国际投行、会计师和律师等（以下简称“买方顾问”），并按照转让方的要求签署保密协议。此外，买方顾问会向企业提供一份包括转让方经营和财务状况的信息备忘录（Information Memorandum）。该备忘录提供的信息量更大，包括：①估值基础、财务数据以及未来营收预测。②转让方的收购亮点、商业模式和增长驱动因素。③股权结构、公司组织架构和管理层简介。④转让方所处行业的市场份额和行业特点等。[①] 潜在买方和其顾问会参考备忘录的信息建立估值模型，对转让方依照现金流折现法、可比交易法或EV/EBITDA法进行初步估值，判断交易是否值得继续推进。⑤潜在买方还会获得一份程序函（Process Letter），潜在买方可以从中找到交易的时间节点，比如每轮投标的截止日期等。如潜在买方认为可继续推进，则需在规定时间内向转让方提供一份不具有法律效力的要约（Indicative Offer），实际上就是潜在买方基于现有信息给出的意向收购价。一般情况下，转让方会要求潜在买方在要约中写明收购价格、融资安排、收购计划以及交割后发展规划等内容，转让方及其卖方顾问会通过比较，选择几家潜在买方进入下一阶段。

需要说明的是，首轮报价并不是越高越好，因为在未进行尽职调查之前报价过高并不一定合理，而且转让方也不是完全依照报价的高低选择进入第二轮的候选者，转让方实际上更关注潜在买方是否有足够的能力完成此次收购。以往中资企业在德收购时会因为需要完成国内政府审批才能交割而受到特殊对待，因为这在一定程度上增加了交易的环节和交易的不确定性，不利于中资企业参与竞争。目前国内已经在逐步降低中资企业的审批压力，有利于提高中资企业在竞价中的吸引力。此外，近年来随着中国经济的快速发展以及中资企业实力的日益壮大，很多德国企业为了占领市场、提高竞争力，倾向于选择中资企业作为买方。2012年凌云股份（SH. 600480）能够成功收购德国汽车零部件供应商Kiekert，就是因为其看

① Reddy K. S. and Agrawal R. “Reengineering, crafting and comparing business valuation models – the advisory exemplar”, *International Journal of Commerce and Management*, Vol 23 (3), 2013, pp. 216 – 241.

中了中国汽车市场巨大的发展潜力，在公司转让时刻意选择中国买家。

（二）第二轮投标和尽职调查

进入这一阶段的潜在买方及其顾问有机会进入转让方建立的数据库（Data Room），并可实质性地接触到转让方的管理层。潜在买方及买方顾问会对转让方开展涉及法律、财务、商业和税务等全方位的尽职调查（Due Diligence）。一般潜在买方会向转让方提供一份尽职调查清单（Due Diligence List），要求卖方补充并回答之前提供的不完整的信息以及买方认为极其重要或存在疑惑的问题。此外，买方顾问还可在专家环节（Expert Sessions）对转让方的管理层进行一对一面谈并走访上下游客户以及行业竞争者，从而能够准确评估风险并制作有价值的尽职调查报告。[①]

需要注意的是，在德国开展尽职调查有其特殊性：一是德国《民法典》第 442 条和第 453 条规定[②]无论是通过资产转让还是股权转让，买方应承担更多责任，即“买方自慎”原则。转让方可在其认知领域内最大限度地向买方保证所提供的信息和数据是准确的，但是由于市场和公司经营的复杂性，存在出现疏漏的可能，转让方可不承担法律责任。二是德国《民法典》规定[③]尽职调查还具有记录和证明功能，一旦出现争议可作为证据使用。三是德国法律还规定如果买方是一家德国公司，则公司管理层需要履行尽职调查义务以保证收购企业的价值。中资企业在德收购时一般会在德国设立一个 SPV 公司，由 SPV 公司去收购目标公司，在这种情况下，以上法规也适用于 SPV 公司的董事会和管理层。四是在德国开展尽职调查也会受到一定的限制，如若潜在买方和转让方同处一个行业且为竞争关系，则转让方不能向潜在买方透露行业或公司的敏感数据和信息；也禁止潜在买方公开转让方雇员，尤其是关键岗位雇员的信息，因此，潜在买方有时只能召集非核心业务人员组成“干净团队”（Clean Team），在有限范围内开展尽职调查。实际上，欧洲对反垄断审批之前就开始实施的并购行为，即所谓的“抢跑”的惩处越发严格。2017 年法国的反垄断部门就因为

---

① Karl Michael, “Mergers and Acquisitions in the Software Industry foundations of due diligence”, Norderstedt: Books on demand, vol6(3), 2013, pp. 257 – 281.

② 《民法典》（Bürgerliches Gesetzbuch）第 442 条 Kenntnis des Käufers 和第 453 条 Rechtskauf，具体详见：http://www.gesetze – im – internet.de/bgb/index.html.

③ 《民法典》（Bürgerliches Gesetzbuch）第 444 条 Haftungsausschluss，具体详见：http://www.gesetze – im – internet.de/bgb/index.html.

交易双方在收购被审批之前私下交换战略性的敏感信息，对两家公司处以高达8000万欧元的罚款，所以中资企业在德国收购时应特别注意在获得国家安全审查和反垄断审批之前不应实施任何整合计划，确保中德双方企业以两个独立实体进行经营。此外，在实务中并不是所有的中资企业都完成了尽职调查。三一重工收购 Putzmeister 就放弃了对德国公司的尽职调查，而是采用由 Putzmeister 时任 CEO 和 CFO 提供的“尽职说明”替代，即由转让方管理层陈述自己公司存在的法律、财务和业务风险，这凸显了三一重工对 Putzmeister 的信任以及对转让方的熟悉程度。当然，为降低三一重工因缺少详细尽职调查而承担的风险，在最终收购协议中“尽职说明”也被归入陈述与保证条款。[①] 这样的情况是极为特殊的，详尽的尽职调查是中资企业降低收购风险的关键步骤，需认真对待。

在基本完成尽职调查后，转让方会向潜在买方提供一份股权转让协议（SPA）初稿，潜在买方及其团队会审慎审核协议初稿的关键条款[②]，包括转让方的陈述与保证、价格调整机制（Locked Box & Completion Accounts）、对赌条款（Earn - out Provisions）、赔偿机制和分手费（Break - up Fees）和协议生效条件（Closing Precedents）等，然后依据尽职调查的情况提出修改意见，最大限度地维护自身权益。

在第二阶段的最后，潜在买方会向转让方提交一份具有约束力的报价（Binding Offer），一般这份报价会被视为最终报价。需要注意的是，德国的《有限责任公司法》第15条第4款规定[③]约束性报价（Binding Offer）并不要求潜在买方以公证的形式递交，这意味着所谓的“约束性”报价仍然存在变化或不承担法律约束效力的可能。

三、协议签署和审批

在这一阶段，转让方及其顾问需要逐一评估各个潜在买方提供的股权转让协议和报价，当然报价是转让方最为关注的。在进行综合评估后转让

① 卜元石. 中资企业德国投资指南与案例分析：第一版[M]. 上海：上海人民出版社，2015：206.

② Rosenbaum, Joshua and Joshua Pearl, "*Investment Banking: Valuation, Leveraged Buyouts, and Mergers & Acquisitions*", NJ: John Wiley & Sons, 2009, pp. 11 - 132.

③ 《有限责任公司法》(GmbH Gesetz) 第15条 Übertragung von Geschäftsanteilen，具体详见：http://www.gesetze - im - internet.de/gmbhg/index.html.

方一般会选择一家进行最后谈判，也可能不止一家，但一般不会超过三家。如多家进入该环节，转让方会对潜在买方进行排序确定第一候选人，其他为后备。如果转让方与第一候选人因为某些重要交易条款未达成一致导致谈判破裂，则后备公司才有收购的可能，否则只能进行漫长的等待。如果谈判顺利，交易双方会分别履行内部审批程序并在律师的见证下签署交易文件（Signing），文件签署后交易双方都会受到法律约束，均有义务促成项目最终交割。

需要注意的是，为了进入这个环节，中资企业往往已经支付了大量的前期费用，包括中介服务费、尽职调查费以及差旅服务费等。2017 年国内某环保上市公司拟收购世界级滴灌产品服务商 Netafim，该上市公司因为比竞争对手报价低而未能进入最后谈判环节，但是却需要支付一千多万元的中介服务费用，所以中资企业即便进入最后环节也不可掉以轻心，因为交易仍然存在失败的可能，如果失败，一般需要承担极高的财产损失。

签署交易文件并不意味着收购交易完成，从签署文件至股权交割之间仍然有大量的工作需要完成。中资企业一是需要履行内部审核程序。需要依次通过董事会和股东大会的批准。二是需要获得相关政府部门的核准或备案。如买方是上市公司，需要获得所在地证券监督管理机构的核准，如买方是国有企业，需要获得国资委或财政部等相关部门的批准。如收购资金出境还需获得发展改革委、商委和外管局的核准或备案。对此，中资企业应该特别关注交割的前提条件（Closing Conditions），以及因此需要承担的责任。一般获得德国经济部和联邦卡特尔局关于国家安全审查和反垄断的批准也是交割的前提条件。可是近年来中资企业已经屡屡因为国家安全原因导致交易暂停或失败。例如，2018 年钢科研集团（CISRI）收购德国航空碳纤维复合材料零部件制造商 Cotesa、2016 年福建宏芯收购德国半导体设备制造商 Aixtron、2018 年中国国家电网收购德国电力输送系统运营商 50Herz 20% 股权等。德国《民法典》第 158 条第 1 款[①]罗列了交易一般的交割条件，第 339 条[②]解释了违约金（Break up - fee）的概念，即潜在买

① 《民法典》(Bürgerliches Gesetzbuch)第 158 条 Aufschiebende und auflösende Bedingung，具体详见：http://www. gesetze - im - internet. de/bgb/index. html.

② 《民法典》(Bürgerliches Gesetzbuch)第 339 条 Verirkung der Vertragstrafe，具体详见：http://www. gesetze - im - internet. de/bgb/index. html.

方（中资企业）如未能获得相关政府（中国和德国）的批准导致项目无法完成交割，则潜在买方应当向转让方支付违约金。所以中资企业应就分手费额度、支付比例以及是否符合市场化惯例等与转让方达成一致，以降低风险。

实际上，中资企业在德国收购的复杂程度远超想象，中资企业在德收购时一定要万分谨慎，当目标企业出现时，应审慎和全面地考量收购价值和收购意义。如若选择推进，就需要在第一时间组建得力且稳定的团队，确保在对内和对外各个环节作出最佳和最及时的反应，以便最大限度地降低收购风险。

第三节 德国上市公司收购流程及注意事项

随着中资企业实力日益强大，在德国收购的经验日益丰富，越来越多的德国上市公司成为中资企业的收购目标。与收购有限责任公司不同，对德国上市公司的收购受到诸多法律框架的约束，如《德国证券交易法》《法兰克福证券交易所交易规则》《德国有价证券收购法》等。相较于国内收购上市公司，在德国收购上市公司有很多特殊的交易规则，本节选取2016 年美的收购 KUKA 的案例，对中资企业收购德国上市公司可能遇到的法律问题进行梳理，以期能够指导实践。

一、要约收购概述

在德国证券市场，最主要的收购方式就是要约收购，即中资企业通过公开向德国上市公司股东发出收购要约并最终实现控制目标公司的目的。德国现行的法律就收购上市公司的程序、收购价格、信息披露以及尽职调查范围等都进行了严格限定，涉及收购交易的各个环节，中资企业在前期准备阶段就需要熟悉相关法规，以免出现纰漏影响交易达成。

在德国，对上市公司收购最重要的法律就是《德国有价证券取得与收购法》（Wertpapierwerbs - und Übernahmegesetz，简称《有价证券收购法》）。《有价证券收购法》第 29 条第 2 款规定[①]收购人以取得公众公司控制权为目标，通过直接或间接的方式累计持有目标公司不少于 30% 的表决权时，收购人有义务向全体股东发起要约收购，此处的要约收购是指自愿要约收购或强制要约收购。

① 《有价证券收购法》(Wertpapierers - und Übernahmegesetz)第 29 条 Begriffsbestimmungen，具体详见：http://www. gesetze - im - internet. de/wp_g/__29. html.

《有价证券收购法》第35条第1款和第2款规定[①]如果以取得公众公司控制权为目标，无论是直接或者间接方式，收购人均有义务公开披露控制权的取得情况。

（一）强制要约收购

第一步，中资企业与德国上市公司实际控制人或其他拥有出售意愿的股东签署股权购买协议（Share Purchase Agreement）并完成交割，取得目标公司的股权达到或超过30%。第二步，中资企业需按照《有价证券收购法》第35条第1款的规定，在交割（Closing）完成后7个工作日内公开披露交易情况，一般这会引起股票交易市场的震动从而推高股票价格。第三步，根据《有价证券收购法》第35条第2款的规定，中资企业应在4周内（特殊情况下可延长至8周）准备要约文件并报送德国联邦金融监管局（BaFin）。第四步，在获得批准后，中资企业需要公开要约文件并正式启动强制要约收购。《有价证券收购法》第16条和第39条规定[②]，在正常情况下要约方可自行选择强制要约期限，一般为4～10周。期满后接受要约的股份被划转至要约方的存托账户，至此强制要约收购完成。

和自愿要约收购相比，强制要约收购程序相对简单。例如，无须承诺延长要约收购期限和披露义务，要约的限制条件也相对较少；可是强制要约收购也存在一些弊端，例如，跨境收购需要应对国家安全和反垄断审查导致协议签署至交割之间时间跨度较大，公开披露信息会让目标公司股价上涨，要约方可能因此需要支付更高的对价。此外，强制要约收购一般不允许附加限定条件，因此，要约方往往不能将目标公司的业绩承诺、或然负债以及不可抗力等常规性的保护条款作为交割条件予以确认从而增加交易风险。实务中，强制要约收购在中资企业收购德国上市公司的案例中只有一例。2011年中国宁波一舟投资集团斥资1000万欧元收购德国远程通信连接附件产品制造商Vivanco。2011年3月，一舟集团首先与Vivanco的部分大股东签署股权认购协议收购66.67%的股权，取得Vivanco的控股权；5月，一舟集团公布强制要约收购文件，最初要约报价为1.45欧元/

① 《有价证券收购法》(Wertpapierers - und Übernahmegesetz)第35条Verpflichtung zur Veröffentlichung und zur Abgabe eines Angebots，具体详见：http://www.gesetze-im-internet.de/wp_g/__29.html.

② 《有价证券收购法》(Wertpapierers - und Übernahmegesetz)第16条Annahmefristen；Einberufung der Hauptversammlung，具体详见：http://www.gesetze-im-internet.de/wp_g/__29.html.

股，后因为股价上涨一舟集团不得不加价 0.18 欧元/股，以 1.63 欧元/股的价格向 Vivanco 的中小股东收购剩余股权，由此可知，强制要约收购确实存在一定的弊端，并不是中资企业在德国收购上市公司的最佳方式。

（二）自愿要约收购

自愿要约收购是中资企业收购德国上市公司最常使用的模式，这种模式能够克服前文提及的各种弊端。依据《有价证券收购法》的规定①，如果中资企业作为要约方与德国公司达成股权收购协议并决定自愿发出收购要约，则要约收购价格在股权收购协议签署时就已经确认，不会再随着目标公司的股价波动。

在美的收购 KUKA 的案例中，美的利用境外全资子公司 MECCA 在公开市场持续增持至持有 KUKA 13.5% 的股权后，与 KUKA 的第一大股东 J. M. Voith 以及主要股东之一的 SWOCTEM 就收购股权达成一致，此后，美的以全现金的形式对除 MECCA 之外的其他所有股东发出自愿公开收购要约，要约收购价格为 115 欧元/股，要约期限为法兰克福时间 2016 年 6 月 16 日至 2016 年 7 月 15 日。

表 5－1 自愿要约收购前 KUKA 集团的股权结构

排序	股东名称	持股比例
1	J. M. Voith GmbH & Co.，Beteiligungen KG	25.1%
2	MECCA	13.51%
3	SWOCTEM GmbH	10.02%
4	其他股东	51.37%

资料来源：《美的集团：要约收购 KUKA AKTIENGESELLSCHAFTE 报告书》，具体详见：http://newstock.cfi.cn/p20160629002381.html.

表 5－2 美的收购 KUKA 的交易步骤

时间	内容
2014—2015 年	美的开始在二级市场购买 KUKA 股份，掀起了收购 KUKA 的序幕

① 该条款可能是中资企业选择自愿要约收购最重要的原因，锁定要约收购价格就意味着收购方不再需要根据二级市场股票变动调整收购价格，一般情况下，目标公司的股票价格会随着收购股票数量的增加而增加，收购方就需要支付更高代价来收购剩余股票，所以锁定收购价格有利于维护双方的权益。

续表

时间	内容
2015 年 8 月 21 日	MECCA 首次通过 MECCA 在二级市场购买 KUKA 5.43% 的股票
2016 年 2 月 3 日	MECCA 以 72.05 欧元/股的价格增持 KUKA 股票至 10.22%，成为 KUKA 的第二大股东
2016 年 2—5 月	MECCA 继续增持 KUKA 股票至 13.5%，持有 5372196 股份
2016 年 5 月 18 日	美的通过 MECCA 以 115 欧元/股的价格向除 MECCA 之外其他所有 KUKA 股东发起全面收购要约
2016 年 6 月 15 日	德国联邦监管局批准
2016 年 6 月 16 日	正式启动要约收购
2016 年 8 月	要约期结束，MECCA 获得了 KUKA 81.04% 的股权
2016 年 9—12 月	交易陆续通过了德国、欧盟、俄罗斯、巴西、墨西哥以及美国外资投资委员会（CFIUS）和国防贸易管制理事会（DDTC）审查
2017 年 1 月 6 日	美的正式公告，宣布已经获得 KUKA 94.55% 的股权并完成交割
2017 年 8 月 28 日	美的宣布获得中资银行主导银团贷款 37 亿欧元，这笔贷款将用于置换此前要约收购 KUKA 的过桥贷款

资料来源：根据公开数据整理而得。

表 5－3　美的自愿要约收购 KUKA 简介

序号	要约要点	说　明
1	要约发起人	MECCA
2	要约价	115 欧元/股
3	要约期限	（法兰克福当地时间）2016.6.16—2016.7.15
4	要约资金来源	工行（欧洲）借款 + 自有资金
5	要约股份	KUKA 当时已发行的所有其他股份 34403274 股
6	要约对价（最高）	3956376510 欧元（34403274 股 * 115 欧元/股）

资料来源：根据《美的集团：要约收购 KUKA AKTIENGESELLSCHFATE 报告书》整理所得。

根据《有价证券收购法》关于信息披露的相关要求①，美的将要约文件德文和英文两个版本于 2016 年 6 月 16 日在网上公布，并在德国《联邦

① 《有价证券收购法》(Wertpapierers - und Übernahmegesetz) 第 35 条 Verpfli- chtung zur Veröffentlichung und zur Abgabe eines Angebots 对要约收购的信息披露有明确的规定，例如刊登载体、披露信息内容以及披露信息时间等，具体详见：http://www.gesetze - im - internet.de/wp_g/__29.html.

公报》刊登公告。此外，摩根士丹利银行也免费提供要约文件。[①]

（三）收购要约的法律形式

尽管德国法律并未规定买方一定要预先取得部分股权才能开展要约收购，但是中资企业往往在发起要约收购前就已经通过签署协议锁定了一定比例的股权，这是因为直接发起要约收购无法保证买方一定能够获得足够的股份实现对目标公司控股。2017 年中国投资公司鸿商产业控股就是由于公开要约收购的限定期限内没有达到最低 75% 的收购目标，未能成功收购德国分子诊断公司 Epigenomics AG。[②] 所以中资企业才会采用预先收购部分股权的手段。例如，中航国际在向德国 KHD 股份公司的股东发起自愿要约收购前已经通过签署多份股权收购协议合计收购了 KHD 股份公司 20.09% 的拥有表决权的股份；美的在向 KUKA 的股东发起自愿要约收购前已经通过公开市场先后三次增持 KUKA 股票，持有 KUKA 股票的比例由最初的 5.43% 增至 10.22%，最终达到 13.5%。

在技术层面上，协议收购一般有两种方式：一种是签署股权购买协议，另一种是针对收购要约作出不可撤销的承诺声明（Irrevocable Undertakings）[③]。股权购买协议与常规的股权转让协议不会有太大差异，是中资企业最常使用的收购模式。不可撤销承诺声明是指部分有出售意愿的股东与买方约定如果买方发起公开要约收购，他们会接受要约文件所确定的条件转让持有的全部或部分股份公司的股权，不可撤销承诺声明至少确保目标公司的部分股东一定会接受要约。如果签署声明的股东是目标公司的管理层或第一大股东，实际上就是向其他股东释放出支持的信号，可以说是一种具有导向意义的收购工具。需要注意的是，买方与有出售意愿的股东签署该声明可能会被质疑存在内幕交易，鉴于此，买方应该严格控制签署该声明的股东人数，最好不超过 6 人；同时在签署声明所涉及股权比例达

---

① 《美的集团：要约收购 KUKA AKTIENGESELLSCHAFTE 报告书》，具体详见：http://newstock.cfi.cn/p20160629002381.html.

② 2017 年，鸿商产业控股拟以 7.52 欧元的价格公开要约收购 Epigenomics，收购价格比要约前三个月的平均股价高 50%，即便如此，在限定时间内自愿出售的股票仅占总股份的 62.13%，未达到最低 75% 的收购目标，收购失败。

③ Stefan. Prigge，"Das Wertpapiererwerbs – und Übernahmegesetz"，*ReseGWBh notes in economics & statistics*，vol. 2，2002，pp. 14 – 16.

到目标公司一定比例时，买方应按照要求予以披露①。

二、要约收购的法规梳理

（一）尽职调查

在收购上市公司前，买方对目标公司展开详尽的尽职调查是评估交易价值最为有效的和通行的做法，可是根据规定买方不能通过从有出售意愿的股东甚至是第一大股东获取目标公司的内幕信息和敏感信息。德国《股份公司法》第 93 条第 1 款规定②，股份公司的董事会有保障公司经营和商业机密不外泄的义务。德国《证券交易法》第 14 条第 1 款第 2 项规定③，股份公司的核心和敏感类信息不得在无授权的情况下对外透露。此外，如果买方和被收购方同处一个行业存在竞争关系，被收购方不能在获得欧盟和德国反垄断机构批准交易之前擅自向买方透露涉及公司商业秘密的敏感性信息，否则就会被认定为“抢跑”（Gun Jumping），会受到德国联邦卡特尔局的严厉惩罚，所以中资企业如果开展尽职调查，只能求助于目标公司。

德国《公司法》规定④德国股份公司的组织结构以三权分立的方式予以确认，即股东大会是公司的权力机构，董事会为公司的执行机构，监事会为公司的监督机构，其中，董事会按照议事规则负责股份公司日常经营管理。董事会的工作具有独立性，股东大会或监事会都无权介入。除非股份公司董事会认为买方实施的尽职调查符合公司利益，否则拥有出售意愿的股东甚至是第一大股东都无权要求股份公司董事会向买方公开公司的账簿资料。实务中，目标公司董事会如果认可中资企业的收购是符合公司利益的，往往会与中资企业签署保密协议，保证潜在收购方不向第三方传播

---

① 《有价证券收购法》(Wertpapierers – und Übernahmegesetz)第 35 条 Verpflichtung zur Veröffentlichung und zur Abgabe eines Angebots，具体详见：http://www. gesetze – im – internet. de/wp_g/__29. html.

② 《股份公司法》(AKtG)第 93 条 Sorgfaltspflicht und Verantwortlichkeit der Vorstandsmitglieder，对董事的职责和义务有明确的规定。

③ 《有价证券收购法》(Wertpapierers – und Übernahmegesetz)第 14 条 Übermittlung und Veröffentlichung der Angebotsunterlage，具体详见：http://www. gesetze – im – internet. de/wp _ g/_ _ 29. html.

④ 德国公司法并未明确规定德国股份公司实施三权分立的管理架构，只是分别对董事会、监事会和股东会的权利和义务进行确认，实质上相当于三权分立，各自制衡。

或滥用所获得的信息。在此基础上，股份公司董事会会有限度地向中资企业披露信息资料，帮助中资企业完成尽职调查。

（二）要约价格

无论是自愿要约收购或是强制要约收购，要约方都需要给目标公司股东提供一个最低的要约对价。根据德国《有价证券收购法》第 5 条的规定[①]，收购要约对价应不低于该股票在公布要约文件前三个月内交易的加权平均价格。

实务中，经常有要约方提前通过公开或非公开渠道购买部分目标公司股权，即所谓的“预先取得”（Vorerwerbe）。《有价证券收购法》第 4 条规定[②]，收购要约对价应不低于收购发起人在公布要约文件前六个月内收购目标公司股份而支付的最高对价。

如果要约文件披露后至要约收购承诺期满期间，要约方以高于要约价格购买目标公司股票，《有价证券收购法》第 31 条第 4 款规定[③]，要约方有义务补偿已经按照要约价格转让股票的目标公司股东，补偿金额为上述购买价格之间的差额，即所谓的“平行取得”（Parallelerwerbe）。如果公开要约期满后 1 年内要约方通过场内或场外继续增持目标公司股票或因为“平行取得”而调整要约价格导致收购价格高于要约价格，根据《有价证券收购法》第 31 条第 5 款规定，要约方有义务将购买价格之间的差额以现金的形式补偿给已经接受要约的目标公司股东，即所谓的“后续取得”（Nacherwerbe）。

《有价证券收购法》第 31 条第 1 款和第 31 条第 7 款规定，只要要约方认为要约对价是经过充分评估且合理的并得到联邦金融监管局的批准即可确认为最终的要约报价，以美的收购 KUKA 为例：

1. 要约价确定

根据德国联邦金融监管局（BaFin）的通告，KUKA 股票在公布要约文件前三个月内交易的加权平均价格为 87. 55 欧元。MECCA 在公布要约文件前六个月内合计收购 KUKA 股份 2211528 股，支付的最高收购价格为 90 欧元/股，所以 KUKA 股份的最低要约收购价为 90 欧元/股。在此基础上美

---

① 《有价证券收购法》（Wertpapierers – und Übernahmegesetz）第 5 条 Beirat，具体详见：http://www. gesetze – im – internet. de/wp_g/__29. html.

② 《有价证券收购法》（Wertpapierers – und Übernahmegesetz）第 4 条 Aufgaben und Befugnisse，具体详见：http://www. gesetze – im – internet. de/wp_g/__29. html.

③ 《有价证券收购法》（Wertpapierers – und Übernahmegesetz）第 31 条 Gegenleistung，具体详见：http://www. gesetze – im – internet. de/wp_g/__29. html.

的溢价27.8%，将要约收购价格确定为115欧元/股，并得到德国立法机构BaFin的批准，即确认为最终要约报价①。

2. 估值适当性

以要约价115欧元/股计算，KUKA整体估值为45.498亿欧元（3956376510欧元*115欧元/股）。根据中信证券就该交易编写的独立财务顾问报告所述，截至2016年第一季度，KUKA过去12个月营业收入为28.8亿欧元，EBITDA为2.5亿欧元。此次收购交易实际估值倍数为18.2x②。

表5-4 境外同类型公司当时估值情况比较

序号	同类型公司	企业估值/EBITDA（2016年第一季度为基准过去12个月）
1	瑞典ABB	10.8x
2	FANUC	10.3x
3	日本YASKAWA	7.6x
平均值		9.6x

资料来源：《美的集团：要约收购KUKA AKTIENGESELLSCHAFTE报告书》，第25.10.1-10.2款关于要约价格确定方式之说明。http://newstock.cfi.cn/p20160629002381.html.

表5-5 “四大家族”营收和核心业务比较

序号	公司名称	机器人业务始于	2016年营收	核心业务
1	ABB	1974	338.28亿美元	控制系统
2	KUKA	1973	29.49亿欧元	系统集成+本体生产
3	发那科（FANUC）	1974	551.69亿美元	数控系统
4	安川（YASKAWA）	1977	3949亿日元	伺服+运动控制

资料来源：智研咨询集团.2015—2022年中国工业机器人全景调研及投资战略咨询报告［R］.2016.

此次交易对KUKA的估值要高于ABB、发那科和安川，但是相较于其他三家公司，KUKA是唯一以机器人为主营业务的公司，其机器人本体和系统集成业务的营收占据KUKA总营收的80%以上。此外，KUKA的公司规模相对较

① 《美的集团：要约收购KUKA AKTIENGESELLSCHAFTE报告书》，第25.10.1-10.2款关于要约价格确定方式之说明。http://newstock.cfi.cn/p20160629002381.html.

② 《美的集团：中信证券股份有限公司关于公司要约收购KUKA AKTIENGESELLSCHAFTE之独立财务顾问报告》第5.1-5.2款，第51页。

小，所以对 KUKA 的收购也相对容易，这可能也是导致估值相对较高的原因。

表 5 -6 境内同类型公司当时估值情况比较

序号	同类型公司	企业估值/EBITDA（2016 年第一季度为基准过去 12 个月）
1	机器人	71.2x
2	博实股份	54.1x
3	三丰智能	201.7x
4	亚威股份	43x
5	佳士科技	40.8x
6	埃斯顿	93.4x
平均值		84x

资料来源：《美的集团：中信证券股份有限公司关于公司要约收购 KUKA AKTIENGESELLSCHAFTE 之独立财务顾问报告》第 5.1 -5.2 款，第 51 页。

表 5 -7 同类型收购案例情况

同类型收购案例	收购时间	收购金额	企业估值/EBITDA（2016 年第一季度为基准过去 12 个月）
泰瑞达（Teradyne）收购优傲机器人（Universal Robots）	2015	交割支付 2.85 亿美元根据 2018 年业绩支付 6500 万美元	23.5x
中国化工收购德国工业机器人集成商克劳斯玛菲（KraussMaffei）	2016	10.1 亿美元	7.21x
GE 收购德国 3D 激光打印机生产企业 SLM Solutions 集团	2016	6.83 亿欧元	74x
Triton Partners 收购德国工业工程公司福伊特（Voith）	2016	3.42 亿美元	17x

资料来源：根据公开资料整理而得。

KUKA 的估值远远低于境内可比上市公司的水平。从 2015 年和 2016 年同类型收购案例来看，KUKA 估值处于适中位置。

（三）融资安排

为避免不严肃的要约报价，《有价证券收购法》第 13 条第 1 款规定①，

① 《有价证券收购法》(Wertpapierers - und Übernahmegesetz) 第 13 条 Finanzierung des Angebots，具体详见：http://www.gesetze - im - internet.de/wp_g/__29.html.

在披露要约文件前要约方应采取必要措施募集到充足资金以保证要约交割时能够全面履行支付义务。实务中，收购对价基本上都是现金（欧元）。在这种情形下一般买方需要安排一家证券金融服务机构出具书面证明，保证买方已筹措到履约所需的资金，这种书面证书被称为“融资确认函”。融资确认函所担保的金额应该覆盖要约所涉及的全部可能支付的对价，即拟收购股份数量 * 每股价格。出具融资确认函的机构应该是位于欧洲或者德国境内的且经营银行业务的证券金融服务机构。此外，《有价证券收购法》第 13 条第 2 款规定，如果要约方未能履行收购义务，出具融资确认函的第三方必须连带承担赔偿责任。

美的收购 KUKA 采用目标公司股权质押 + 境外银行借款 + 自有资金的方式筹得收购款。美的 2016 年年报显示，其当期实现营业收入 1598 亿元，同比增加 14.71%；实现归属于上市公司股东的净利润 146.8 亿元，同比增长 15.56%。当期经营活动产生的现金流净额为 266.9 亿元，2015 年为 267.64 亿元[①]，美的现金还算充裕。尽管如此，2016 年 6 月，美的还是以 MECCA 作为借款主体与中国工商银行（欧洲）有限公司巴黎分行以及中国工商银行法兰克福分行签署融资协议，约定交割完成后美的将 KUKA 的全部股份质押给工行法兰克福支行，作为收购融资的担保，并以 0.65% 的年利率计息[②]。

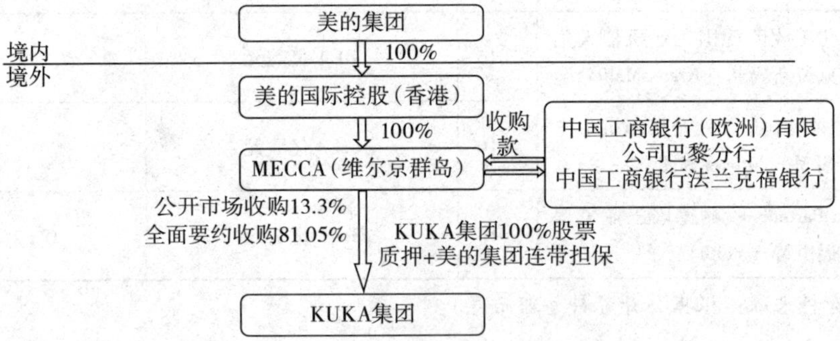

图 5－2　美的收购 KUKA 架构

资料来源：根据《美的集团：要约收购 KUKA AKTIENGESELLSCHFATE 报告书》第 6 页整理所得。

① 美的集团股份有限公司 2016 年度报告[R]. 2016:28.

② 德国《证券收购法》第 13 条第 1 款规定，投资方应在披露要约文件前募集到收购所需的资金。

出具融资确认函的中国工商银行（欧洲）有限公司注册地位于卢森堡，符合德国《有价证券收购法》第 13 条第 1 款的规定，是合格的证券金融服务机构，所以德国联邦金融监管局批准了 MECCA 的收购要约。

如果要约方计划以自有资金支付要约对价，则要约方需要在要约文件获得批准前将该笔资金单独存放在一个专门账户中，这种操作方式往往适用于交易规模较小的案例。例如，2011 年赛维 LDK 以 3300 万欧元的价格收购德国 Sunways，赛维 LDK 主要是通过股东贷款的形式解决了资金需求，并直接将这笔资金转入德国的专管账户。

综上所述，德国的法律框架是极其重视要约方的履约能力的，向联邦金融监管局证明要约方的资金实力是要约收购获批的前置条件，需要中资企业予以特别重视。

（四）要约文件的主要内容

《有价证券收购法》规定要约方需要编制要约文件且必须通过联邦监管局的审批并公开披露方可进行要约收购。编制要约文件的目的是保证目标公司众多小股东能够获得要约收购的相关信息，以便判断是否接受收购要约，所以要约文件的内容应该符合法定要求。

《有价证券收购法》对要约文件所涉内容有明确规定①，包括收购要约的一般信息、法律依据、联邦金融监管局的审核情况、买方介绍、转让方介绍、要约收购的原因、未来业务规划、员工安排、交割条件、融资安排和要约收购对收购人的财务预计影响等。

需要注意的是，买方介绍的部分需要涵盖要约方的关联方或一致行动方。以收购 KUKA 的要约文件为例，尽管收购 KUKA 的主体是 MECCA，是一家注册于英属维尔京群岛的股份公司，但是由于 MECCA 是美的全资子公司，在要约文件中重点描述美的集团的相关情况。在赛维 LDK 收购德国 Sunways 公司的要约文件中，所有直接或间接控制要约方的自然人也在披露的范围之内。由此可知，联邦金融监管局会穿透审查买方的控股股东，这会对中国国有企业或拥有国企背景的其他类型企业产生一定影响。在中航国际收购德国 KHD 的案例中，由于中航国际是国有企业，不得不

① 德国联邦监管局网站有要约文件书写规范和模板，中资企业如果启动要约收购，可在德国联邦监管局网站下载，具体详见：https://www.bafin.de/DE/Startseite/startseite_node.html.

披露所属行业所有的国有公司，这在一定程度上增加了交易的复杂性，有可能会让德国政府产生疑虑。2016 年福建宏芯要约收购德国 Aixtron 就因为其拥有国有背景的股东而饱受质疑，最终导致交易失败。

（五）交割条件

《有价证券收购法》规定要约方在一般情况下是不能对要约附加限定条件的，尤其是强制收购要约。实务中存在一些具有操作性的附加条件，但一般都是常规要求，以美的收购 KUKA 的要约交割条件为例：

约定最低要约接受标准：要约期限届满后，接受 MECCA 要约的股份数量合计不少于 KUKA 已发行股份总数的 30%。

通过相关政府审批：自要约文件公布之日至 2017 年 3 月 31 日美的对 KUKA 的要约收购能够通过欧盟、德国、美国、中国、俄罗斯、巴西和墨西哥关于反垄断和国家安全的审批。[①]

（六）挤出效应

实务中，要约方是无法通过与目标公司股东签署股权转让协议或发起要约收购完成对目标公司 100% 股权收购的，如果要约方有此计划应提前布局。《有价证券收购法》第 62 条第 5 款规定[②]，如果买方采用德国股份有限公司（Aktiengesellschaft - AG）或欧洲股份有限公司（Societas Europeae - SE）的法律形式持有目标公司的股权比例累计达到 90%，就可强制剩余股东向买方转让股权，即所谓的“挤出效应”（Squeeze - Out）。如果买方采用其他公司形式则需要累计持有目标公司 95% 的股权方可实施挤出方案。在美的收购 KUKA 的案例中，截至 2017 年 1 月美的已经累计持有 KUKA 94.55% 的股权，可以实施挤出方案，但是美的表示并不以收购 KUKA 100% 股权或以退市为目的，需要说明的是，尽管美的持有 KUKA 的股权比例较高，但不存在退市风险。《德国证券交易所法》《法兰克福证券交易所交易规则》规定，只有出现以下两种情况上市公司才会从法兰克福证券交易所受监管市场退市：

---

① 《美的集团：要约收购 KUKA AKTIENGESELLSCHAFTE 报告书》，具体详见：http://newstock.cfi.cn/p20160629002381.html.

② 德国司法部（Bundesministerium der Justiz und für Verbraucherschutz）关于有价证券收购法（Wertpapierers - und Übernahmegesetz）第 62 条 Zuständigkeit des Oberlandesgerichts im gerichtlichen Verfahren，具体详见：http://www.gesetze - im - internet.de/wp_g/__29.html.

一是在受监管市场中的上市公司无法保障长期稳定的市场交易且法兰克福证券交易所管理委员会已经暂停该上市公司股票交易;

二是上市公司主动申请退市并得到证券交易所的批准。法兰克福证券交易所没有关于上市公司的公众持股少于多少时必须强制退市的规定。实务中,受监管市场中存在公众持股比例少于4%的上市公司。

第六章

服务机构的筛选和交易文件的签署

第一节　服务机构的筛选

一、财务顾问

（一）聘请财务顾问

由于财务顾问一般会被授权代表买方与转让方进行交易谈判以及依照项目特点设计交易架构并通过多渠道帮助买方融资，所以其对项目的成败具有决定性影响，买方在聘请财务顾问尤其是独家财务顾问时要特别谨慎。财务顾问的选定主要有两个渠道：一个是该项目的推荐方或承揽方，由于其对转让方和目标公司以及当地法律法规比较熟悉，所以优先被选为财务顾问；另一个就是买方根据自身需求自行选聘的财务顾问，当然，如果买方是境内上市公司且并购交易规模较大触发了重大资产重组的红线，根据规定①应该聘请具有资质的财务顾问。例如，2018 年 8 月深圳凯中精密（002823. SZ）收购德国汽车零部件供应商 SMK 100% 股权，天职国际会计师事务所（特殊普通合伙）担任财务顾问并就交易出具独立财务顾问报告和审计报告。此外，由于跨境收购环境比较复杂且面临的风险较高，股权购买协议中的标的估值、对赌协议、回购条款和重组计划等每一个条款都有可能导致交易终止或投后整合失败，所以对财务顾问的专业性要求较高，买方应从多个角度（是否具有强大的资源整合能力、是否有丰富的跨境收购经验、是否能够有效地影响卖方降低售价、是否可以以自身信誉做背书等）来评估财务顾问，确保选聘到最合适的交易顾问。

（二）财务顾问协议的关键条款

服务范围：财务顾问协议一般会对服务范围进行详尽描述，包括协助

① 《上市公司重大资产重组管理办法》和《上市公司收购管理办法》规定上市公司在购买资产构成重大资产重组时，上市公司必须聘请独立财务顾问。

发现和筛选标的，协助开展尽职调查、评估目标公司的估值和交易价格、协助谈判以及其他为促成交易所需的服务等。有些财务顾问协议也会明确列明财务顾问不提供服务的事项，如不提供投资或收购意见等。越详细约定服务范围，就越有利于明确财务顾问的权责，有利于降低在合作过程中产生的各种异议和纠纷。

表 6-1 财务顾问的主要职责

项目进程	工作内容
项目准备阶段	1. 与买方确定战略合作关系，签署财务顾问协议； 2. 寻找并发现适合买方战略的标的； 3. 初步判断项目价值和买方的战略协同性
项目发现阶段	1. 进行初步尽职调查； 2. 撰写商业计划书； 3. 制作财务模型； 4. 制定潜在的融资策略并寻找潜在投资者或买方
项目对接阶段	1. 向潜在投资者或买方发送推介材料以及更详尽信息； 2. 安排买卖双方机构初步接洽以及其后的多轮沟通； 3. 跟进解答双方的疑问和意见； 4. 签署意向性协议或框架协议； 5. 帮助买方完成尽职调查； 6. 帮助投资方或买方寻找交易资金，包括过渡性融资和整体资金筹划
项目交割阶段	1. 深入谈判并就关键条款达成一致； 2. 签署最终协议； 3. 帮助买方完成相关政府审批； 4. 项目交割
项目后期阶段	1. 对赌期或过渡期双方关系维护； 2. 投后整合和战略发展深度合作

排他条款：即签署所谓的独家财务顾问协议，买方承诺不再聘请和接受其他财务顾问的服务。实务中，中资企业需要认真考虑是否与财务顾问签署排他条款，一方面，财务顾问希望获取独家地位以便获得更多回报，这会促使其投入更多的资源和专注度；另一方面，如若签署排他条款则无法选择其他财务顾问服务，存在一定的不确定性。作为折中，中资企业可选择签署具有限定性的排他条款，例如约定排他期限、范围以及终止排他条件等。

优先拒绝权：是指在同等条件下买方将本次交易以及其他需要财务顾

问服务的事项，例如其他投资或收购交易、过桥贷款以及证券承销和发行等优先委托给签署该项条款的财务顾问。实务中，因为该条款对买方具有一定的约束力，建议中资企业慎重考虑签署该条款，或对优先拒绝权进行详尽的限定和规范。

期限和解除：鉴于跨境收购的复杂性和不确定性，实务中，买方和财务顾问一般都享有在一定期限后（通常是协议签署4－6月后）无理由解除财务顾问协议的权利。如若交易推进顺利，进展到后期买方对财务顾问的依赖会越来越强，双方无理由解除服务协议的概率也会越来越小。

尾期条款：该条款主要是为了维护财务顾问的权益而设立的，一旦交易出现波折暂停推进，在一定时期内（通常是12－24月），如果买方通过其他途径与卖方达成交易，财务顾问仍可要求买方支付一定比例的成功费。当然，买方和财务顾问应就支付比例以及例外事项的范围进行约定，例如，如果财务顾问违约，则买方可以不支付相关费用。

（三）财务顾问费的确认和支付

目前，财务顾问费没有统一的收费标准。这主要是因为每一个交易的规模、服务周期的长短以及资源整合的难度都不尽相同，所以很难统一界定。实务中，国际投行在选聘从事跨境收购的财务顾问时一般会根据服务内容确认费用，最常见的收费形式是固定费用＋浮动费用。固定费用包括聘用金（Retainer）、起始费、里程碑费（Progress Fees）和公允意见费（Fairness Opinion Fees）；浮动费用主要是根据交易规模计算确定的成功费（Success Fees）和分手费（Break－up Fees）。固定费用主要是保障财务顾问在交易前期的基本利益，浮动费用主要是激励财务顾问更好地推动交易达成。

里程碑费：是指买方根据交易推进进度支付一定比例的财务顾问费，如签署框架协议、完成尽职调查、进入竞标的下一轮以及政府通过审批等，这部分服务费用一般不能返还，但可以抵消部分或全部分手费和成功费。

公允意见费：是指财务顾问向买方出具交易价格的公允意见所收取的费用。第三方就交易合理性的评估是买方董事会或核心管理层进行内部决策的重要依据，所以是必不可少的，无论交易最后成功与否该项费用都应支付。

分手费：是指如若收购因为反垄断、国家安全审查或其他原因导致交易终止，财务顾问有权分享一定比例的分手费或反向分手费，该比例主要取决于交易规模以及双方谈判的结果。

成功费：是指买方在项目成功交割后向财务顾问支付的费用。实务中，买方会和财务顾问就“项目交割”进行明确的界定，例如，由于某种原因，控股收购变为参股投资或股权交易变成资产交易，在这种情况下，对“项目”的定义就显得尤为重要，其决定财务顾问是否能够收取成功费。成功费通常按照交易规模进行核算，一般可以占到整个财务顾问费的30%～60%。

买方通常根据交易规模按照一定比例分阶段支付财务顾问费，最常规的就是阶梯式支付比例，即所谓的雷曼公式（Lehman Formula）。假设一个6000万美元的收购项目，可以约定以1000万美元为一档，每提升一档降低1%的费率，则最终收取的财务顾问费为160万美元。

表6－2　财务顾问费的支付比例（示例）

交易规模（递增）	收取报酬比例（递减）	收取报酬
1000万美元	5%	50美万
2000万～1000万美元	4%	40美万
3000万～2000万美元	3%	30美万
4000万～3000万美元	2%	20美万
5000万～4000万美元	1%	10美万
6000万～5000万美元	1%	10美万
收取报酬 Y		
Y＝50万＋40万＋30万＋20万＋10万＋10万＝160万美元		

财务顾问费的支付比例并不是固定不变的，根据跨境交易的规模以及项目的复杂性，也可以采用双倍雷曼公式，即按照10%－8%－6%－4%－2%的比例支付，或逆向雷曼公式，即1%－2%－3%－4%－5%的比例支付等。

实务中，财务顾问费有时还需要考虑其他因素，例如如果交易支付方式采用股票＋现金，则还需要约定股票部分报酬的计算方法；如果买卖双方约定部分对价将依据未来一段时期内财务指标的完成情况进行对价，则需要协商这部分报酬的支付时点；如果在财务顾问的协助下最后交易对价低于预期或高于预期，则需要协商予以奖励和惩罚的金额；如果财务顾问协助买方以杠杆收购的方式完成交易，财务顾问提供了过渡性融资，则买方应该额外支付一定比例的酬劳，具体需要双方协商而定（见表6－3）。

表6－3 2018年中国海外并购财务顾问排名

财务顾问	2018年排名	2017年排名	交易金额/万美元	市场份额	交易数量
摩根士丹利	1	3	47445.4	40.7%	9
美国银行美林证券	2	8	37188.5	31.9%	11
瑞士银行	3	6	34852.2	29.9%	8
瑞德集团（Lazard）	4	17	34356.3	29.5%	12
洛希尔（Rothschild）	5	26	33900.8	29.1%	13
葡萄牙商业银行	6	—	29637.4	25.4%	1
高盛	7	2	14797.7	12.7%	20
中信（CITIC）	8	7	14658.2	12.6%	12
中国工商银行	9	1	12822.7	11.0%	30
花旗银行	10	5	8902.9	7.6%	8
申万宏源	11	—	5726.2	4.9%	2
野村证券	12	18	5000.0	4.3%	1
国金证券	13	—	4066.2	3.5%	1
华泰证券	14	30	3967.5	3.4%	3
摩根大通	15	10	3376.3	2.9%	10
中金公司	16	4	2714.2	2.3%	8
苏格兰皇家银行	17	—	2168.4	1.9%	2
Cooperatieve Robobank UA	18	133	1400	1.2%	1
蒙特利尔银行资本市场	19	—	1392.3	1.2%	2
瑞士信贷	20	20	1211.6	1.0%	4
德意志银行	21	16	1079.6	0.9%	2
Santander Corp & Invest Bkg	21	21	1079.6	0.9%	1
东方汇理银行	23	133	1010.1	0.9%	1
Hottinguer Corporate Finance	23	—	1010.1	0.9%	1

续表

财务顾问	2018 年排名	2017 年排名	交易金额/万美元	市场份额	交易数量
嘉林资本	25	60	993.2	0.9%	8
总计			116614.1	100%	704

资料来源：路孚特—中国（Refinitiv China）发布的《2018 年中国并购年度报告》（CHINA MERGER & ACQUISITIONS：FULL YEAR 2018 REVIEW）。

二、其他顾问

（一）法律顾问

由于跨境收购一般至少会涉及三个国家和地区（包括中国、德国以及 SPV 所在的第三国或地区）的法律法规，聘请具有国际视野并熟悉相关国家法律的律师就显得尤为重要。企业一般会依照律所的实力、国际背景、跨境收购经验、以往成功案例、服务范围、报价和付款方式以及独家财务顾问态度等来最终选定牵头法律顾问。实务中，中资企业通常会选定一家中国律所作为牵头法律顾问，由其来制订详细的工作方案，帮助中资企业协调境外法律顾问开展跨境收购。

表 6－4　法律顾问的主要职责

项目进程	工作内容
项目准备阶段	协助财务顾问和税务顾问准备跨境交易架构
项目对接阶段	1. 对目标公司进行法律尽职调查； 2. 应对恶意竞争收购； 3. 辅助买方进行合规操作并提供相关法律建议
项目谈判阶段	1. 协助中资企业谈判并提供谈判策略，提醒买方评估风险点； 2. 准备交易文件，包括但不限于备忘录、框架协议、收购或股权投资协议等，如果涉及要约收购，还包括相关要约收购的文件； 3. 协助买方进行融资，如确定融资条款、融资文件起草以及融资谈判等
项目交割阶段	1. 协助买方进行安全审查和反垄断审查； 2. 应对可能发生的各类诉讼； 3. 管控过渡期的风险
项目后期阶段	参与后期目标公司的整合计划

2018 年，宁波继峰股份（603997.SH）要约收购德国 Grammer，继峰股份聘请了金杜律师事务所作为该项目的牵头律师，帮助继峰股份协调处理交易过程中的各类法律事务，包括起草和审阅法律文件、参与谈判、设

计融资架构以及与相关政府部门进行沟通等。

（二）审计顾问

审计顾问主要负责目标公司的财务审计和资产评估工作，包括审核目标公司过去3~5年的经营绩效、资产负债情况、财务和税务情况等，并按照国际惯例以息税折旧和摊销前利润（EBITDA）来评估目标公司的资产。真实且准确的审计和资产评估结果是企业判断目标公司收购价值的前提，在此基础上，企业才能确定收购协议的关键条款（承诺与保证、交割条件以及违约责任等）并最终敲定交易价格。2018年5月浙江铁流离合器股份有限公司（SH. 603926）（以下简称“铁流股份”）拟以3800万欧元的价格收购德国高精密金属零部件制造厂商Geiger 100%的股权。在此次交易中，铁流股份聘请了德国BDO会计师事务所对Geiger进行财务和税务方面的尽职调查。BDO会计师事务所出具了对Geiger的估值报告，报告显示对Geiger的估值方法是市场法，即依照同类市场交易的企业价值倍数以及2017年Geiger的EBITDA（7109000欧元）数值进行估值（EV/EBITDA），确定Geiger估值的中位数值为4029.9万欧元；根据收益法，Geiger估值金额为3587.2万欧元。通过参考目标公司的市场竞争力、历史业绩、技术实力以及与铁流股份的协同潜力，经过双方谈判协商最终确定交易价格为3800万欧元（最终交易价格将根据交割报表进行调整）。①

（三）税务顾问

税务顾问主要负责跨境收购的税务筹划，包括：

（1）通过尽职调查帮助买方识别目标公司历史经营期间的潜在税务风险，为交易谈判提供筹码和武器。例如，买方应就尽职调查发现的税务风险与转让方进行商议，然后将预防措施和处理手段以陈述与保证或补偿条款的形式反映在收购协议中，最典型的就是冻结部分交易款直至税务风险解除，以降低买方收购后的税务风险。

（2）在考虑相关国家（地区）税法以及双边税收协定的前提下，协助买方搭建合理的交易架构来降低境外利润汇回时产生的税务成本。实务中，中资企业在德收购往往会选择在中国香港、卢森堡和德国设立SPV公

---

① 《铁流股份：关于现金收购德国GEIGER 100%股权的公告》，2018年5月23日，http://www.cfi.net.cn/p20180523002604.html.

司，例如，2014 年凌云集团收购德国汽车零部件供应商 Kiekert，凌云集团为了实现税收优化，搭建了中国内地—中国香港—卢森堡—德国控股 SPV 公司的交易架构。2016 年金正大全资收购欧洲最大的城市园艺化肥和植保产品供应商德国 Compo，金正大选择在德国设立 SPV 公司作为收购主体收购德国 Compo 在卢森堡设立的母公司，进而间接收购 Compo 在德国、法国和意大利等国 24 家从事家用园艺业务公司的股份。[①] 以上两个案例主要利用德国和卢森堡、卢森堡和中国香港以及中国香港和中国内地之间所签署的双边税收协定以及税收优惠政策合理避税。[②]

（3）密切关注相关国家以及全球税收规则变化对收购交易的影响，并适时对交易架构和交易战略进行调整。例如，2013 年 6 月 OECD 发布了《BEPS 行动计划》[③]，德国很快响应并开始对涉及混合工具的税收法规进行修订，以打击企业利用混合工具规避纳税义务的行为。在这种情况下，税务顾问就需要调整交易结构，否则无法达到节税的效果。

（4）辅助买方在收购完成之后对目标公司进行税务事项管理。例如，应该如何处理收购完成后中资企业与德国公司间的关联交易？如何帮助德国公司在日常经营中合理避税？如何将德国公司的利润以最低成本转移至国内？此外，中资企业经常会将被收购的德国公司作为其海外扩张的投融资平台进行下一步的海外收购，这些问题都需要税务顾问提供专业的税收筹划。

（四）其他顾问

中资企业还要根据项目特点决定是否聘任其他顾问，如公关媒体顾问。中资企业在德收购时，如果当地的公众媒体比较友好，则有利于交易的达成。2018 年继峰股份以“白衣骑士”的形象出现，帮助 Grammer 公司

---

① 《金正大：关于收购 Compo GmbH（译名“德国康普公司”）等公司全部股份的公告》，2016 年 4 月 7 日，http://www.cfi.net.cn/p20160407002813.html.

② 中国香港对境外取得的股息不征收所得税，对向境外支付的股息也不征收预提所得税；卢森堡对符合参股豁免条件的境外子公司的股息不征收所得税，对向签署双边税收协定国家的自然人支付股息也无须缴纳股息预提所得税。

③ BEPS 是 Base Erosion and Profit Shifting 的缩写，意思是税基侵袭和利润转移，是指跨国企业利用国际税收规则存在的不足，以及各国税制差异和征管漏洞，最大限度地减少其全球总体的税负，甚至达到双重不征税的效果，造成对各国税基的侵蚀。为应对在经济全球化的背景下 BEPS 愈演愈烈的趋势，OECD 发布了该行动计划。

董事会抵制敌意收购方 Hastor 家族的夺权行为。继峰股份还承诺维护 Grammer 的独立性，包括维持公司的上市地位、不变更办公地点、不更改公司名称、继续维持当前财政和分红政策，并为员工提供长达 7 年的就业保障等。对此，包括《法兰克福汇报》（Frankfurter Allgemeine Zeitung）和《南德意志日报》（Süddeutsche Zeitung）在内的德国媒体纷纷正面报道此次收购，认为这是真正能够实现双赢的战略性投资。这与 2016 年福建宏芯拟收购德国半导体设备制造商 Aixtron 以及 2018 年钢科研集团收购德国特种材料制造商 Cotesa 饱受舆论和当地公众质疑形成了鲜明的对比，继峰股份在收购 Grammer 的过程中得到了公司董事会、员工、当地公众和媒体的支持，所以收购得以顺利完成。由此可知，在欧美国家纷纷限制中资企业在本国投资收购的背景下，聘请公关媒体顾问来宣传中资企业的正面形象就显得尤为重要。此外，政府关系顾问、环保顾问和保险顾问也在跨境收购的过程中扮演着重要角色，可以辅助中资企业更好地进行跨境收购交易。

第二节　交易协议的约定与签署

跨境收购的过程中需要很多支持性协议文件，包括保密协议、顾问协议、融资协议、托管协议、补偿协议以及其他配套协议等，其中最为重要也是整个交易的核心法律文件就是股权转让协议（Sales and Purchase Agreement，以下简称 SPA）。本节就 SPA 的关键条款进行梳理。

一、SPA 关键条款

实务中，交易双方会根据交易特点对 SPA 条款进行修改，但一般不会对 SPA 的基本架构进行大的改动。SPA 的构成要素如下：

表 6-5　SPA 的主要内容

条款		工作内容
1	协议签署方 (Parties)	约定协议签署方以及因此需要承担相应义务并享受相应权利的主体，包括买卖双方代表、保证人、担保人和他签署方等。实务中，除了中资企业在卢森堡或德国设立 SPV 公司之外，中资企业本身也会被视为交易方
2	术语定义和解释 (Definitions)	对 SPA 的术语进行定义、限定和解释，以免产生歧义。如“交割”“竞争业务”“相关合同”和“生效日”等
3	股份出售和购买 (Payment)	(1) 买卖双方约定在符合一定条件下就“目标公司”的股权、债权、资产（固定资产或无形资产）或其他权益进行出售、转让或移交权益； (2) 对价方式：现金对价或股份对价或现金＋股份对价或债务＋现金对价等； (3) 购买价格的确定和价格调整机制：根据审计或承诺履行情况或根据未来业绩调整价格等； (4) 价款支付方式：一次性支付或分期支付或根据未来业绩支付等； (5) 共管账户：包括期限、账户的开立方，转移支付条件、利息享有方以及相关费用支付方等； (6) 其他情况

续表

	条款	工作内容
4	交割先决条件（Conditions）	买卖双方就交割约定的前提条件： （1）交割基本内容：交割日（Completion）、交割地点、先决条件履行的期限和通知义务等。 （2）相关国家的政府审批和许可（国家安全审查、反垄断审查、相关国家管理机构审查以及行业准入审查等）。 （3）买卖双方履约的前提条件：董事会和股东会的审批、独立董事的意见以及目标公司股东放弃优先权声明等。 （4）买卖双方约定事项得到履行，例如，陈述与保证是真实和完整的、承诺条款得到落实等。 （5）未发生重大不利影响：对转让方来说，包括未发生超过一定赔偿金额的诉讼、未失去重要客户或供应商、业务上未发生重大变化以及未出现巨额财务损失等。就交易外部影响来说，包括宏观经济形势或行业管理规范等未发生重大不利影响。 （6）交割时应该完成的事项以及交割后的义务，包括股东名册变更、注册处登记、员工的安置与工会的对接等
5	陈述与保证（Representations and Warranties）	转让方采用平铺直叙的方式对目标公司某个时期内的法律事实和财务情况进行描述，作为买方判断和评估目标公司的依据： （1）公司所有权情况（股权结构、分子公司和知识产权等）； （2）公司财务状况（某个时期内的经营情况、现金流情况、资本运作、债权债务以及所有权等）； （3）公司依法经营情况（潜在或正在发生的诉讼或公司过往是否合法经营等）； （4）某个时期内合同履行情况； （5）公司经营其他事宜（环保责任、员工事务、客户和供应商情况等）； （6）没有重大不利影响等。 买方至少应就收购现金的来源以及是否有充足的资金完成交易进行陈述和保证，资金来源包括自有资金、股份对价以及其他方式融资等。 保证条款主要是确保以上内容合法且在一定时期内不存在风险

续表

条款		工作内容
6	承诺（Undertakings）	承诺事项是交易双方约定所有事项的总和，它限定了买卖双方在收购期间以及收购完成后一段时间内的行为，一般包括： （1）“过渡期”经营承诺：是指自 SPA 协议签署至约定交割日期间卖方承诺按照买方的要求，诚实守信尽责地正常经营目标公司，买方承诺如果符合交割前提条件就支付收购价款并转移控制权； （2）“努力达成交易”承诺：是指买卖双方应在合理范围内尽最大努力按照约定推动交易最终达成； （3）政府审查承诺：是指买卖双方承诺在应对反垄断以及国家安全审查时互相配合，最大限度地推动政府批准，包括不限于资产剥离、资产重组以及政府诉讼等； （4）其他承诺，如转让方和买方的行为限制
7	协议解除与赔偿（Rescission and Indemnities）	协议解除是指在约定的时间内交割条件无法实现的情况下，包括违反陈述与保证事项或承诺事项，允许交易方通知交易对手解除交易合同。协议解除权一般会在签署协议至交易交割期间内实施： （1）约定一个最后期限，比如签署协议后 6 个月内。最后期限持续时间长短要依据签约到交割间的任务而定，比如是否需要应对国家安全审查或者反垄断等。在一定情况下如双方同意也可适当延长最后期限。 （2）不得解约事项：违反承诺或陈述与保证事项的一方一般不能行使合同解除权，不能终止交易。 （3）触发协议解除情况下的补救措施。 （4）解除协议的赔偿：绝大多数交易允许交易方针对故意的或有目的的违约行为求偿。交易双方会就赔偿的种类、履约保证、违约索赔存续期、赔偿金额的区间以及计算方式等进行约定
8	保密	常规条款，交易双方应遵守相关信息的保密义务
9	争议解决	常规条款，交易双方会约定交易适用法律以及争议解决的处理方式，一般会约定依照在合理努力程度下协商解决—国际仲裁—诉讼的程序进行
10	附则	常规条款，包括协议文本和信息交换的处理方式以及协议附件等

股份出售和购买（Payment）、交割的先决条件（Conditions）、陈述与保证（Representations and Warranties）、承诺（Undertakings）以及协议解除与赔偿（Rescission and Indemnities）是 SPA 协议最为核心的内容，是中德双方谈判的关键所在。

二、铁流股份收购 Geiger 协议分析

以浙江铁流离合器股份有限公司（603926. SH，以下简称“铁流股份”）2018 年收购德国高精密金属零部件制造厂商 Geiger 签署的协议为例。

表 6－6 铁流股份收购德国 Geiger 的 SPA 主要内容

条款	条款内容
协议的签署方	卖方： GM Tec Industries Holding GmbH； Daun &CIE Aktiengesellschaft； ATLASTextilVerwaltungsGmbH；① 买方： Drachenfelssee 1037. VV GmbH（铁流股份在德国收购的全资 SPV 公司） 买方保证人：铁流股份
股份出售和购买	转让资产：Geiger Fertigungstechnologie GmbH② 的 100% 股权； 交易对价和支付方式：本次交易对价为 3800 万欧元（最终交易的股权价值将根据交割报表进行调整）。双方约定将采取现金支付的方式，在交割日以银行转账形式一次性向卖方指定的银行账户支付
交割的先决条件	（1）本次交易取得德国联邦经济能源部门等主管部门相关审批或出具无异议证明文件； （2）本次交易获得中国发展改革委、商务部门、外汇管理局等有关政府主管部门的备案或审批； （3）目前 Geiger 公司持有 GM Tec 的控股子公司 Minavto O. O. O. , Belarus 0. 01% 的股权，该股权应在交割前完成处置； 双方应共同促进交割条件的实现，在一方知晓交割条件已经实现或无法实现的情况下应以书面形式及时通知对方

① GM Tec 公司和 Daun & CIE 公司以及 ATLAS 公司分别持有目标公司 Geiger 的 94%、4% 和 2% 的股权。

② Geiger 是一家有限责任公司，成立于 1991 年，注册资本 100 万欧元，是一家专注于高精密金属零部件制造厂商，能够为客户提供核心金属零部件的研发、设计、制造和销售一体化解决方案，目前拥有高端自动化制造生产线、模具开发中心和精密检测中心。Geiger 长期服务于全球领先的汽车零部件供应商博世（Bosch）、康明斯（Cummins）和大陆集团（Continental AG）等。

续表

条款	条款内容
陈述与保证	卖方相关保证： （1）Geiger 公司是依法设立并合法存在； （2）Geiger 公司在德国或其他国家不存在会导致公司破产或被清算的相关诉讼，Geiger 公司部分或全部资产不存在遭受法院强制执行或类似措施风险； （3）卖方持有的 Geiger 公司股权系其合法持有，且不存在质押或他项权利，不存在第三方优先购买权； （4）公司财务报表信息符合德国会计准则规定，能够真实、公允地反映公司的资产、负债和财务状况； （5）公司资产不存在抵押、担保，目前公司的固定资产均处于正常运行状态； （6）公司在劳动合同方面遵守劳动合同相关法律，能够合法保障员工的相关权益； （7）公司所拥有的专利、商标、域名等知识产权均合法所有，公司无须向第三方支付授权使用费用，且公司未与第三方签订与知识产权相关的许可协议； （8）公司与前 5 名客户及供应商签订的正在履行的重大合同目前不存在提前终止的风险，本交易未引发客户或供应商修改或终止重大合同的情形； （9）公司拥有自身不动产的所有权及使用权，不存在抵押或相关负债； （10）公司不存在超过 10 万欧元的重大诉讼或仲裁； （11）公司相关产品在最近 3 年内不存在产品责任索赔事项； （12）公司经营活动合法合规，公司遵守法律、反贿赂及补贴相关规定
承诺	在协议签署至完成交割期间，除非得到买方同意，否则卖方不得从事以下事项： （1）修订公司章程； （2）增加或减少公司注册资本、发行或转让公司股权或签署类似协议； （3）支付股息； （4）公司合并、分立或类似效果的行为； （5）进行破产、清算行为； （6）委任董事或撤销其任职； （7）处置或抵押公司股权； （8）金额超过 10 万欧元的重大资产的收购、处置或设定权利负担行为； （9）解雇或聘用公司年薪超 10 万欧元的任何员工； （10）承诺或实施员工分红或奖励； （11）发生超过 10 万欧元的资本性支出，为满足客户订单需求除外； （12）承担除现金池协议以外的任何超过 5 万欧元的贷款或其他融资负债； （13）无正当理由放弃商业索赔或应收账款

续表

条款	条款内容
协议解除与赔偿	公开资料未查到相关信息。①
争议解决	本协议受德国法律的管辖、解释和执行。因本协议引起的或与该协议有关的争议，双方应先通过友好协商的方式解决；如果争议无法解决，则争议应提交仲裁，仲裁地点应为德国法兰克福，仲裁语言应为英语

资料来源：根据《铁流股份：关于现金收购德国 GEIGER 100%股权的公告》整理而得。

通过以上内容可知，中资企业应该：

第一，利用交割的先决条件条款降低交易不确性的风险。中资企业在约定交割的先决条件时至少应包括得到相关政府批准、融到满足交易的资金、没有重大不利变化以及得到交易相关第三方的批准等，如若触发以上任一事项都会对交易达成以及目标公司未来的生产和经营产生不利影响。在这种情况下，中资企业可以重新评估交易价值并决定是否完成交易。

第二，利用陈述与保证条款来最大限度地确保交易的安全性。中资企业应尽可能地要求转让方在更大范围内作出保证，至少包括目标公司合法存续，无法律诉讼和清算风险，转让方持有目标公司的股权合法且不存在质押，无第三方拥有优先购买权，目标公司的财务报表信息符合德国会计准则且真实准确，目标公司在劳动合同、专利、商标和知识产权等方面无法律纠纷的风险，以及此次交易不会影响目标公司与主要客户和供应商的合同等。

第三，利用承诺事项来约束转让方，推动转让方“尽最大努力”推动项目完成交割并保证目标公司能够在签署收购协议后平稳顺利地实现过渡和交接。近年来，尤其是 2018 年之后中资企业在欧美主要发达国家收购时面临着越来越多的政府压力，德国、英国、美国以及法国等先后收紧了外商投资安全审查，但实际上主要针对的是中资企业，对此中资企业可以要求转让方帮助协调以降低收购阻力。

第四，与转让方就协议解除的条件以及赔偿范围和分手费金额的计算

① 关于此条款，本书选取了其他案例：在郑煤机收购德国 SG Holding 的案例中双方约定，若此次交易未通过中国、波兰、西班牙和葡萄牙等国所涉及的政府安全和反垄断审查，或未得到中国相关监管机构的批准，或遭到上市公司股东大会的反对，则郑煤机需要向转让方支付终止费，终止费用为 5450 万欧元，相当于交易金额 5.45 亿欧元的 10%。

方式进行谈判，尽可能地降低非自身因素（如国家安全审查或反垄断审查）导致项目中止情况下的赔偿金额，并最大限度地约定豁免范围以降低法律诉讼风险。同时，如果约定反向分手费，那么转让方也应该承担一定比例的分手费等。

第七章

收购德国公司的合理性评估

中资企业在德国收购并成功实现整合的前提就是对自身和交易对手有清晰的认识和明确的定位，这样才能准确地评估交易价值并据此提出切实可行的交易和整合方案，推动项目顺利开展，但在实践中却是极难实现的，很多时候看似合理的交易却未能取得预期效果。与此同时，同一家企业不同的收购行为也可能产生截然不同的结果，正如前文所述，跨境收购的风险是极大的，能够影响交易成功与否的因素极多，对自身和交易对手有清晰的认识也不一定能保证收购取得预期效果，而且往往验证交易成功与否都是有滞后性的，时间最终会验证收购交易的真实价值。本节选取了三个典型案例进行分析，分别是：①赛维 LDK 未能准确识别行业风险以及外部环境的重大变化，盲目收购 Sunways，导致公司破产；②美的借助收购 KUKA 推动公司产业结构转型升级；③均胜电子借助多次在德国收购实现跨越式发展。

第一节　赛维 LDK 盲目收购 Sunways 导致收购交易失败

中资企业在德国顺利收购的前提是有明确且清晰的战略规划，对企业发展方向和行业发展趋势有敏锐的判断，应当明确跨境收购的目的是什么，不能为了“收购”而“收购”。正如前文所述，跨境收购的风险极大，要求中资企业做好困难准备，否则就很有可能会收购失败，甚至连国内业务都被严重拖累。

最典型的就是2011年，当时中国第二大太阳能多晶硅生产企业赛维LDK（NYSE：LDK）收购德国太阳能光伏制造商Sunways的案例。2011年，赛维LDK通过协议购买+要约收购的方式成为Sunways的实际控制人，[①] 获得了Sunways成熟的销售网络和高端的品牌形象，并赢得了当时全球最大太阳能市场德国5%的市场份额，赛维LDK也成为国内第一家掌握高端光伏逆变器生产技术的企业，因此此次交易被当时部分国内媒体认为是中资企业借经济危机廉价收购欧洲资产和先进技术的典范。然而仅仅一年后形势就发生了逆转，赛维LDK的入主未能解决Sunways销售大幅下滑和巨额亏损的问题，Sunways开始大幅裁员，多名核心高管离职，其位于德国的光伏电池制造工厂也因为缺乏营运资金而停产，多家德国银行取消对它的授信，Sunways最终走向破产。那么看似成功的收购为何会在短时间内失败？

第一，赛维LDK未能准确判断行业的发展趋势和市场环境变化，盲目收购导致交易失败。太阳能作为一种新兴的可再生资源，在21世纪的头十年发展迅猛，年均增长率达到40%。以德国和西班牙为首的欧洲国家为了提高可再生能源产业市场竞争力，大力推广可再生资源并推出了一系列支持政策。德国从2000年开始执行《可再生能源法》（EEG），规定德国采用可再生能源发电固定上网电价制度，经营太阳能的德国企业可获得20年的稳定电价，电价的市场价格和固定电价之间的差额由消费者和政府财政补足。西班牙从2005年也开始执行固定上网电价制度并对可再生能源上网实行价格补贴，此后欧盟国家纷纷推出类似政策[②]。十年间，欧盟国家累计投资近万亿欧元，巨额补贴推动欧盟太阳能产业迅速繁荣，西班牙和德国先后成为全球最大的太阳能市场。2010年欧洲太阳能装机容量合计占比达到全球市场的82%，其中德国总装机容量为2500万千瓦，占全球新增

① Sunways, A. G. "Sunways AG schließt Kapitalerhöhung ab, LDK Solar – Gruppe ist neuer Großaktionär", PRESSEBOX, Mar 2012, https://www.pressebox.com/inactive/sunways-ag-photovoltaic-technology-konstanz/Sunways-AG-schliesst-Kapitalerhoehung-ab-LDK-Solar-Gruppe-ist-neuer-Grossaktionaer/boxid/488145.

② Philip G. Jordan. "Global Solar Policy", *Solar Energy Markets*, 2014, pp. 43–64.

太阳能发电设备的 50%。[①]

2008 年次贷危机爆发，欧洲可再生能源补贴政策的弊端凸显出来。经济疲软导致电力需求不足和电力批发价格下降，可是由于实行补贴制度，欧洲的金融资本并未将资金投入实体经济，而是继续进行太阳能项目建设，导致政府补贴迅速增加，消费者分摊的电价越来越高，欧洲已经无力支撑代价高昂的补贴政策了。2009 年法国率先下调太阳能发电补助费率，直接下调 24%[②]，紧接着是西班牙和意大利。2012 年德国也作出政策调整；大幅削减财政补贴，限制太阳能发电装机容量规模。欧洲的发展格局出现巨变，太阳能光伏产业迎来拐点。

政府补贴减少和全球竞争加剧直接导致德国太阳能光伏企业陷入困境，包括多晶硅生产厂商 Solon SE、太阳能千年公司（Solar Millennium AG）和 Qcell 公司这样的昔日明星公司，最终都走向破产。在这种局面下，部分德国企业竟将自身困局归咎于中国的"不正当竞争"，认为中国产品依赖政府补贴非法倾销，并鼓动德国政府对中国征收惩罚性关税。2012 年，美国和欧盟开始对中国开展反倾销和反补贴的"双反"调查，并最终裁决对中国光伏电池生产厂商征收惩罚性关税，相当于把中资企业挡在欧美市场之外。国内太阳能光伏企业的市场环境急转直下，一下子陷入资不抵债的危险境地。

赛维 LDK 在收购 Sunways 时未预判到太阳能光伏产业狂飙突进式的畸形发展是不可持续的，也未能预判到欧美政策的转向会导致市场需求的停滞和萎缩，这才是此次收购失败的根本原因。

第二，赛维 LDK 在现金流极其紧张的情况下仍盲目扩张，收购本就陷入困境的 Sunways，进一步加剧了收购失败的风险。赛维 LDK 的发展可称之为神速，公司成立仅三年就登录纽约证券交易所，成为中国新能源领域发行规模最大的一次 IPO，募集资金高达 4.69 亿美元。公司创始人彭晓峰也以 270 亿元的身家坐上了中国能源产业的首富宝座。赛维 LDK 依靠制造光伏中游产品硅片起家，在收购 Sunways 之前，赛维 LDK 开始向产业链上

---

① Rene Bohnsack. & Jonatan Pinkse. "The institutional evolution process of the global solar industry: The role of public and private actors in creating institutional shifts", *Environmental Innovation and Societal Transitions*, Volume 20, September 2016, pp. 16 – 32.

② Philip G. Jordan. "Global Solar Policy", *Solar Energy Markets*, 2014, pp. 43 – 64.

游多晶硅生产领域挺进，截至2010年已经累计投资了100亿元，可是市场环境发生了变化，曾经的明星产品多晶硅大幅降价，2011年年末多晶硅的市场价格已经跌至25美元/kg，低于维塞LDK的生产成本40美元/kg①，这就意味着生产越多，损失越多。赛维LDK不得已在2012年停止多晶硅生产，损失惨重。其间赛维LDK并未选择战略收缩，反而仍然大举对外收购。2009年收购意大利太阳能SGT公司70%的股权，2011年收购美国光伏制造商Solar Power公司70%的股权，疯狂扩张进一步加剧了赛维LDK的财务风险。2011年，赛维LDK受到欧美“双反”调查的冲击，陷入债务危机难以自拔，当时赛维LDK的负债总额已经高达302.3亿元，负债率达到87.7%，其中偿债期在一年内的短期债务就高达196.71亿元②。由于巨额亏损，赛维LDK无疑正遭遇成立以来的最大危机，但是公司管理层没有因为形势危急选择收手，而是向银行和地方政府借入更多的资金，上马更多的生产线并选择这个时点收购Sunways，事实证明，赛维LDK为此付出了惨重代价。Sunways和赛维LDK先后走上破产重组的道路，收购交易彻底失败。

---

① 李俊峰，常瑜．中国光伏产业清洁生产研究报告[R]．2012：14.

② 慧博投研资讯．赛维LDK深陷债务门光速神话落幕[EB/OL]．2012-05-13，http://www.microbell.com/ecodetail_149746.html。

第二节 美的借助收购 KUKA 实现公司和中国机器人产业结构转型升级

2017 年 1 月，美的公告称其通过境外全资子公司 MECCA International（BVI）Limited（以下简称“MECCA”）要约收购 KUKA 已经完成交割。MECCA 合计持有 KUKA 约 94.55% 的股权。KUKA 一直被视为德国制造的代表性企业，是“德国制造”的骄傲，美的收购 KUKA 是截至 2018 年中资企业在德收购规模最大的案例，堪称中资企业国际化收购的标志性事件。

一、交易双方简介

美的股份有限公司（000333. SZ，以下称为“美的”）成立于 1968 年，是以家电制造业为主的大型企业集团，旗下拥有小天鹅（000418. SZ）和威灵控股（0382. HK）两家上市公司，主要生产各类家用电器和暖通空调。2015 年，美的成为首家获得国际三大信用评级的中国家电企业。收购 KUKA 当年即 2016 年，美的营业收入达到 1598 亿元，实现净利润 159 亿元，首次跻身《财富》世界 500 强。

KUKA 集团成立于 1898 年，是德国法兰克福证券交易所上市公司（证券代码：DE006204407），在全球拥有近 4000 名员工，总部位于德国巴伐利亚州的奥格斯堡。1973 年 KUKA 研发了全球第一台由电动机驱动的 6 轴工业机器人 FAMULUS，现今 KUKA 已经成长为世界领先的机器人和自动化生产设备和解决方案供应商，与瑞士 ABB、日本发那科（FANUC）和安川（YASKAWA）并称为全球机器人“四大家族”。

KUKA 拥有“KUKA”和“SWISSLOG”两个主要品牌，其中“KUKA”是 KUKA 汽车工业机器人的品牌，客户主要分布在汽车工业领域，是大众（VW）、福特（Ford）和奔驰（Benz）等知名汽车厂商的主要供应商，在汽车工业领域拥有极高的声誉，排名世界汽车工业机器人前三、欧洲第一。“SWISSLOG”是全球知名的医疗、仓储和配送中心自动化解决方案品牌。2016年“SWISSLOG”入选美国《机器人商业评论》评选的全球最具影响力50家机器人公司①，市场份额在美国位居第一、欧洲第二。

表7－1　KUKA 2014—2016年财务数据

财务指标	2016.12.31	2015.12.31	2014.12.31
营业收入	294890	298890	209570
同比（%）	－1.34%	42.62%	18.10%
利润总额	20890	13910	14080
同比（%）	50.18%	－1.21%	23.83%
归属母公司股东净利润	8660	9910	11990
同比（%）	65.39%	－17.35%	33.52%
单位：万元，EUR			

资料来源：《美的集团：要约收购KUKA AKTIENGESELLSCHFATE报告书》。

KUKA 2016年营业收入为29.5亿欧元，同比下降1.34%。实现净利润8660万欧元，同比增长65.39%。②

二、美的收购KUKA的原因

美的收购KUKA是美的应对我国经济结构转型升级以及制造业智能化升级的战略举措，也是美的挖掘新业务增长点的必然选择：

第一，KUKA的技术和设备有助于美的提升生产制造水平和自动化率。作为国内电器行业巨头，美的早已大规模地在工厂使用机器人。截至2016年，美的已经累计投入超过50亿元用于生产线自动化改造，拥有超过1000台工业机器人。同时，美的计划未来每年向工业机器人领域投资10亿元，美的自身的需求就是一个潜在市场。

第二，KUKA的优势与美的“双智”战略相吻合。所谓“双智”战

① 美国《机器人商业评论》又称RBR，RBR连续五年评比全球最值得关注和最影响力的50家机器人公司，信息来源于http://www.sohu.com/a/61498464_355133。

② 《美的集团股份有限公司2016年度报告》，第78页。

略，是指“智能制造+智慧家居”战略[1]。美的希望利用KUKA在机器人领域的优势地位，快速提升智能制造和智慧家居领域的业务水平：一是利用KUKA工业机器人技术带动伺服电机和减速器等核心部件以及系统集成业务，形成“智能制造+工业机器人”模式。二是利用KUKA服务机器人技术带动传感器、人工智能和智慧家居业务，形成“智慧家居+服务机器人”模式。

第三，利用KUKA的经验拓展新业务增长点。KUKA拥有最前沿的机器人技术和丰富的成功经验，其客户涵盖了医疗、电子、食品、太阳能和航空等诸多行业，特别是在汽车领域，KUKA的市场份额处于全球领先地位。美的与KUKA的合作有助于深入拓展工业机器人业务，强化战略布局，开拓海外业务，寻找新的业务增长点，进一步提升美的的盈利能力。

第四，实现优势互补，增强美的在国内家电市场的竞争力。美的在国内家电生产和销售方面拥有成熟经验，借助KUKA在工业机器人和系统解决方案方面的领先技术，可最大限度地实现优势互补和战略协同，满足国内消费者对虚拟现实、人工智能和智慧城市等新兴市场的需求，推动美的多品牌战略，增强美的的竞争力。

第五，整合“SWISSLOG”，推动美的物流业务发展。SWISSLOG是KUKA最主要的业务之一，是全球知名的医疗、仓储和配送中心自动化解决方案供应商。近些年，中国的物流产业随着电子商务的崛起快速发展，中国已经成为全球最大的物流市场，市场潜力巨大。物流仓储业务已经成为美的战略布局的关键点，SWISSLOG丰富的产品以及解决方案经验可以帮助美的的物流业务快速发展。

从某种意义上讲，KUKA是最适合美的收购的机器人公司。一是KUKA拥有美的急需的机器人和自动化技术。截至2016年，KUKA在世界前五大机器人市场——中国、美国、欧洲、日本和韩国的专利局拥有152件专利，相比之下，美的的专利数仅有8件，两个公司间存在巨大差距[2]。

---

① Midea Group, “Midea plant Erhöhung der Beteiligung an KUKA AG durch ein freiwilliges öffentliches Übernahmeangebot”, Ots. at, Mai 2016, https://www.ots.at/presseaussendung/OTS_20160518_OTS0005/midea-plant-erhoehung-der-beteiligung-an-kuka-ag-durch-ein-freiwilliges-oeffentliches-uebernahmeangebot.

② 彭海．智能制造浪潮来袭，工业机器人助力制造业转型升级［R］．2017-11-28，Wind证券研究报告．

二是 KUKA 的业务比较集中，规模相对较小。除了机器人业务外，瑞士 ABB 还拥有庞大的电力系统业务，发那科（FANUC）占据了专业数控系统全球 70% 的市场份额，安川（YASKAWA）的变频器全球销量第一，因此这几家公司的市值都比较高，在美的收购 KUKA 的 2016 年，ABB 的市值超过 400 亿美元，发那科超过 300 亿美元，安川的市值也近 40 亿美元。KUKA 作为四大家族中唯一一家专注于机器人和自动化的公司，市值相对较低，有利于降低收购成本和收购难度。

三、工业机器人行业与中国制造 2025

（一）世界工业机器人现状

目前，日本、欧洲和美国的机器人技术处于世界领先水平。以安川和发那科为代表的日本机器人在质量方面居于世界首位，日本具有先发优势和多年的技术积累，在减速器和伺服电机等工业机器人关键零部件领域拥有极强的竞争力。拥有 ABB 和 KUKA 的欧洲处于第二位，美国则在医疗和军事机器人领域处于领先地位。

安川、发那科和瑞士 ABB 以及 KUKA 是全球最主要的工业机器人供应商，占据着全球近 50% 的市场份额，其中，发那科处于领先地位，ABB 和安川排名次席，KUKA 位居第四。

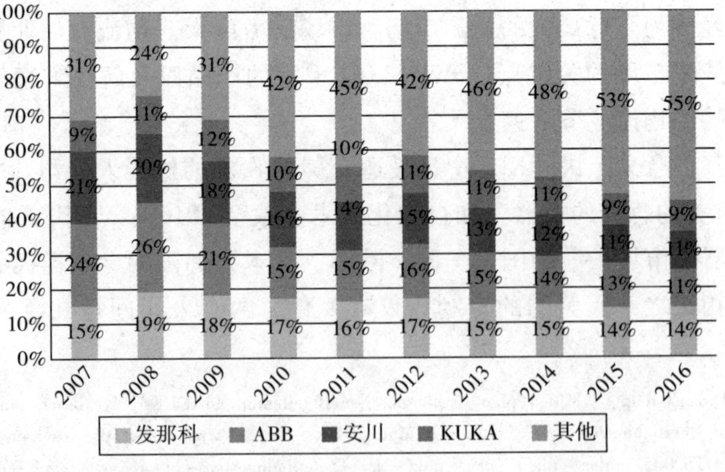

图 7-1　2007—2016 年“四大家族”机器人业务全球市场占有率

资料来源：Bloomberg，IFR 和东吴证券研究所。

（二）中国工业机器人现状

从增速看，2016 年全球工业机器人销量为 29 万台，同比增长 14%，其中中国工业机器人销量为 9 万台，同比增长 30%。国际机器人联合会（IFR）预计 2017—2020 年中国工业机器人年均销量为 15 万台，年均复合增长率为 17%。中国工业机器人销量占全球的比例预计会从 2016 年的 29% 提升至 2019 年的 39%①。

图 7-2　2007—2016 年“四大家族”机器人业务全球市场占有率（%）

资料来源：国际机器人联合会。

从市场规模来看，中国自 2013 年开始就是全球第一大工业机器人市场。2016 年中国工业机器人销售额为 34 亿美元，增长率超过 30%，2017 年中国工业机器人市场规模超过 40 亿美元。②

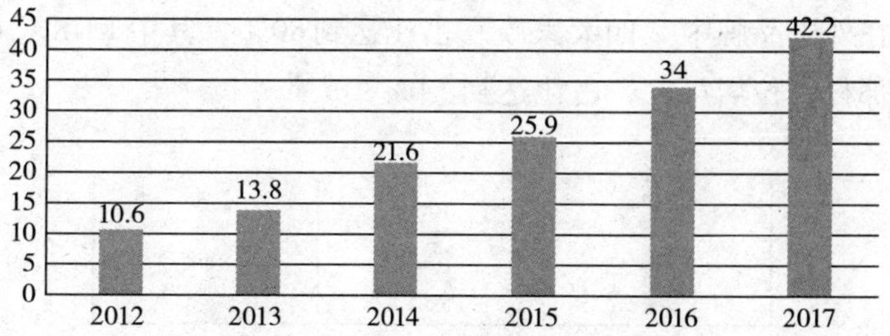

图 7-3　2012—2017 年中国工业机器人销售额（亿美元）

资料来源：前瞻数据库和联讯证券。

① 光大证券．工业机器人：自动化升级，走进智能时代[R]．2017-11-06，Wind 行业研究报告．

② 彭海，王倩瑶．智能制造浪潮来袭，工业机器人助力制造业转型升级[R]．联讯证券研究报告，2017-11-28：4.

从技术水平看，国产工业机器人仍以中低端产品为主，与欧美日尚存巨大差距。工业机器人本体三大核心零部件——减速器、控制器和驱动电机直接决定了工业机器人的性能。从国内工业机器人市场来看，控制器已经能够实现自主生产，但与世界领先水平仍有差距，伺服电机和减速器技术差距明显，国产化率很低，三大零部件已经成为国产机器人的最大弱点。因此，实现核心零部件的突破是国产机器人弯道超车的关键。美的收购 KUKA 有助于提升国内机器人行业的核心竞争力。

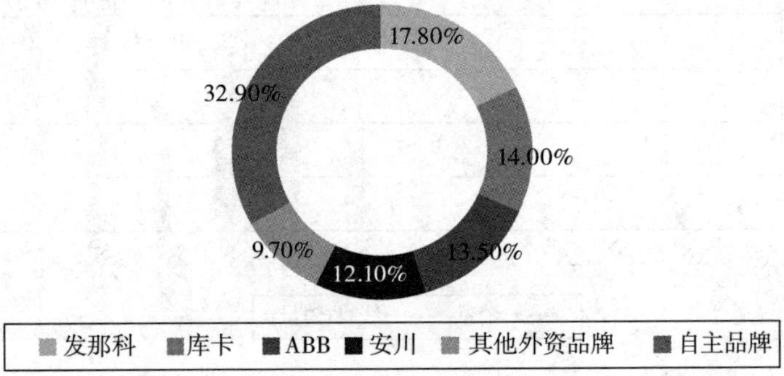

图 7－4　2016 年中国工业机器人市场份额

资料来源：中国机器人产业联盟。

从“四大家族”在中国市场的表现上看，“四大家族”在中国的市场份额超过了 60%，在高端市场领域甚至超过了 90%，优势明显。2016 年中国工业机器人市场份额外资品牌占比达到 67. 2%，自主品牌占比只有 32. 8%，在外资品牌中“四大家族”占比达到 80%，其中 KUKA（KUKA）仅次于发那科，位居第二，占比达到 14%①。

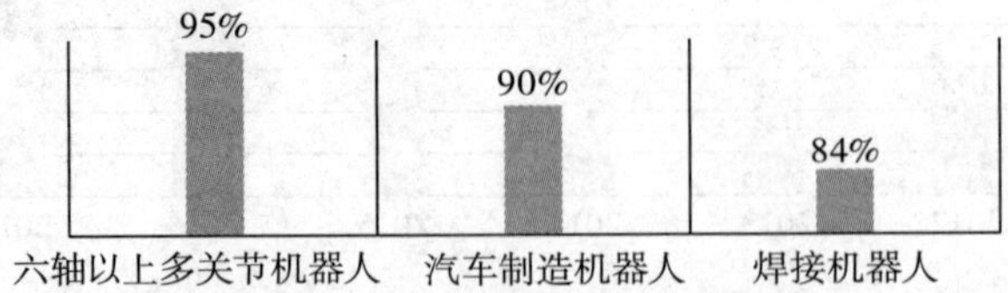

图 7－5　2016 年“四大家族”在中国高端工业机器人市场占有率

资料来源：中国机器人产业联盟、Wind。

① 彭海，王倩瑶．智能制造浪潮来袭，工业机器人助力制造业转型升级［R］．联讯证券研究报告，2017－11－28：5.

国内工业机器人厂商目前受到技术水平的限制，业务主要集中在中低端领域。据工信部统计，我国目前拥有1000多家机器人相关企业，其中绝大多数企业以组装和代加工为主，处于产业链中低端，产业集中度低，总体规模小。在高端领域外资品牌占比超过95%，处于绝对垄断地位，其中，应用范围最广、作业难度最大的六轴以上多关节型机器人、汽车制造机器人和焊接机器人，“四大家族”的市场占有率超过了80%。

（三）中国制造2025关于工业机器人的发展战略

国务院于2015年发布的《中国制造2025》发展纲要对我国制造业转型升级和产业结构跨越式发展作出整体部署，目的是推动我国进入世界制造业强国行列。工业机器人作为“推动信息化和工业化深度融合”以及“强化工业基础能力”的关键技术，受到了特别关注。《中国制造2025》明确指出，工业机器人应用符合我国未来制造业的发展方向。[①] 2016年国务院印发《“十三五”国家战略新兴产业发展规划》提出，构建工业机器人产业体系，全面突破高精度减速器、高性能控制器和精密测量等关键技术和核心零部件，重点发展高精密和高可靠性的中高端工业机器人。

表7－2　《中国制造2025》工业机器人路线

	2020年	2025年	2030年
	2020年工业机器人销量15万台，保有量80万台	2025年工业机器人销量26万台，保有量180万台	2030年工业机器人销量40万台，保有量350万台
需求	各领域对生产设备数字化、标准化、模块化、网络化的需求	各领域对高智能化成套生产设备和高柔性制造系统的需求	
	随着技术进步、消费水平提升，用于公共安全、救灾救援，教育娱乐的服务机器人需求增速逐渐加快		
		社会进入加速老龄化阶段，全社会对家政服务、养老助残和康复护理机器人的需求增长迅速	

① 工信部装备工业司．中国制造2025解读之：推动机器人发展［EB/OL］．2016－05－12，http://www.gov.cn/zhuanti/2016－05/12/content_5072768.htm。

续表

	2020 年	2025 年	2030 年
目标	自主品牌工业机器人国内市场占有率达到 50%	自主品牌工业机器人国内市场占有率达到 70%	
	关键零部件国产化率 50%	关键零部件国产化率达到 80%	
	产品平均无故障时间（MTBF）8 万小时	产品平均无故障时间（MTBF）达到国际先进水平	
	自主品牌服务机器人实现小批量生产和应用	自主品牌服务机器人实现产业化并普及应用	自主品牌服务机器人达到国际先进水平
	培育出 2 万～3 万家年产万台以上、产业规模百亿元，具有国际竞争力的龙头企业	有 1～2 家进入世界前 5 名行列	
	速度、载荷、精度和自重比等指标达到国外同类水平		主要指标达到国际一流
	新一代机器人的核心技术取得突破	新一代机器人样机研制成功，进入示范应用	新一代机器人实现小批量生产和应用

资料来源：转引自光大证券．工业机器人：自动化升级，走进智能时代［R］．2017－11－06，Wind 行业研究报告．

我国工业机器人行业拥有多重利好，包括中国经济产业转型升级、下游自动化需求日益旺盛、国家政策红利以及资本市场活跃等。在此背景下，我国工业机器人保持强劲增长并成为全球最大的工业机器人消费市场，但是核心零部件技术水平低、自主品牌竞争力弱、国产化率低也是不争的事实。KUKA 是四大家族中唯一一家纯粹的机器人企业，它在机器人技术和专利的积累远远超越了国内机器人公司。截至 2016 年，KUKA 在全球拥有超过 4000 件专利和专利申请[①]，可以说，KUKA 拥有全球最前沿的机器人工艺技能和技术。从这个角度看，美的收购 KUKA 不仅仅提升了自身的核心竞争力，也为实现中国由制造业大国向制造业强国迈进起到了很好的助推作用——利用资本的力量推动产业转型升级，实现中国制造弯道超车。可以说，美的收购 KUKA 的价值和意义远远超过收购本身，是中资

① Ling li. "China's manufacturing locus in 2025: With a comparison of Made－in－China and Industry 4.0", *Technological Forecasting and Social Change*, August 2017, https://doi.org/10.1016/j.techfore.2017.05.028.

企业海外收购高端制造业的典型案例。

四、回看美的收购 KUKA 的合理性

从机器人的产业格局以及中国制造 2025 规划的角度考虑，美的收购 KUKA 无疑是极具标志性的事件，收购价值是不言而喻的。2018 年 9 月份，也就是美的宣布收购 KUKA 交易完成的一年半后，美的集团发布了 2018 年公司半年报，我们借此来探寻该交易的合理性：

首先，在收购 KUKA 后，美的的品牌形象和价值大幅提升，公司的综合实力稳步增强。2018 年《财富》世界 500 强榜单中美的排名第 323 位，相较于去年提升了 127 位；2018 年《财富》中国 500 强榜单中美的排名第 32 位，位列中国家电行业第一名；2018 年《福布斯》全球上市公司 2000 强（The World's 2，000 Largest Public Companies 2018）榜单中美的排名第 245 位，相较上年提升了 90 位；Brand Z 2018 年最具价值中国品牌 100 强榜单中美的排名第 26 位，品牌价值相较上年提升了 40%；英国知名品牌咨询公司 Brand Finance 发布的 2018 年全球最具价值品牌 500 强榜单中美的首次入围并位列第 244 位；2018 年全球 100 个最有价值的科技品牌榜单中美的位列第 41 位，高居国内入围企业第 9 位。可以说，美的通过收购德国工业皇冠上的明珠——全球四大顶级机器人品牌的 KUKA，向全世界展现了其强大的进取心和雄厚的实力，KUKA 不仅提升了美的智能制造的水平，而且还帮助美的转型成为一家真正具有国际竞争力的科技型公司。

其次，收购 KUKA 后，美的确立的“全球经营 + 科技集团”的战略转型得以显现，机器人及自动化系统成为美的核心业务之一，并大幅提升了美的的营收规模。在收购 KUKA 前，美的的收入基本来自于家电板块，包括空调、洗衣机、冰箱以及小家电等，它们合计贡献了美的总营业收入的 88.3%，物流业务贡献的收入极少，仅占美的总营业收入的 1.19%。

表 7－3　2016 年美的主要收入构成

序号	分类	收入占总营收比
1	空调和零部件	41.78%
2	小家电	27.08%

续表

序号	分类	收入占总营收比
3	洗衣机和零部件	10.08%
4	冰箱和零部件	9.36%
5	其他业务	7.93%
6	电机	2.58%
7	物流	1.19%

资料来源：《美的集团股份有限公司 2016 年度报告》。

通过收购 KUKA，美的得以实现多元化发展，机器人及自动化系统已经成为美的的核心业务，并表后的第一年即 2017 年，美的的营收达到创纪录的 2419 亿元，相较上一年增长了 51.35%；实现净利润 186 亿元，相较上一年增长了 17.33%；实现归属母公司净利润 173 亿元，相较上一年增长了 17.7%。受益于良好的市场表现，2017 年美的全年市值涨幅达到[①] 93.47%，一度成为深市市值最高的公司。

表 7-4　美的过去三年财务数据

财务指标	2017.12.31	2016.12.31	2015.12.31
营业收入	2419 亿	1598 亿	1393 亿
同比（%）	51.35%	14.71%	-2.08%
利润总额	218.5 亿	189.1 亿	160.5 亿
同比（%）	15.54%	17.84%	14.73%
归属母公司股东净利润	173 亿	147 亿	127 亿
同比（%）	17.70%	15.56%	20.99%
扣非后净利润	156 亿	135 亿	109 亿
同比（%）	15.72%	23.66%	15.14%
单位：元，CNY			

美的营收的大幅增长主要来自既有业务的增长以及新合并报表业务。原有业务板块实现营业收入 2015 亿元，较上一年增长 33%；新合并报表部分主要是 KUKA 机器人业务以及东芝家电业务，其中仅 KUKA 就贡献了 267 亿元，占美的总营业收入的 11%，占总营收增量的 32.5%。

① 2017 年第一个交易日美的股价为 28.65 元，2017 年最后一个交易日美的股价为 55.43 元，涨跌幅达到 93.47%。

五、美的整合 KUKA 在中国市场的机器人业务并联合 KUKA 研发适合中国的机器人产品

首先，美的将 KUKA 的两大品牌“KUKA”和“SWISSLOG”的中国业务进行合并，并设立合资公司，中德双方各自持有 50% 股份。该合资公司依托 KUKA 工业机器人、医疗和仓储自动化三大业务领域的先进技术，研发更适合中国市场需求的产品和解决方案。

其次，美的投入大量资源帮助 KUKA 增加在中国的业务和产能。收购完成后 KUKA 的业务得到进一步放大，收到大量新增订单，例如，在德国，大众和 Bosch 分别与 KUKA 签署了全面合作战略协议，KUKA 将为它们提供生产解决方案并研发新技术；在中国，广汽集团与 KUKA 签署了价值数千万欧元的购买协议，KUKA 将向广汽新能源提供 430 台用于制造电动汽车的工业机器人。2018 年，美的联合 KUKA 在广东顺德科技园新建生产基地，美的公告显示，生产基地在 2024 年的产能将会达到 75000 台/年，加上现有产能预计合资公司每年在中国的机器人产能将达到 100000 台。

再次，美的联合 KUKA 继续创新机器人产品开发应用。2018 年，KUKA 相继推出了操作简单、便捷的人机协作型机器人 LBRiisy 以及可根据客户自身需求进行编译操作的“i－do”移动模块化系统，帮助 KUKA 进一步打开消费型机器人市场。KUKA 在传统工业机器人领域继续发力，相继更新了 KRQUANTEC 系列和 KRFORTEC 系列机器人，并进一步完善了仓库自动化系统解决方案。KUKA 还赢得了多个世界级奖项，例如，通过研发轻型医疗机器人 LBR Med 赢得了“机器人与自动化发明与创新奖（IERA）”。此外，美的继续依靠 KUKA 提升旗下家电工厂的工业自动化水平，提升机器人的使用密度。

从目前来看，美的正联合 KUKA 稳步推进集团向全球化和科技化方向转型，也取得了一些阶段性成果，但是收购 KUKA 后也出现了一些隐忧：

首先，尽管 KUKA 2017 年营业收入创历史新高，但是利润率却不及预期。KUKA 发布的年报①显示，2017 年 KUKA 营业收入达到 34.79 亿欧元，相较上一年增长了 17.98%，与此同时，EBIT 为 1.027 亿欧元，相较上一

---

① KUKA，“KUKA AKTIENGESELLSCHAFT CONSOLODATED FINANCIAL REPORT and ANNUAL FINANCIAL STATEMENTS 2017”，https://www.kuka.com/en－de/investor－relations/general－meeting。

年下降了19.27%；ROCE只有10.9%，相较上一年下降了5.3%，这两个数值都是KUKA过去5年的最差表现。此外，KUKA连续两年净现金流为负，2017年为-1.35亿欧元。

表7-5 2013—2017年KUKA的主要财务指标

财务指标	2013	2014	2015	2016	2017
营业收入	1774.5	2095.7	2965.9	2948.9	3479.1
EBIT	120.4	141.8	135.6	127.2	102.7
ROCE（in %）	36.9	28.9	20.0	16.2	10.9
净现金流	95.4	-172.2	95.7	-106.8	-135.7

单位：百万欧元

资料来源：根据KUKA发布的2017年年报整理而得。

通过表7-5可知，尽管过去5年KUKA的营业收入稳步提高，但是EBIT和ROCE呈逐年下降的趋势，这说明KUKA营收规模的增长并未给公司带来收益提高。

其次，KUKA在工业集成（Systems）以及非工业应用领域（Swisslog）面临着极为激烈的竞争。KUKA主要有三个业务领域，分别是机器人（Robotics，工业自动化机械本体及核心零部件）、工业集成（Systems，即智能工厂系统）和非工业应用（Swisslog，医疗、仓储与物流的自动化解决方案）。2017年机器人业务实现营收12亿欧元，占KUKA总营收的34%；工业集成业务实现营收15.8亿欧元，占KUKA总营收的45%；非工业应用业务实现营收763.7亿欧元，占KUKA总营收的21%。由此可知，工业集成是KUKA最重要的业务单元，其次是机器人，最后是非工业应用。

表7-6 KUKA在Robotics领域的主要财务指标

Key figures Robotics

in € millions	2013	2014	2015	2016	2017
Orders received	793.5	805.5	891.2	1，088.8	1，223.3
Order backlog	280.7	241.5	233.4	316.1	331.2
Sales revenues	754.1	834.6	909.6	993.5	1，200.6
EBIT	77.1	88.9	100.2	100.7	133.1
In % of revenues	10.2	10.7	11.0	10.1	11.1

续表

in € millions	2013	2014	2015	2016	2017
In % of Capital Employed (ROCE)	49.6	53.1	56.6	51.7	56.6
EBITDA	101.9	112.0	126.1	123.2	157.2
In % of revenes	13.5	13.4	13.9	12.4	13.1
Capital employed	155.6	167.3	177.1	194.9	235.9
Employees (Dec. 31)	3416	3644	4232	4726	5010

资料来源：KUKA 发布的 2017 年年报，https：//www. kuka. com/en – de/investor – relations/corporate – profile/key – figures/.

得益于汽车电子化趋势以及中国市场需求旺盛等因素的影响，2017 年 KUKA 的机器人业务订单量和营业收入都出现大幅增长，其中，业务订单量增幅达 12.35%，营业收入增幅达 20.85%，创近 5 年新高，且 EBIT 达到 1.331 亿欧元，较 2016 年增长了 32.17%。EBIT 利润率为 11.1%，ROIC 为 56.4%，相较上一年都有一定程度的增长。由此可知，KUKA 在机器人板块实现了“质”和“量”的双重增长，鉴于美的将进一步帮助 KUKA 增加研发投入并扩大其在中国的机器人产能，从长远看，在这一领域 KUKA 的发展前景可期。

表 7－7　KUKA 在 Systems 领域的主要财务指标

Key figures Systems

In €millions	2013	2014	2015	2016	2017
Orders received	1111.6	1456.0	1428.1	1644.6	1530.2
Order backiog	714.4	955.4	923.2	1139.3	1073.4
Sales revenues	1045.9	1285.6	1471.7	1395.5	1579.2
EBIT	60.8	80.2	114.7	91.3	17.8
In % of revenues	5.8	6.2	7.8	6.5	1.1
In % of Capital Employed (ROCE)	43.0	67.9	87.9	42.8	6.3
EBITDA	71.0	97.4	135.6	113.5	34.5
In % of revenues	6.8	7.6	9.2	8.1	2.2
Capital employed	141.5	118.1	130.5	213.1	281.9
Employees (Dec. 31)	4362	5810	5146	5189	5459

资料来源：KUKA 发布的 2017 年年报，https：//www. kuka. com/en – de/investor – relations/corporate – profile/key – figures/.

作为KUKA最重要的业务——工业集成领域在2017年表现不佳，尽管营业收入实现了13.16%的增长，但是EBIT的利润率仅为1.1%，受此影响，EBIT只有1780万欧元，仅相当于上一年的19.5%，相当于2015年的15.52%，出现了断崖式下跌。KUKA对此的解释是，因为单个项目损失以及Proitability系统生产收入调节的影响导致少确认收益4000万欧元，但是即便是加上这部分损失，工业集成业务的表现也低于上一年。

表7-8　KUKA在Swisslog领域的主要财务指标

Key figures swisslog

in € millions	2014	2015	2016	2017
Orders received	—	551.8	742.6	926.7
Order backlog	517.2	491.0	624.7	768.3
Sales revenues	—	620.8	593.5	763.7
EBIT	—	45.9	4.8	10.4
In % of revenues	—	-7.4	0.8	1.4
In % of Capital Employed (ROCE)	—	-14.5	1.5	3.0
EBITDA	—	24.5	28.2	36.8
In % of revenues	—	3.9	4.8	4.8
Capital employed	154.6	315.9	317.4	346.8
Employees (Dec. 31)	2369	2555	2679	2904

资料来源：KUKA发布的2017年年报，https：//www.kuka.com/en-de/investor-relations/corporate-profile/key-figures/.

在非工业应用领域，尽管订单量、营业收入、EBIT以及EBITDA都实现了稳步增长，但是EBIT的利润率仅为1.4%，2016年为0.8%。由此可知，KUKA在医疗和物流领域面临着激烈的市场竞争，ROCE只有3%，能否突出重围还有待观察。

综上所述，受工业集成和非工业应用业务利润率大幅下滑的影响，KUKA在2017年的财务表现低于预期，KUKA是否能止住这两块业务上的颓势还有待观察。

第三节　均胜电子通过“走出去”战略实现跨越式发展

宁波均胜电子股份有限公司（以下称“均胜电子”）成立于 2004 年，最早是一家以生产汽车塑料进气管和空调出风管等低端汽车功能件为主业的制造商。2011 年，均胜电子借壳上市实现公司发展的第一次飞跃。上市之后均胜电子开始实施全球收购战略，通过一系列外延式并购，实现了公司业务全球化和公司产品转型升级的战略目标，完成了第二次飞跃。财务方面，均胜电子 2017 年实现营业收入 266 亿元，相较于上市前的 11 亿元增长了 24 倍。业务方面，均胜电子主要产品已覆盖驾驶有关的四大领域，包括汽车主被动安全系统、智能车联网系统和人车交互系统（HMI）、新能源电池管理系统（BMS）以及汽车功能件（Auto Component），并在全球处于主流和领先地位，与中国制造 2025 规划提出的十大重点领域中的智能网联、新能源汽车、自动驾驶和工业机器人高度重合。市场方面，均胜电子是大众、宝马、奔驰、奥迪、通用和福特等国际一流汽车制造厂商的 A 级供货商，产品覆盖北美、欧洲、亚太和中国市场，海外市场贡献了公司 2/3 的营收。这一系列的成就都归功于均胜电子的“走出去”战略，均胜电子通过一次次的跨境收购，在短时间内成长为世界级的汽车零部件供应商（见图 7－6）。

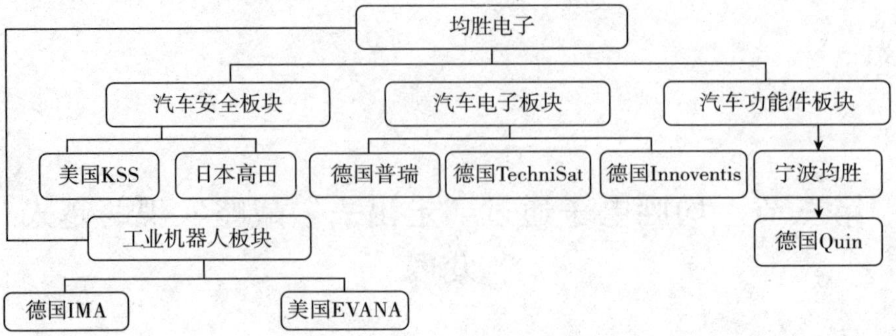

图 7－6 均胜电子组织架构

资料来源：根据《宁波均胜电子股份有限公司 2016 年度审计报告》整理而得。

一、均胜电子海外收购概述

自上市以来，均胜电子已经实施了 8 次跨国收购，其中有 5 次的收购对象是德国公司，通过收购德国的 Preh、IMA 和 Quin 等公司，均胜电子由上市之初的低端汽车功能件制造商转型升级为汽车技术方案综合服务商（见表 7－9）。

表 7－9 2011 年以来均胜电子海外并购统计

时间	收购企业	核心业务	交易金额	战略影响
2011	德国 Preh	汽车电子控制类零部件 工业机器人和汽车、电子自动化	16 亿元	布局 HMI 布局工业机器人
2013	德国 Innoventis	汽车软件和 ECU 测试等工程服务	56 万欧元	布局 HMI
2014	德国 IMA	工业机器人和系统集成业务	1430 万欧元	布局工业机器人
2015	德国 Quin GmbH	汽车高端方向盘总成和内饰功能件	9000 万欧元	布局功能件
2016	德国 TechniSat	车载信息、导航和互联网	1.8 亿欧元	布局 HMI
2016	美国 KSS	安全气囊和安全带	9.2 亿美元	布局汽车安全
2016	美国 EVANA	工业机器人和自动化系统研发集成	1950 万美元	布局工业机器人
2017	日本高田	安全气囊和安全带	15.88 亿美元	布局汽车安全

资料来源：根据宁波均胜近几年的收购公告整理而得。

二、均胜电子在德国收购

（一）均胜电子2012年收购德国Preh

德国普瑞控股有限公司（Preh Holding GmbH，以下简称“德国Preh”）成立于1919年，是一家全球知名的汽车电子零部件生产厂商，主要为汽车提供驾驶控制系统、车载传感器系统以及空调控制系统。在欧洲和美国拥有研发中心和销售基地，客户涵盖欧美主流汽车制造商。2005年后欧美汽车市场发展逐步趋缓，在新兴市场布局较少的德国Preh发展出现瓶颈，2005—2010年的年均复合增长率只有9.2%。2011年德国Preh的负债率已经超过80%①，濒临破产，在此情况下均胜电子收购德国Preh。

均胜电子最初主要从事技术门槛较低的汽车内外饰件和功能性吹塑件的生产和销售，通过收购德国Preh，均胜电子一举进入技术门槛较高的汽车电子零部件领域，公司产品的科技含量得到极大提升，产品种类得到了极大丰富。此外，均胜电子利用德国Preh的品牌声誉和技术实力成功打通了主流乘用车市场，奠定了国内汽车零部件市场的优势地位。与此同时，均胜电子利用国内成熟的市场渠道帮助德国Preh拓展中国业务，以上市公司作为融资平台，多方筹措资金支持德国Preh发展，解决德国公司的资金紧张问题，德国Preh由此进入发展快车道。2011—2015年公司年均复合增长率达到17.5%。2015年德国Preh营收达到7.6亿欧元，约合53亿元，占均胜电子营收的66%；②2016年德国Preh营收增长52.7%，达到创纪录的11.6亿欧元（约合86亿元），资产总额达到79.57亿元，占均胜电子的21.37%，③ 德国Preh已经成为均胜电子最重要的业务单元。

德国Preh作为均胜电子第一个跨国收购项目，顺利达成交易以及成功的后续整合增强了均胜电子管理团队的信心。均胜电子将德国Preh作为境外收购平台，依托德国Preh先后收购了德国工业机器人和系统集成服务商IMA，德国车载信息、导航和互联网服务商TechniSat，以及美国安全气囊和安全带生产商KSS，这一系列收购帮助德国Preh成功涉足科技含量更高

① 银雷. 中国跨境并购新动向——基于均胜电子收购德国Preh的案例分析[J]. 时代金融，2014(2):190.

② 《宁波均胜电子股份有限公司2015年年度报告》，第6-8页。

③ 《宁波均胜电子股份有限公司2016年年度报告》第12页。

的工业机器人和人车交互领域。

（二）均胜电子2015年收购德国Quin

通过收购德国Quin，均胜电子公司业绩出现大幅增长，并一举进入高端整车厂商的内饰功能件供应系统，战略意义重大。

德国Quin GmbH是汽车内饰功能件总成供应商，主要产品包括塑料嵌板、高端方向盘总成和汽车内饰件等。在波兰和罗马尼亚以及中国都拥有研发、生产和销售基地，员工人数超过1000人。2013年，德国Quin实现营业收入9200万欧元，2014年增长至1.24亿欧元，净利润超过1100万欧元，[①] 主要客户包括大众、宝马、奔驰和丰田等国际一流的汽车供应商。

对于均胜电子来说，借助Quin的技术优势和品牌价值可以极大地提升公司功能件研发、生产和销售能力，拓展并丰富了公司产品种类，尤其是高端内饰总成和汽车方向盘。均胜电子通过将方向盘、传感器和其他电子件融入高端内饰件中打造出人车交互（又称“HMI”）的基本架构，为未来拓展HMI生态系统奠定了坚实的基础。借助Quin的行业影响力，均胜电子进一步巩固了其与宝马、奔驰和大众等高端客户的合作关系，并从福特、沃尔沃和捷豹等企业赢得了新订单，实现了对全球客户的覆盖。

对于德国Quin来说，它可借力IMA高效、优质的自动化生产系统，研发铝制或碳纤维等新型环保材质产品，提高自动化水平和研发效率；同时，均胜电子整合功能件业务，将Quin升级为包括内饰功能件、方向盘总成和HMI的总集成商，大大增强了Quin的国际竞争力。此外，Quin得以打开中国和亚太市场，并借助德国Preh客户资源进入北美市场，实现了对美国整车生产厂商的产品供应。

（三）均胜电子2016年收购德国TechniSat Digital GmbH

TechniSat Digital GmbH（以下简称“TS”）成立于1986年，总部位于德国德累斯顿。TS致力于车载信息系统、导航与辅助驾驶和智能车联系统的开发和服务，拥有多项车用信息和数据安全方面的专利技术。[②]

在未来驾驶舱中，HMI，Infotainment，telematics，connectivity几大功能的融合趋势越来越明显，成为各大厂商争夺的热点，其中企业进入车联网

---

① 数据来源于均胜电子2014年12月16日发布《均胜电子关于发行股份募集配套资金收购的公告》。

② Tschnisat公司网站：https://www.technisat.com/en_XX/About-Us/352-11/.

和车载信息系统领域的风险不小，主要是因为后装市场的盈利模式不明朗，而前装市场进入全球整车厂商的门槛较高，均胜电子曾进行过尝试，但一直没有大的突破，TS 是德国大众车联网业务核心供应商，同时还是欧洲车联网组织的联席主席（Co - chairman）单位，正好可以补充均胜电子的 HMI 业务，增强均胜电子在智能导航和辅助驾驶方面的竞争力，从而帮助均胜电子为整车生产厂商提供更加完整的解决方案。交割完成后，均胜电子加大了对 TS 的整合力度，在中国投资建立合资公司，将 TS 技术引入国内，与本土厂商进行合作，仅 2016 年就赢得了 20 亿美元的新增订单。

三、均胜电子海外扩张价值分析

自 2011 年收购德国 Preh 开始，均胜电子在短短的 7 年时间里借助外延式并购实现了财务和业务“双飞跃”，在 2018 年美国权威汽车媒体 Automotive News 公布的 2018 年世界零部件厂商百强榜中，单德国 Preh 就以 14.6 亿美元的营收排在第 97 位。由此可知，均胜电子已经发展成具有世界竞争力的汽车零部件厂商。

从财务数据上看，均胜电子的营业收入由 2010 年的 11.25 亿元增长至 2017 年的 266.06 亿元，增长了 23.65 倍，年均复合增长率（GAGP）达到 57.13%。净利润由 2010 年的 1.08 亿元增长至 2017 年的 3.96 亿元，增长了 3.67 倍，年均复合增长率达到 20.4%。

表 7－10　均胜电子过去 7 年的财务数据

财务指标	2017	2016	2015	2014	2013	2012	2011	2010
营业收入	266.06 亿	185.52 亿	80.83 亿	70.77 亿	61.04 亿	53.58 亿	33.89 亿	11.25 亿
同比（%）	43.41%	129.54%	14.21%	15.95%	13.91%	58.11%	29.96%	
净利润	3.96 亿	4.54 亿	4 亿	3.47 亿	2.89 亿	2.07 亿	1.84 亿	1.08 亿
同比（%）	－12.75%	13.46%	15.27%	20.03%	39.72%	12.36%	40.13%	131.72%

单位：元，CNY

资料来源：根据均胜电子 2017 年年度报告整理所得。

通过表 7－10 可知，均胜电子通过 100% 收购德国 Preh 实现了公司业绩的第一次飞跃。收购当年，均胜电子的营业收入就增长了 58.11%。2016 年，均胜电子通过对美国 KSS 和德国 TS 两家公司整体并表，公司营收将出现第二次飞跃。从区域上看，2017 年，均胜电子海外业务贡献了

170.89亿元，毛利率为16.05%，占公司总营收的65.16%；境内业务贡献了91.38亿元，毛利率为17.38%，占公司总营收的34.84%。均胜电子海外市场业务逐步增长，海外业务占比已经达到公司总业务额的2/3，均胜电子已经真正发展成为一家跨国企业（见图7－7）。

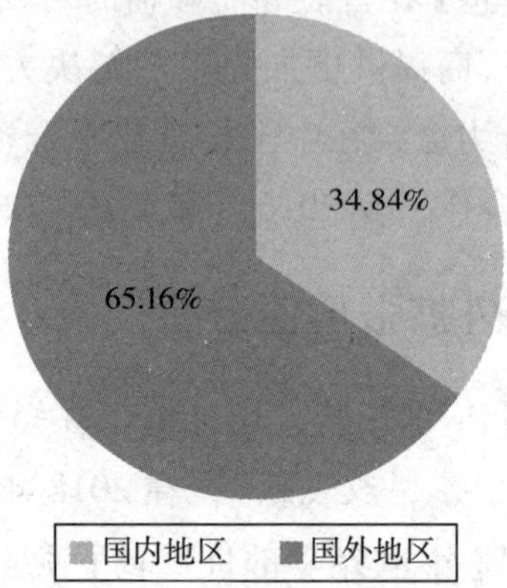

图7－7　均胜电子2017年营收地区划分情况

数据来源：均胜电子2016年度审计报告。

从业务类别来看，均胜电子通过持续不断的收购已经形成汽车安全系统、智能车联网系统和人车交互系统（HMI）、新能源电池管理系统以及汽车功能件的四大业务板块。其中，汽车安全系统包括主动安全产品和被动安全产品；智能车联网系统包括车载导航系统、车联网以及车载娱乐系统等；人车交互系统包括中央电控系统、空调控制系统和能源管理系统等。

表7－11　均胜电子2017年主要业务构成

序号	类别	产品系列	产品	归属子公司
1	智能汽车系统	人机交互系统（HMI）	iDriveMM系统和中控系统	德国Preh
		汽车安全系统	安全气囊、安全带以及辅助驾驶系统	美国KSS
		车载互联系统	MB2模块等	德国TS
2	汽车功能件	汽车功能件及总成	方向盘总成和高端内外饰件等	宁波均胜 德国Quin
3	新能源汽车	新能源动力控制系统	BMS和CMS	德国Preh

资料来源：根据《宁波均胜电子股份有限公司2017年年度报告》整理而得。

通过表7－11可知，除了汽车安全系统主要是由美国KSS公司支撑外，均胜电子其他业务板块均来自被收购的德国公司。均胜电子将这些公司的优势资源成功导入上市公司并迅速整合发展壮大，从而推动公司快速发展。

表7－12　均胜电子2017年各分子公司财务情况

序号	公司名称	权益比例	资产总额		营收总额	
			金额	占比	金额	占比
1	宁波均胜	100%	26.65亿元	10.30%	16.74亿元	6.25%
2	德国Preh	100%	81.10亿元	31.34%	97.99亿元	36.57%
3	德国Quin	75%	19.26亿元	7.44%	13.27亿元	4.95%
4	美国KSS	100%	131.78亿元	50.92%	139.94亿元	52.22%
	合并报表		258.79亿元	100%	267.94亿元	100%

资料来源：均胜电子2017年年报。

通过表7－12可知，美国KSS是均胜电子最重要的子公司，2017年其向母公司贡献了139.94亿元的营业收入，占均胜电子总营收的52.22%；其次是德国Preh和德国Quin，这两家公司合计贡献了111.26亿元，占均胜电子总营收的41.52%。实际上，在2016年以前，汽车电子才是均胜电子最重要的业务单元，德国Preh长期占据着均胜电子业务的核心位置。

表7－13　均胜电子2013—2016年收入构成

序号	收入构成	2013	2014	2015	2016
1	汽车内外饰件	15.46%	26.53%	31.85%	13.39%
2	汽车功能件	14.54%			
3	工业自动化设备制造	4.01%	5.35%	7.13%	4.15%
4	新能源动力控制系统		2.74%	3.81%	2.42%
5	汽车安全系统				39.8%
6	车载互联系统				12.31%
7	汽车电子系统	66.7%	65.38%	57.21%	27.93%

资料来源：均胜电子2016年度审计报告。

通过表7－13可知，2013—2016年以德国Preh为核心的汽车电子板块一直贡献着上市公司一半以上的营业收入。随着均胜电子外延式收购步伐的加快，均胜电子业务类型越来越丰富，汽车安全才超越汽车电子成为均胜电子最重要的业务板块。

四、均胜电子收购行为的疑虑

尽管均胜电子整体海外并购策略是成功的，但是其中仍有一些收购操作让人疑惑，如均胜电子 2014 年收购德国 IMA。

均胜电子 2011 年收购德国 Preh 被很多中国媒体誉为“中资企业在德并购汽车零部件公司的第一案”。并购完成后均胜电子德国 Preh 再次焕发活力，连续三年保持 20% 左右的年均复合增长率，中国业务更是增长了 100%。[①] 尝到了甜头的均胜电子决定以德国 Preh 的自动化生产线为基础发展工业机器人项目，推动均胜电子成为世界机器人应用细分市场领先的技术型公司。

德国 IMA 公司成立于 1975 年，是一家老牌工业机器人制造商，总部位于德国巴伐利亚州。IMA 是全球工业机器人和自动化细分领域的领先企业，主要为客户提供定制化工业机器人系统和自动化产品及咨询服务。IMA 拥有员工 240 名，客户主要是汽车、电子、医疗和快速消费品领域的国际一流公司，包括大陆、保洁、罗氏制药、博朗电器和博格华纳等。2013 年 IMA 公司资产为 1895 万欧元，实现营业收入 3398 万欧元，净利润 134 万欧元，毛利率超过 30%。[②]

收购德国 IMA 标志着均胜电子正式实施了工业机器人战略，IMA 和德国 Preh 同为工业机器人公司，均在汽车和电子行业有所布局，但是在技术方向和客户类型方面又各有侧重，IMA 侧重于消费和医疗领域，德国 Preh 侧重工业领域。均胜电子将工业机器人及系统集成板块从德国 Preh 业务中拆分出来与 IMA 业务进行整合，成立了工业机器人制造和系统集成平台——Pre IMA Automation GmbH（以下简称 PIA），从而实现资源共享和优势互补。与此同时，均胜电子联合德国 Preh 和 IMA 在国内建立机器人研发中心，并和多家国内大型生产制造企业建立合作关系，积极开拓国内工业机器人业务。此外，2016 年 PIA 又支付 1.26 亿元收购美国 EVANA，

---

① Jürgen Schreier，“Preh – Gruppe übernimmt IMA Automation Amberg”，MaschinenMarkt，Oktober 2014，https://www.maschinenmarkt.vogel.de/themenkanaele/automatisierung/fertigungsautomatisierung_prozessautomatisierung/articles/452109/.

② 数据来源于均胜电子 2014 年发布收购德国 IMA 公司公告。

EVANA 是一家专注于工业机器人和自动化系统研发、生产和集成的公司，主要为客户提供定制化工业机器人系统和自动化解决方案，在汽车、工业和医疗等领域积累了丰富的技术和经验，2016 年 EVANA 账面总资产为 2033 万美元，实现营业收入 2343 万美元。均胜电子在收购时表示，通过收购 EVANA 可以帮助 Pre IMA 进入美国市场，将进一步完善上市公司的产业链和产品布局，增强市场竞争力。

以上种种操作似乎都印证了收购的正确性，可是 2017 年均胜电子将 PIA 转让给了一家关联公司。均胜电子对此的解释是，2016 年公司完成对美国 KSS 以及德国 TS 的并购，提升了公司在汽车电子业务领域竞争力，但是却对智能制造业务带来了很大负面影响：①PIA 公司智能制造业务的主要客户如博世、大陆和采埃孚等与均胜电子在汽车电子业务以及汽车安全业务上存在竞争关系，所以对 PIA 的独立性表达了忧虑。②PIA 营收增速大幅放缓，2015 年实现营收 5. 57 亿元，2016 年实现营收 7. 57 亿元，但其中有 1. 53 亿元属于收购 EVANA 并表收入；净利润也出现下滑，由 2015 年的 524. 86 万欧元下降到 2016 年的 521. 63 万欧元。③PIA 获得新订单的难度增大，即 PIA 未来增长前景堪忧。综上所述，均胜电子认为 PIA 智能制造业务短期内会影响均胜电子的财务表现，长期会影响均胜电子主营业务（汽车电子和汽车安全）的持续发展，这就不得不让人对均胜电子收购操作心生疑惑：

第一，仅仅在收购 EVANA 一年后就转让智能制造业务是否说明均胜电子在进行收购时存在战略误判？从时间点上看，均胜电子在 2014 年收购德国 IMA 之前就已经确定汽车电子是公司核心业务，在收购 IMA 期间均胜电子难道就没能发现智能制造业务主要客户可能与均胜电子在汽车电子业务上存在竞争？均胜电子在 2016 年收购美国 KSS 后确定汽车安全是公司主营业务，那么收购美国 EVANA 的意义何在？此外，2014 年以来全球尤其是中国工业机器人和智能制造业务快速发展，为何德国 IMA 在被收购后反而表现一般，是因为投后管理不善？还是 IMA 本就潜力有限？

第二，转让 PIA 公司给均胜电子带来了高达 3. 7 亿元的投资收益，从上市公司角度来看这是一笔划算买卖。可是转让对手是上市公司控股股东均胜集团下的一家子公司，在 PIA 营收和净利增长趋缓甚至下滑的情况下，大幅溢价是否合理？是否经得起市场推敲？

有待商榷的收购交易还有均胜电子2016年以9.2亿美元收购美国KSS，尽管KSS营收规模较大，2017年达到139.94亿元，但是由于资产负债率较高以及大量少数股东权益存在，归属母公司的净资产只有9300万元，由此产生超过60亿元的巨额商誉。在收购KSS之后，均胜电子发现KSS还存在法律纠纷，在2017年财报上追加确认2.63亿元的或有负债，并相应调整了商誉。

尽管对均胜电子的一些收购行为心存疑虑，但不能否认的是，从公司上市以来的发展速度以及整体财务表现来看，均胜电子海外扩张之路无疑是成功的。均胜电子以生产低端汽车零件起家，实施“走出去”发展战略，先后收购德国Preh、IMA、Quin、美国KSS和德国TS等多家企业，其中对德国Preh的收购被认为是迄今为止中资企业在德收购最成功的案例。均胜电子借力跨境收购成功进入高端汽车电子、人车互联、汽车安全和新能源汽车领域，实现了公司发展的飞跃。可是正如本书多次强调的，跨境收购风险是极大的，能够影响交易成功与否的因素极多，往往验证交易成功与否都是有滞后性的，时间最终会验证交易的价值。

第八章

收购德国公司策略

每家拟转让德国公司都有其特殊性且每个转让方都有最关注的核心利益，中资企业在与德国公司以及转让方进行交易的过程中应该抓住这些关键点，因地制宜地选择交易策略，以便在博弈过程中抢占先机。收购交易并非零和游戏，尤其是中资企业在德国收购行为一般都是战略性投资，在交易完成后往往还需要仰仗原管理团队帮助德国公司进一步发展，在这种情况下，寻求合作共赢才是保证收购成功与否的关键。本章选取了两个典型的案例进行解析，希望能够给在德收购的其他中资企业以启发。

第一节　潍柴动力收购 KION 部分股权 + LHY 的收购策略

一、收购背景

潍柴动力股份有限公司（以下简称“潍柴动力”），是国内综合实力最强的重型机械制造企业之一，也是中国柴油机行业首家在香港上市公司。潍柴动力的内燃机产品广泛应用于重型汽车、大客车、工程机械和发电设备等大功率动力配置市场。目前，潍柴动力构筑了包括动力总成（发动机、变速箱和车桥）、整车整机、汽车零部件和液压控制在内的四大产业板块，拥有工程机械行业最核心的技术，形成了较为完整的重型汽车产业链。

表 8 – 1　2016 年潍柴动力主要收入构成

序号	分类	收入占总营收比
1	叉车生产和仓库技术服务	44.07%
2	整车和关键零部件	40.23%

续表

序号	分类	收入占总营收比
3	非汽车用发动机	7.12%
4	其他汽车零部件	5.13%
5	其他	3.46%

资料来源：潍柴动力 2016 年度审计报告，http：//quotes. money. 163. com/f10/ggmx_000338_ 3164339. html.

液压控制板块已经成为潍柴动力最重要的业务领域，2016 年合计贡献潍柴动力占总营业收入的44.07%，由此可知，潍柴动力收购德国 KION 和液压业务取得了比较好的效果（见表 8－1）。

KION 前身是古雷德勒发动机工厂（Gluedner－Motoren－Werke），成立于1904 年。2006 年，科尔伯格·克莱维斯·罗伯特公司（以下简称“KKR”）和高盛资本合伙公司（以下简称“高盛”）以 40 亿欧元的价格收购 KION。2011年，KION 成为世界工业叉车市场领导者，是欧洲排名第一、全球排名第二的工业叉车制造商，占有全球叉车市场 15% 的份额，旗下拥有林德（Linde）、斯蒂尔（Still）两个全球性品牌，以及芬威克（Fenwick）、欧姆（OM）、沃特（Voltas）和宝骊 4 个区域性品牌。在全球范围内建立了 15 个生产基地、11 个研发中心以及辐射全球 100 多个国家的销售服务经营网络（见图 8－1）。

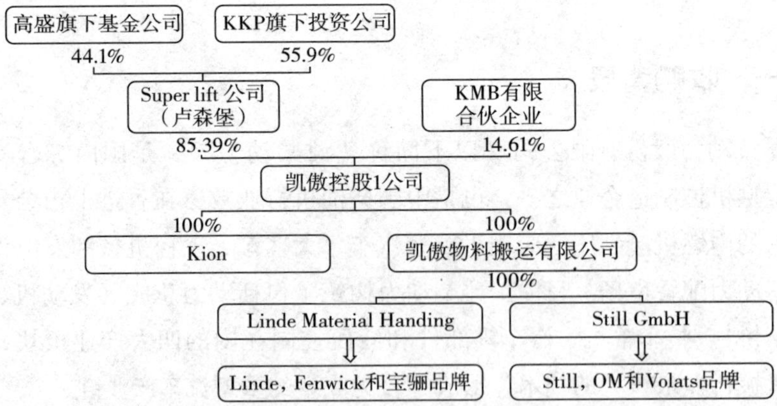

图 8－1　德国 KION 被潍柴动力收购前的股权架构①

资料来源：卜元石．中资企业德国投资指南与案例分析［M］．上海：上海人民出版社，2015：252.

① KMB 的 GP 是 Superlift 的全资子公司，其他 LP 为德国 KION 235 名现任或前任管理成员。

KION 负责运营 Linde Material Handling 和 Still GmbH，这两家公司为集团贡献了 2/3 的营收。2007—2008 年是 KION 发展的顶峰时期，2007 年公司实现营业收入 43 亿欧元，2008 年提升至 45.5 亿欧元。[①] 之后受到欧洲债务危机影响，KION 开始走下坡路，2011 年 KION 出现大额亏损，净利润只有 -9292.6 万欧元，净资产为 -4.88 亿欧元。[②] KION 暴露出一个致命弱点：尽管 KION 是全球最大的工业叉车生产商之一，但是 3/4 的市场集中在欧洲[③]，使得 KION 非常容易受到欧洲经济波动和需求下降的影响。由于资不抵债，KION 实际控制人不得不寻求股权转让。

二、收购过程

收购交易分为两个步骤：

第一步，潍柴动力向 KION 投资 7.38 亿欧元，交易大部分资金将用于偿还 KION 债务，优化 KION 资本结构，其中向 KION 增资 4.67 亿欧元，收购其 25% 股权。双方约定潍柴动力拥有继续增持 KION 的权利[④]：

一是潍柴动力有权在 KION 首次公开发行股票之前增持 KION 股份至 30%；

二是在一定的时间内潍柴动力有权继续增持 KION 股份至 33.3%。

潍柴动力通过在境外设立全资子公司，对价 2.71 亿欧元收购 KION 液压业务 70% 的股权，即潍柴动力收购 LHY 70% 的股权。LHY 是由 Linde Material Handle（下称“LMH”）的液压部门分拆出来成立的独立法人实体。收购完成后，潍柴动力间接持有 LHY 70% 的股权，LMH 持有 30%。双方还约定潍柴动力有权在约定时间内收购剩余 30% 的股权（见图 8-2）。

① 卜元石. 中资企业德国投资指南与案例分析[M]. 上海：上海人民出版社，2015：250.

② 种昂. 中资企业在德最大并购案：潍柴整合林德这四年[J]. 经济观察报，2016-06-01：6.

③ Ploetner, O. and Pandit, S. “China’s largest investment in Germany: The strategic partnership between Weichai and KION”, *Harvard Business Review*, 2014, 7(1), pp. 103-125.

④ “Division of Shandong Heavy Industry Group Acquires 25-Percent Stake in Forktruck Maker Kion Group”, *Rental Equipment Register Exclusive Insight*, 2012, 4(2), pp. 34-45.

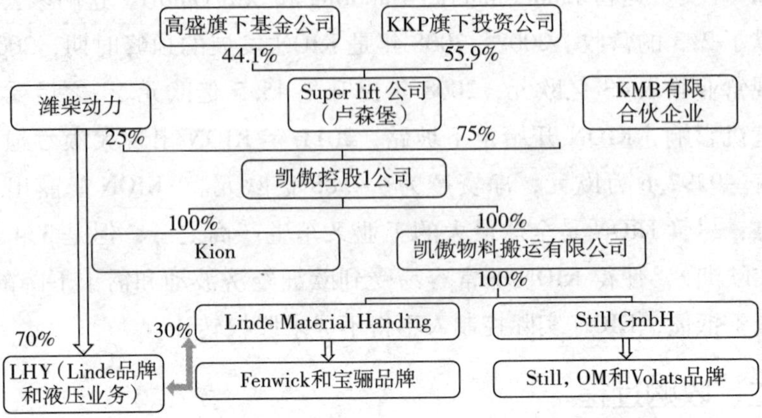

图 8－2　潍柴动力收购德国 KION（阶段一）架构

资料来源：根据潍柴动力 2012 年 12 月 29 日发布购买 KION 股权和资产公告整理而得。

第二步，潍柴动力履行买方期权继续增持 KION 和 LMY 股权：

2013 年 6 月 KION 在法兰克福证券交易所上市，潍柴动力增持 KION 股份至 33.3%。

2014 年 6 月 KION 原第一大股东 Superlift 减持股票至 26.9% 并与潍柴动力签署委托代管协议，约定潍柴动力对 KION 重大事项决策拥有合计 60.2% 的表决权，潍柴动力成为 KION 第一大股东，实现对 KION 的全面控制。

2015 年潍柴动力增持 KION 股份至 38.25%。

2016 年 7 月，潍柴动力以每股 46.44 欧元的价格向 KION 认购 590 万新股，至此潍柴动力已经持有 KION 40.23% 的股权和 LHY 90% 的股权，坐稳了公司第一大股东位置。

三、收购策略分析

潍柴动力早期就对德国 KION 的股东情况以及经营管理情况做了深入研究，抓住了交易关键点：

第一，转让方财务投资机构的身份决定了其更关注退出方式和退出收益，而不是德国公司的长远健康发展。KION 当时的股东是 KKR 和高盛。这两家公司 2006 年以自有资金 10 亿欧元撬动 4 倍杠杆，合计募集 40 亿欧元收购 KION。KKR 和高盛的收购属于财务投资，它们希望 KION 能够很快超越丰田成为全球排名第一的工业叉车制造商，从而实现溢价转卖退出，所以 KKR 和高盛并不打算长期持有 KION。

第二，德国公司的原管理团队都是职业经理人，他们关注的不是控股股东背景，而是公司的稳定性以及是否能够获得控股股东的全力支持。他们怀疑潍柴动力的收购意图和资本实力，担忧潍柴动力可能会借收购窃取先进技术，所以最初他们对中方团队是严防死守的，这与 KKR 和高盛的逻辑完全不同。从发展德国公司的角度上看，潍柴动力与德国公司核心管理层的目标是一致的，只是先需要取得他们的信任。

考虑到以上两点，潍柴动力设计的交易方案拥有以下亮点：

第一，选择“合适”时机，以“合适”的价格收购，最大限度地降低交易付出的成本。以潍柴动力支付 4.67 亿欧元收购 KION 25% 股权推算，KION 整体估值为 18.68 亿欧元，如合并计算收购 LHY 70% 的股权，KION 整体估值也不过 29.52 亿欧元。相较于 2006 年 KKR 和高盛 40 亿欧元收购 KION 折价将近 30%，这次“打折出售”凸显了 KKR 和高盛的窘境。KION 业绩止步不前，甚至还出现亏损。两大股东无法依照“投资—上市—套现”的计划实现退出。潍柴动力选择这个时机“说服” KKR 和高盛低价卖出部分 KION 股权换取公司平稳上市，帮助 KKR 和高盛退出，以最“合适”的价格完成收购。

第二，以“增资”而不是“买股”的形式收购 KION，降低公司债务水平，解决公司发展急需现金的问题。2008 年以后金融危机导致欧洲经济萧条，KION 业绩指标开始下滑并背上沉重的债务负担，急需外部资金支持，可是财务负担过重导致 KION 无法达到上市要求，不能通过公开市场进行募资；同时，KKR 和高盛严格控制 KION 融资，不允许 KION 申请银行贷款，KION 只能向大股东借款并支付高额利息，导致公司财务负担进一步加重，进而影响公司整体业务发展，形成恶性循环。在这种情况下，潍柴动力提出以“增资”的方式向 KION 投资 7.38 亿欧元，将投入资金全部留存到公司，大大缓解了 KION 的债务压力，推动公司上市。对于 KKR 和高盛来说，7.38 亿欧元的投资使公司负债从 27 亿欧元降至 20 亿欧元，正好满足上市条件[①]，这为KKR和高盛退出打开了方便之门。

第三，“循序渐进”式收购降低了交易难度，先获得原公司管理层的信任保证公司平稳过渡，再间接掌控KION核心技术。收购交易第一阶段完成后KKR和高盛仍是公司第一大股东，这相当于潍柴动力与KKR和高盛结成了战略同盟。潍柴动力利用这两家机构的国际化优势共同帮助KION做大做强。与此同时，潍柴动力逐步增加话语权，循序渐进地完成对KION控股，降低了德国公众和舆论以及监管机构对该笔交易的关注度，在一定程度上降低了收购难度。此外，通过推出一系列支持公司发展的举措，潍柴动力逐步赢得了德方管理团队和德国员工的信任。最后，潍柴动力通过与LHY在中国设立合资公司掌握了LHY的核心液压技术，从而实现了“欧洲质量+中国成本”模式的落地，推动液压业务进入快速发展期。

第四，收购“核心竞争力”，打破了我国高端液压产品长期依赖进口的局面，推动潍柴动力在机械工程产业中转型升级。液压技术是将动力从一种形式转变成另一种形式的机械系统，作为机电业的核心组成部分，液压技术在传动领域具有很高的技术壁垒，全球高端液压技术长期被美国伊顿（Eaton）、日本川崎（Kawasaki）、德国力士乐（Rexroth）和林德（Linde）所掌控，其中技术性能最高的就属德国林德。[②] 包括三一重工和中联重科在内的中资企业所需的高端液压产品长期依赖进口，液压技术已经成为制约我国制造业发展的瓶颈。通过收购LHY，潍柴动力一举收购了全球最高端的液压技术，打破了中国液压制造长期被国外大公司垄断的局面。

---

① KG GmbH, “Weichai Power und KION Group schließen Transaktion zur Gründung langfristiger Partnerschaft”, PRESSEBOX, 2014, https://www.pressebox.com/inactive/kion - group - gmbh/Weichai - Power - und - KION - Group - schliessen - Transaktion - zur - Gruendung - langfristiger - Partnerschaft/boxid/564604.

② Hongyun Su and Su Yu, “Weichai Power Strives for “Leadership” in Hydraulic Industry by Acquiring 70% Shares of Linde”, *Construction Machinery Technology & Management*, Sep 2012, pp. 56 - 62.

第二节 继峰股份收购 Grammer 的收购策略

一、收购背景

宁波继峰汽车零部件股份有限公司（以下简称“继峰股份”）成立于1996年，是一家专门生产汽车座椅头枕总成、扶手总成、头枕支杆和门板扶手的汽车零配件生产厂商。公司主要客户包括江森自控、李尔集团、佛吉亚等多家国内外座椅厂商以及大众、日产、宝马、通用、克莱斯勒、福特、丰田和本田等整车厂商。2015年，继峰股份在上交所主板挂牌上市。

表 8-2 2013—2017 年继峰股份主要财务数据

年份	2017	2016	2015	2014	2013
净利润	2.93 亿	2.50 亿	1.76 亿	2.02 亿	1.84 亿
同比增长率	17.27%	41.59%	-12.54%	9.60%	26.61%
营业收入	19.02 亿	14.66 亿	10.48 亿	10.18 亿	7.50 亿
同比增长率	29.79%	39.83%	2.96%	35.63%	44.36%
单位：元					

资料来源：根据公开渠道信息整理而得。

从产品类别上看，继峰股份最主要的产品是汽车头枕，2017年贡献营收9.1亿元，占比50.56%；其次是汽车座椅扶手，2017年贡献营收6.03亿元，占比33.51%；汽车枝干2017年贡献营收1.44亿元，占比7.98%。从区域上看，2017年国内市场贡献营收15.74亿元，占比87.41%；国外市场贡献营收2.27亿元，占比12.59%（见表8-2）。

目标公司 Grammer AG 创立于1880年，是一家致力于汽车内饰部件以及工程车辆、乘用车和火车座椅研发和制造的厂商，在全球20个国家拥有30个以上分子公司，其中中国便拥有6个生产和销售基地，主要客户包括大众、奔驰、宝马和戴姆勒等世界知名整车制造厂商。1996 年 Grammer 在德国上市，目前在法兰克福证券交易所主板以及慕尼黑证券交易所正式市场挂牌交易。

表 8 –3　2014—2017 年 Grammer AG 主要财务数据

年份	2017	2016	2015	2014
EBITDA	0. 32 亿	0. 45 亿	0. 23 亿	0. 33 亿
营业收入	17. 86 亿	16. 95 亿	14. 25 亿	13. 65 亿
单位：欧元				

资料来源：根据公开渠道信息整理而得。

Grammer 营业收入连续 7 年保持稳定增长，2017 年达到 17. 86 亿欧元，同比增长 5. 37%。截至 2017 年 Grammer 总资产为 11. 06 亿欧元，其中负债 7. 69 亿欧元。Grammer 销售区域主要集中在欧洲、中东和非洲，占比达 68%，可以说 Grammer 是一家业务范围覆盖全球、经营状况比较平稳的细分领域龙头企业（见表 8 –3）。

相较而言，继峰股份无论是从公司规模还是品牌声誉上都还不是国内一流汽车零配件厂商。2017 年中国汽车零部件企业百强榜上，继峰股份居第 96 位，2017 年的营业收入仅相当于 Grammer 同年营业收入的 13. 88%，资产总计 23. 82 亿元，仅相当于 Grammer 总资产的 25. 37%，与 Grammer 存在较大差距。这是一起典型的“蛇吞象”并购，那么继峰股份为何能顺利收购 Grammer?

2016 年，在德国汽车行业中拥有重要地位的 Hastor 家族控制的两家公司 Cascade International Investment GmbH（以下简称 CIIG）和 HALOG GmbH & Co. KG（以下简称 HALOG），在未经过 Grammer 管理层同意的情况下在二级市场大量购买 Grammer 股票，在很短的时间内就累计持有 20% 以上的股权，成为 Grammer 第一大单一股东（见图 8 –3）。

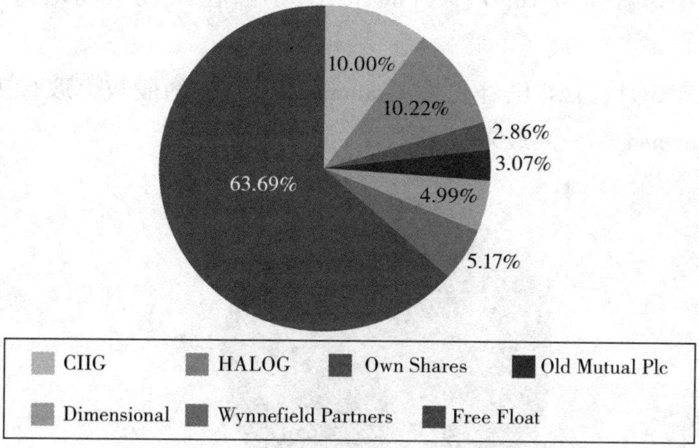

图 8-3　2016 年 12 月 31 日 Grammer 股权结构

资料来源于 Grammer 发布的 2016 年年报。

2017 年年初，CIIG 以 Grammer 净利润下跌为由要求召开临时股东大会以便通过对 Grammer 执行委员会的不信任案并辞退 CEO；同时，CIIG 还要求选派人选替换监事会 12 名成员中的 5 人，Hastor 家族和 Grammer 管理层由此爆发了公司控制权争夺战。在此情况下，Grammer 管理层宣布与继峰股份建立战略合作伙伴关系，并向继峰股份转让部分股权，继峰股份作为“白衣骑士”介入 Grammer 控制权之争，开启了收购 Grammer 之路。

二、收购过程

2017 年 2 月，Grammer 执行委员会宣布与继峰股份建立战略合作伙伴关系，并计划向继峰股份的关联公司（JAP GmbH）发行价值 6000 万欧元的一年期强制性可转换债券，转股价格为 56.4734 欧元/股，但遭到了 Hastor 家族的强烈反对，在此情况下，Grammer 管理层积极斡旋，争取其他股东的支持。

2017 年 3 月，CIIG 发起诉讼要求判决 Grammer 召开临时股东大会并更换监事会和执行委员会成员，但法院未予以支持。在随后召开的 Grammer 年度大会上，Grammer 管理层得到了多数股东的支持，挫败了 CIIG 提出的不信任案。

2017 年 5 月，JAP 正式实施债转股，从而持有 Grammer 9.2% 的股份。

2017 年 5 月至 2018 年 3 月间，JAP 不断在二级市场增持 Grammer 股票。

2018 年 3 月，JAP 已经持有 Grammer 25.51% 的股权，取代 Hastor 家族成为 Grammer 第一大股东（见图 8－4）。

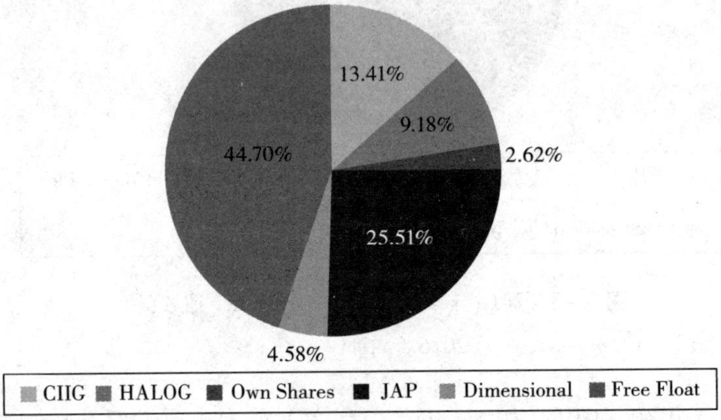

图 8－4　2018 年 3 月 31 日 Grammer 股权结构

资料来源：Grammer 发布的 2018 年第 1 季度年报。

2018 年 5 月，继峰股份正式与 Grammer 商谈要约收购，确定要约价格为 60 欧元/股，较前一个交易日溢价 19%，PE 为 23 倍。要约期限为 6 月 25 日至 8 月 23 日，最低要约门槛为 36% +1 股。Hastor 家族最初非常抵触，提出 60 欧元/股的要约价格不能体现 Grammer 的真实价值，应该将要约价格提高到 100 欧元，这相当于拒绝了要约收购。在这种情况下，继峰股份和 Grammer 管理层协同配合，在坚持要约价格不变的前提下提出了 1.25 欧元/股的股利分配方案，进一步增加接受要约的股东收益（实际收益为60 欧元/股 +1.25 欧元/股），同时，继峰股份承诺收购后保留 Grammer 管理架构、维持 Grammer 上市地位、保护 Grammer 知识产权等举措，得到了 Grammer 绝大多数股东的支持。

2018 年 8 月要约收购正式结束，继峰股份合计持有 Grammer 84.23% 的股权，完成了对 Grammer 的收购。

三、收购策略分析

继峰股份选择最合适时机，联合最得力伙伴，设计最有效的收购策略，顺利完成了这起“蛇吞象”类并购。

最合适时机是指 Haster 家族对 Grammer 发起敌意收购。一般而言，经济界将敌意收购视为一种与企业长期稳定发展相背离的短期获利行为，因为面对敌意收购的企业一般都运转良好，已经在正常发展的过程中建立起一套有效的经营管理机制，包括供销网路、人力管理以及投融资渠道等，这些安排可能会被突然降临的敌意收购所打断，极有可能影响企业的生产效率。Hastor 家族与德国大众关系恶劣，而德国大众是 Grammer 最主要的客户之一，2017 年 Grammer 有 35% 的订单来自德国大众，一旦被 Hastor 家族收购，Grammer 和德国大众的关系就变得非常微妙，业绩很有可能会受到沉重打击，所以 Grammer 的其他股东以及管理层不得不慎重考虑。在这种情况下，继峰股份抓住了 Grammer 管理层急于引入外部支援的机会，以“白衣骑士”的身份介入 Grammer 控制权之争，帮助 Grammer 管理层抵御敌意收购，首先就在德国公众、媒体和 Grammer 的股东中树立了正面形象。

联合最得力的伙伴是指 Grammer 的管理层。不同于国内第一大股东在公司拥有绝对话语权，德国公司法规定股份公司实行三权分立的组织结构，公司的董事会或执行委员会按照法律法规和议事规则经营管理股份公司，享有绝对独立性，尽管董事会成员一般由监事会任命，但无论是监事会还是第一大股东都无权向董事会发号施令，正因为如此，尽管 Haster 家族已经成为 Grammer 第一大股东，但也不能掌控公司。在这个过程中，Grammer 管理层先是引入继峰股份，而后又积极斡旋帮助继峰股份赢得绝大多数股东的信任，为最终收购成功奠定了坚实的基础。

设计最有效的收购方案是指继峰股份采用认购强制可转债 + 二级市场增持 + 要约收购“三步走”的收购策略。在 Haster 家族已经持有 Grammer 20% 以上股权的情况下，继峰股份选择避其锋芒，通过认购 Grammer 管理层设计的一年期可转债以及在二级市场增持逐步收购 Grammer 股权。当继峰股份成为 Grammer 第一大股东后，再发起要约收购，正面对决 Haster 家族，最大限度地降低了收购难度。在收购期间，Haster 家族为了将事态扩大，提出了质疑：继峰股份要约收购是否只是为了夺取 Grammer 的核心技术？继峰股份营收规模仅为 Grammer 的 1/7，资产规模仅为 Grammer 的 1/4，是否有能力募到足够资金进行收购？继峰股份背后是否有中国政府的支持？对此，继峰股份合理应对，郑重做出承诺并得到了各方理解。

以上两个案例说明，中资企业在德收购时应该尽可能地依托项目特点，灵活设计交易策略以便顺利完成交易。KION 控股股东的关注点是公司负债过高，不能通过上市溢价退出，对此，潍柴动力选择以增资方式向 KION 投资，降低公司负债率，为原控股股东退出打开方便之门。当然，投资的资金留存到了公司账户，相当于帮助 KION 融到一笔发展资金，这对作为投资方的潍柴动力来说极为有利。Grammer 管理层的关注点是如何抵御敌意收购，保障公司持续稳定发展，对此，继峰股份选择担任“白衣骑士”，联合 Grammer 管理层共同对抗 Haster 家族，通过早期避其锋芒渐进式增持，再在羽翼丰满时进行正面对决，最终完成收购。

第九章

在德国收购的交易结构和融资安排

中资企业在德收购运作周期长、融资换汇难度大、需要满足境内外多方的利益诉求，还要应对相关国家的政府审批、存在较大的不确定性，所以如何设计合理的交易结构就成为保障中资企业在德收购顺利实施的关键。所谓交易结构设计，实质上就是对交易层进行设计和安排，以便最大限度地降低募集资金的难度以及收购所需规避的风险。由于每个项目情况不同、利益诉求不同、对目标公司的选择也不同，很难设计出一个标准交易结构，但基本可以简单理解为搭建三个层级，即投资层、交易层和经营层。投资层由买方和相关战略投资方组成。基于股东保护以及未来退出安排的考虑，一般会将投资层设计成有限合伙企业或有限责任公司；交易层主要起承上启下作用，既能帮助投资层间接管理目标公司，又能有效隔离风险、享受税收优惠并规避监管。经营层一般是指被收购的目标企业。本书通过梳理以往三个成功收购案例①以期能够总结出一些共性特点来指导实践。

第一节　木林森收购 LEDVANCE 的交易结构和融资安排

一、收购背景

木林森股份有限公司（以下简称木林森）是国内主板上市公司，一直专注于 LED 封装和应用系列产品的研发、生产和销售，是国内 LED 封装

① 选取三个 2016 年案例是因为 2016 年中资企业在跨境收购时遇到资金出境难以及政府监管趋严的情况，作为跨境收购比较困难的一年，能够成功完成交易非常具有参考意义。

和应用产品的领军企业，LED 光源产量连续多年位居国内第一。2014—2016 年分别实现营业收入 40 亿元，38.8 亿元和 52.2 亿元，净利润 4.38 亿元、2.58 亿元和 4.85 亿元[①]。

欧司朗（OSRAM）成立于 1919 年，公司拥有百年历史。公司总部位于德国慕尼黑，拥有近 4000 名员工。2017 年前三季度营业收入就达到 10.56 亿欧元（约合 83.54 亿元），净利润 6400 万欧元（约合 5.06 亿元）[②]，是与 GE 和飞利浦齐名的全球三大照明巨头之一。2015 年欧司朗为拓展新的业务领域，实施瘦身计划，分拆 CLB（传统照明和镇流器）和 LLS（LED 灯和相关系统）这两部分传统业务交由 LEDVANCE 经营，这两部分业务占到欧司朗当年营业收入的近 50%，实现约 150 亿元的营业收入[③]。

木林森长期以来主要依托国内市场，通过低成本战略迅速成长为国内 LED 照明领域的领军企业，可是随着企业发展步伐的加快，木林森急需布局全球市场以应对更加残酷的竞争。在国际市场上欧司朗的市场占有率、品牌知名度和终端美誉度都非常突出，通过收购，木林森可以获得欧司朗知名品牌、百余项商标授权和技术专利以及覆盖全球 40 余个国家和地区的销售网络，所以成功收购 LEDVANCE 是木林森一个非常好的契机。

二、交易结构——基金收购 + 发行股份

木林森联合 IDG 和义乌市国有资本运营有限公司成立并购基金 A，并购基金再设立子公司 B。子公司 B 在卢森堡设立 SPV 公司，以 SPV 公司为主体完成对 LEDVANCE 的收购（见图 9-1）。

第一步：并购基金采用“上市公司 + PE”的模式，由 IDG 旗下有限合伙企业 C1 担任并购基金管理人（GP），其他三名 LP 分别是木林森、IDG 旗下另一家企业 C2 以及义乌市国有资本运营有限公司。

并购基金 A 的总额度为 40.01 亿元，出资结构：木林森出资 12.5 亿

① 财务数据来源于《木林森股份有限公司 2016 年度报告》，第 6-12 页，具体内容详见：http://quotes.money.163.com/f10/ggmx_002745_3270988.html.

② “Osram Announces Strong Operating Performance in 3Q17 and Positions Itself for Future Market of Autonomous Driving”, 27 July 2017, https://www.ledinside.com/news/2017/7/osram_announces_strong_operating_performance_in_3q17_and_positions_itself_for_future_market_of_autonomous_driving.

③ OSRAM, “Annual report 2015”, 2 January 2016, http://www.osram-group.com/en/investors.

元，出资比例为31.242%；义乌市国有资本运营有限公司出资12.5亿元，出资比例为31.242%；IDG旗下的另一家企业C2出资15亿元，出资比例为37.491%；IDG旗下的有限合伙企业C1出资100万元，出资比例为0.025%。

第二步：并购基金A成立后又与C1的基金管理人（GP）D1公司共同出资设立子公司B，公司注册资本40亿元，其中并购基金A出资39.96亿元，持股99.9%；D1公司出资400万元，持股0.1%。

第三步：子公司B在卢森堡设立SPV公司，并通过该公司支付4.857亿欧元（约合35.94亿元）完成对LEDVANCE股权100%的收购。

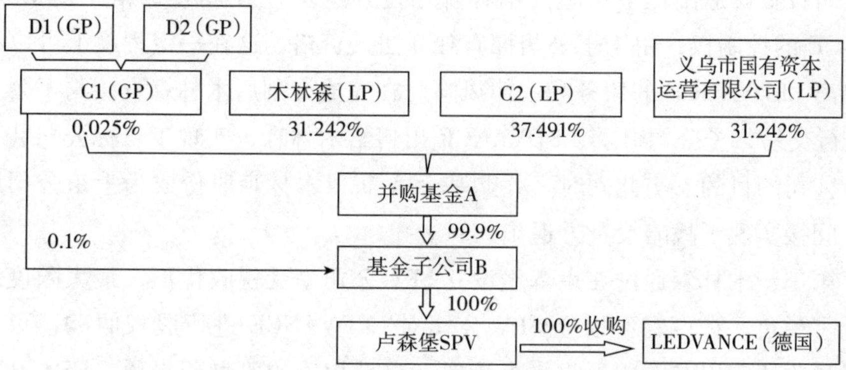

图9-1　木林森收购LEDVANCE交易结构

资料来源：根据木林森发布的收购LEDVANCE公告整理而得。

第四步：在完成交割后，木林森公布重大资产重组预案拟通过发行股份和支付现金购买资产的方式将目标公司LEDVANCE注入上市公司。

三、交易结构和融资安排解析

木林森在收购LEDVANCE的案例中，在交易层设计了一个多层控股架构，那么木林森如此设计的原因有以下几点：

第一，木林森通过搭建并购基金A引入战略合作伙伴，满足资金募集需求。

战略伙伴选择：IDG是世界最大的风险投资公司之一，创建于1964年，总部位于美国波士顿。1992年进入中国资本市场，先后投资了金蝶、当当和易趣等，拥有丰富的跨国投资经验，所以木林森委托IDG负责整个并购基金的设计和运作。义乌国有资本运营有限公司隶属于义乌市国资委，它作为战略投资人参与此次收购，其国资背景有利于帮助木林森完成资金出境审批和境外投资备案流程。此外，国有资本相对比较可靠稳定，未来不会对上市公司控制权产生影响。

满足融资需求：此次收购属于典型的“蛇吞象”，如果木林森直接收购会承担较重的财务负担，木林森通过搭建并购基金在仅付出12.5亿元的情况下成功筹得资金23.44亿元，顺利完成对LEDVANCE的收购，大大缓解了木林森的现金压力。

第二，木林森通过设立基金子公司B实现风险隔离，为未来资本运作和战略投资方退出埋下伏笔。木林森通过并购基金A间接保留了对LEDVANCE的控制权，由于子公司拥有独立法人资格，这在一定程度上可以有效隔离LEDVANCE的债务和法律风险。在完成交割后木林森直接与子公司B进行交易，子公司B将LEDVANCE出售给木林森，实现了目标公司装入上市公司的目的。与此同时，并购基金A获得木林森股份成为上市公司股东，间接实现了战略投资方退出。

第三，木林森通过在卢森堡设立SPV公司享受税收优惠，最大限度地降低了税负。在卢森堡设立SPV公司对LEDVANCE进行股权收购，可以享受税收协定以及欧盟税收优惠待遇，交易相关的股息预提税、资本利得预提税以及特许权使用费预提税都为0。此外，由于中国与卢森堡签署了双边税收协定，当子公司B将卢森堡SPV公司持有的LEDVANCE股权转让给木林森时只需要缴纳5%的预提税，这最大限度地节省了木林森的收购成本。

第二节 天翔环境收购 Bilfinger 的交易结构和融资安排

一、收购背景

成都天翔环境股份有限公司（以下简称天翔环境）原名天保重装，是国内创业板上市公司，专门从事大型节能环保和清洁能源设备研发、生产和销售。2015 年，天翔环境斥资 4.7 亿元收购美国环保分离设备制造和工程服务提供商圣骑士公司，逐步发展成为集污水、污泥处置和环境工程综合治理服务于一体的环保服务商。2014—2016 年分别实现营业收入10.7 亿元、4.9 亿元和 3.9 亿元，净利润为 1.3 亿元、5400 万元和 3340 万元①。

德国贝尔芬格水处理技术公司（Bilfinger Water Technologies GmbH，后更名为“Aqseptence Group GmbH”，以下简称 BWT 或 AS）是一家生产工业过滤和分离水处理设备并提供系统解决方案的综合供应商，是德国最大的环保水处理公司，拥有“迪美”“洛迪格”和“艾维克”等多个世界知名环保设备品牌和 300 多项环保专利技术，覆盖了污水污泥处理几乎每个工艺环节，BWT 建立了全球化的研发、生产和销售体系，业务遍及包括美国和欧洲主要国家在内的世界 30 多个国家和地区，美国是其最大的海外市场，约占其业务比重的一半以上。②

天翔环境作为国内第一阵营的环境综合服务商拥有完备的市场渠道、低成本的制造和融资优势，如果与 BWT 全球领先的技术优势相结合，可

① 《成都天翔环境股份有限公司 2016 年年度报告》，第 7 页，http://pdf.dfcfw.com/pdf/H2_AN201704170510312141_1.pdf.

② 《天翔环境：关于公司与东证天圣德国全资子公司共同签署并实施收购德国 Bifinger Water Technologies GmbH100% 股权的公告》，2016.2.6，http://www.cfi.net.cn/p20160206000310.html.

以在亚太市场特别是在中国市场产生协同效应，会增强天翔环境的竞争力并提升天翔环境的整体业绩水平。天翔环境将实现给水、污水、污泥环保处理全覆盖，突破欧美在高端水环保处理领域的垄断。

二、交易结构——代为购买＋股权融资

天翔环境通过“三步走”战略完成了对 BWT 的收购。第一步，借助第三方资金在海外搭建 SPV 公司，完成对 BWT 的收购；第二步，置换第三方投入资金并间接掌控 BWT；第三步，通过发行股份购买资产的方式将 BWT 装入上市公司。

第一步交易方案（见图 9－2）：

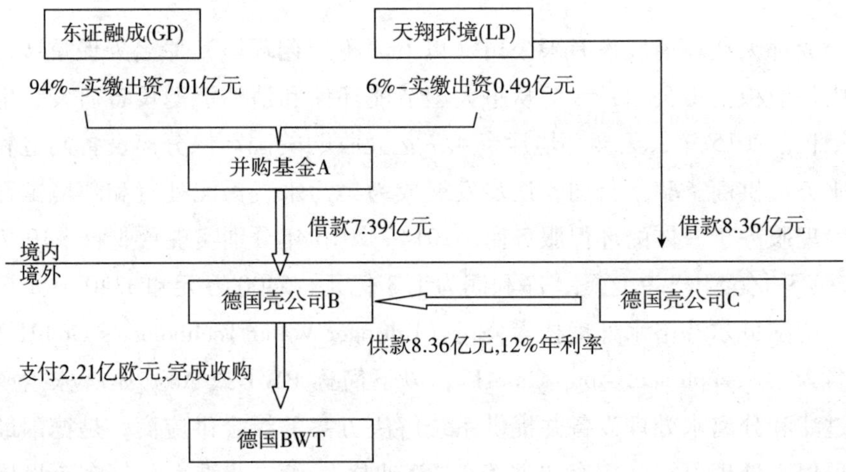

图 9－2　收购 BWT 交易结构

资料来源：《天翔环境：关于公司与东证天圣德国全资子公司共同签署并实施收购德国 Bifinger Water Technologies GmbH100% 股权的公告》，2016. 2. 6，http://www. cfi. net. cn/p20160206000310. html.

第二步交易方案（见图9－3）：

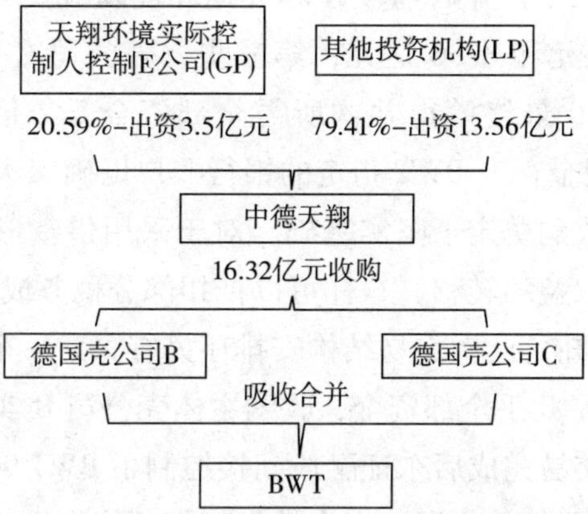

图9－3 置换第三方资金方案

资料来源：《天翔环境：发行股份购买程度中德天翔投资有限公司100%股权涉及的AQSEPTENCE GROUP GMBH100%股权项目公告》，2016. 11. 29，http：//www. cfi. net. cn/p20161129002435. html.

第三步交易方案：天翔环境向证监会申请发行股份购买资产＋配套募集资金，拟将BWT整体装入上市公司。

三、交易结构和融资安排解析

在时间紧迫以及资金出境趋严的严苛条件下，天翔环境从获知目标公司出售到完成交割仅用不到100天，可以说设计灵活高效的交易结构起到了重要作用：

第一，天翔环境通过搭建并购基金A成功解决了资金短缺问题。天翔环境在获知BWT拟转让时竞购对手已经与BWT接近达成交易。由于BWT严格限制交易时点并要求全现金支付，天翔环境面临时间紧迫和资金不足的双重压力，在此情况下，天翔环境联合东北证券成立并购基金A。东北证券委托旗下全资直投子公司东证融成向并购基金A出资7. 01亿元并担任GP，天翔环境以上市公司为担保作为劣后级出资人出资0. 49亿元。天翔环境利用结构化安排成功在短时间内以14. 3倍杠杆比募集到收购所需资金。

第二，天翔环境在德国设立壳公司B和C帮助完成收购，并为下一步替代过桥资金埋下伏笔。第一步，并购基金 A 和天翔环境共同在德国搭建壳公司 B 和 C；第二步，并购基金 A 和天翔环境以借款形式分别向壳公司 B 和 C 支付 7.39 亿元和 8.36 亿元；第三步，壳公司 C 向壳公司 B 借款 8.36 亿元。壳公司 B 最终筹得并购所需全部资金 2.2 亿欧元（15.75 亿元）。壳公司 B 将现金存入 BWT 指定的银行账户以确保天翔环境具备履约能力，为最终完成收购奠定了坚实基础。对于采用借款形式实现资金转移可以理解为是债务权益的转移，这样可以抵扣部分税务成本。

通过图 9-3 可知，此次交易结构安排还另有深意。东证融成实际控制并购基金 A 并支付了几乎全部资金，收购主体壳公司 B 实质上是并购基金 A 的子公司，因此交易完成后东证融成间接控制了 BWT 94% 的股权。天翔环境支付 8.36 亿元是债权出资，安全性较高但不能达到控制 BWT 的目的，这样设计最大限度地保障了财务投资安全，天翔环境只有将东证融成前期出资置换出来才能将 BWT 并入上市公司。

第三，天翔环境控股股东主导二次过桥，通过搭建基金中德天翔，收购壳公司 B 和 C 置换第三方资金并最终控制 BWT。通过图 9-3 可知，天翔环境实际控制人 E 公司作为 GP 并挑选战略投资方作为 LP 共同成立中德天翔，收购德国壳公司 B 和 C 实现对 BWT 的控制，未来如通过换股将 BWT 装入上市公司，天翔环境的实际控制人和中德天翔的 LP 共同持有上市公司的股权比例将由 33.64% 变为 35.33%，进一步稳固了上市公司的控股股东地位。发起设立中德天翔还有一个目的是置换前期过桥资金。中德天翔收购壳公司 B 和壳公司 C 的价格为 16.32 亿元，并购基金 A 总规模为 15.75 亿元，通过向中德天翔转让壳公司 B，东证融成在短短两个月内获利近2000 万元，将实现本金 + 收益退出。

通过灵活的交易结构设计，天翔环境成功解决了资金不足和时间紧张的问题，并很好地平衡了多方利益诉求；下一步只要证监会并购重组委审核通过换股预案，天翔环境就能将 BWT 装入上市公司。

第三节　中鼎股份收购 Tristone 的交易结构和融资安排

一、收购背景

安徽中鼎密封件股份有限公司（下称“中鼎股份”）于 2006 年借壳上市，是中国密封件行业第一股，其主导产品“鼎湖”牌橡胶密封件和特种橡胶制品被广泛应用于汽车、工程机械和石油化工等领域，是国内橡胶制品的主要供应商。2014—2016 年分别实现营业收入 50. 4 亿元、65. 4 亿元和 83. 8 亿元，净利润分别为 5. 8 亿元、7. 4 亿元和 9. 2 亿元①。

Tristone Flowtech Holding S. A. S（以下简称“Tristone”）成立于 2010 年，非上市公司，公司总部位于德国法兰克福。Tristone 在三大洲 13 个国家设有子公司，是世界领先的乘用车流动技术解决方案供应商。Tristone 提供发动机冷却、电池冷却和空气充注等系统应用服务，客户覆盖大众、宝马、奔驰、通用和欧宝等欧美整车制造商。2014—2016 年前 9 个月实现营业收入 15. 8 亿元、15. 7 亿元和 13. 4 亿元，净利润 5600 万元、9190 万元和 9000 万元②。

收购 Tristone 对中鼎股份开拓欧美市场具有重大意义。Tristone 完善的客户渠道和稳固的客户资源可以帮助中鼎股份拓展产业链、拓宽海外市场并巩固其在汽车橡胶行业内的优势地位。

① 《安徽中鼎密封件股份有限公司 2016 年年度报告》，第 7 页，http://www. cfi. net. cn/p20170419003175. html.

② 华普天健会计师事务所：《Tristone Flowtech Holding S. A. S 审计报告》，第 3 - 4 页，http://www. cninfo. com. cn/finalpage/2017 - 01 - 24/1203045825. PDF.

二、交易结构——直接收购+内保外贷

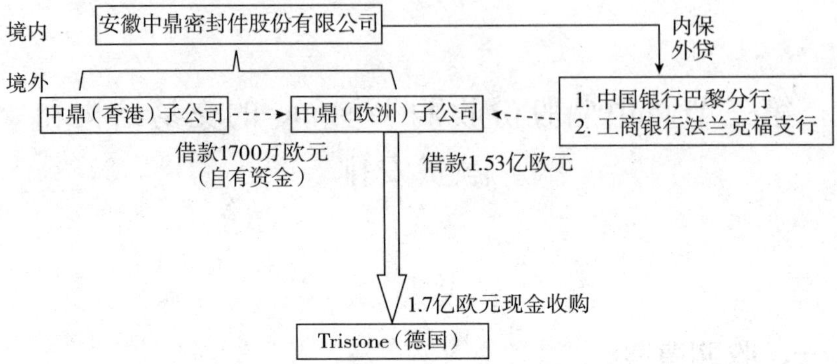

图9-4 中鼎股份收购Tristone交易架构

资料来源：根据《中鼎欧洲有限公司拟收购 Tristone Flowtech Holding S. A. S 股权而涉及的 Tristone Flowtech Holding S. A. S 股东全部权益评估项目资产评估说明》关于买方式设计整理而得，具体详见：http：//pdf. dfcfw. com/pdf/H2_ AN201701250293059506_01. pdf.

三、交易结构和融资安排解析

尽管2016年国内外汇监管趋严，但中鼎股份通过搭建合理的交易结构先后完成了包括收购Tristone在内的四次跨国并购。在收购Tristone案例中中鼎股份主要利用“境外子公司（中鼎欧洲）+内保外贷”的交易形式。

第一，中鼎股份利用海外子公司直接募集资金，最大限度地降低了外汇管制收紧对跨境收购的影响。2016年在外汇管制趋严的背景下，中鼎股份巧妙设计了避免资金出境的交易结构——以境外子公司中鼎欧洲作为借款和收购主体完成对Tristone收购。中鼎香港借款给中鼎欧洲1700万欧元，同时中鼎欧洲向境内银行境外分行借款1.53亿欧元。资金募集到位后中鼎欧洲以全现金形式购买Tristone100%的股权。这种操作不仅解决了资金出境难的问题，也在一定程度上减少了监管部门的审批环节，确保交易最终顺利交割。

第二，中鼎股份设计了1∶9的融资杠杆比，最大限度地缓解了自有资金不足的压力。由图9-4可知，中鼎股份仅通过香港子公司中鼎香港以借

款的形式出资1700万欧元，其余1.53亿欧元是中鼎欧洲通过“内保外贷”向银行融资而来的，中鼎欧洲向中国银行巴黎分行贷款5300万欧元，向中国工商银行法兰克福支行贷款1亿欧元，杠杆比例接近1∶9（见表9－1）。

表9－1　中鼎股份融资方案简介

序号	贷款银行	贷款金额/欧元	贷款利率	担保方	反担保方	贷款期限&还款计划
1	中国银行巴黎分行	5300万	6个月欧元同业拆借利率+1.2%	中国银行安徽省分行	中鼎股份存款质押	贷款期限3年。半年等额还本付息
2	工商银行法兰克福支行	1亿	3个月欧元同业拆借利率+1%	工商银行安徽省分行	中鼎集团信用担保	贷款期限7年。从第3年开始，半年等额还本付息。

资料来源：《安徽中鼎密封件股份有限公司2016年年度报告》，第123页，http://www.cfi.net.cn/p20170419003175.html.

第四节　中资企业搭建交易结构和募资的建议

跨境收购一般可以分为直接收购和间接收购，以上三个案例实质上都属于间接收购。间接收购是指收购者在进行跨境收购时基于融资方式、风险隔离和税收优惠等因素的考量，通过在其他国家或地区设立特殊目的公司（Special Purpose Vehicle，简称 SPV）间接收购目标公司的一种收购模式。中资企业在德收购时应该选择搭建多层级的收购架构：

第一，尽可能规避严格的法律监管，以简化收购流程，顺利完成交易。以天翔环境收购 BWT 为例，天翔环境如果通过上市公司直接进行收购，需要获得中国证监会、发展改革委、商委和外管局的批准，在 BWT 已经与多家竞标机构进行深入谈判的情况下，天翔环境是没有时间来完成收购流程的，所以天翔环境才联合东北证券在德国设立 SPV 公司，以 SPV 公司作为收购主体先行完成对 BWT 的收购和交割，然后再择机装入上市公司。

第二，尽可能通过境外渠道进行融资，以降低外汇管制对资金募集的影响。以中鼎股份收购 Tristone 为例，在 2016 年外汇管制趋严的宏观经济环境下，如以中鼎股份作为收购主体是难以在短时间内拿到资金出境批文的，也就难以完成交易。中鼎股份利用海外子公司在境外募集资金解决了资金出境难的问题，从而顺利完成收购交易。

第三，尽可能隔离潜在风险，以最大限度地保障中资企业安全。壳公司或 SPV 公司在法律上拥有独立法人资格，如果在中资企业和德国目标公司之间搭建多层交易结构，可以在一定程度上隔离目标公司的债务风险、经营风险和破产风险。正如前文所述，跨境收购的风险是极大的，以往出现过多宗因为收购后对目标公司整合失败导致买方受到牵连的案例，所以保证中资企业自身安全是非常必要的。

第四，尽可能设计能够享受国家税收优惠政策的交易结构，以降低收购和未来经营的成本。中资企业在卢森堡或比利时搭建离岸公司主要是利用这些国家与德国间的税收差异，在合理合法的情况下帮助中资企业节省收购交易成本。以木林森收购LEDVANCE为例，木林森通过在卢森堡设立的SPV公司完成对LEDVANCE的收购，是因为卢森堡是欧洲著名的“避税天堂”。德国和卢森堡同属欧盟成员国，受益于税收协定以及欧盟税收优惠待遇指令，两国间企业收购交易的股息预提税、资本利得预提税以及特许权使用费预提税都为0。

第五，尽可能通过搭建合理的交易结构掌控目标公司，以便灵活进行募、投、管、退安排。多层交易结构相较于直接收购更为便利和灵活，收购主体可以通过在境外转让SPV公司股权实现目标公司控制权的变更以及财务投资人的退出。以天翔环境收购BWT为例，天翔环境首先利用德国壳公司完成对BWT的收购，然后通过搭建由上市公司实际控制人控制的基金收购德国壳公司股权，间接控制BWT并实现财务投资退出。

第十章

德国公众和媒体对收购环境的影响

第一节　中资企业在德国面临的公众和舆论压力

以往中资企业在德国收购标的规模和收购所涉及的产业都不大引人注意。2002 年德隆集团收购德国飞机制造商 Fairchild - Dornier 以及 TCL 收购德国当时第三大电视生产企业 Schneider Electric 被视为中资企业最早在德收购案例，此后包括收购欧洲最大工业缝纫机企业 Dürkopp Adler、世界领先的机床制造商 Waldrich Coburg 以及金风科技收购当时拥有永磁直驱技术的风电高端技术研发公司 Vensys 等。在 2012 年以前，中资企业主要收购德国传统制造行业中的中小企业（员工人数不足 500 人），且近 1/3 为破产企业收购。2012 年后，随着中国制造业的转型升级以及中国海外收购经验越来越丰富，中资企业开始收购那些经营状况良好、拥有技术和品牌优势、在全球市场拥有领导地位的德国企业，包括收购混凝土机械制造商 Schwing、激光切割公司 Thyssenkrupp、国际知名汽车门锁制造商 Kiekert 以及三一重工收购全球混凝土机械第一品牌 Putzmeister 等。2013—2104 年，中资企业共完成 61 笔在德收购，速度明显增快。从 2015 年开始中国在德国收购呈现出多样化特征，交易额出现大幅增加且目标企业多集中在高新技术领域，这引起了德国各界的警觉。

2016 年中资企业在德收购持续升温，相继推出多个就投资行业和交易规模而言都极具意义的大型收购项目，其中美的集团收购库卡的交易成为导火索，引发了德国对关键技术流失和丧失核心竞争力的担忧，一时间“买空德国论”和“技术阴谋论”甚嚣尘上。一批德国政商界领袖纷纷炮轰中国收购影响德国安全，要求政府对中资企业购买德国技术型公司予以限制。[①] 时任德国经济部（BMWi）部长的 Brigitte Zypries 表示，德国欢迎外来投资，但是德国不希望其他国家利用德国的对外开放伺机实现自己的产业目的。[②] 德国《明镜周刊》甚至撰文称中资企业在中国政府的支持下有意寻找并收购德国工业 4.0 的代表性企业，以实现中国国家战略，帮助中国加入世界工业强国行列。[③] 由此，中资企业在德国收购面临的舆论和监管压力进一步加剧。

2016 年三安光电原本打算收购德国照明行业巨头 Osram，但是受到了德国公众和媒体的强烈质疑，受此影响，Osram 工会率先表示反对，紧接着德国政府要求对此次收购展开专门安全审查，三安光电承受了巨大压力，不得不放弃收购多数股权的计划。2017 年安泰科技股份有限公司拟收购德国航空碳纤维复合材料零部件制造商 Cotesa，Cotesa 规模并不大，交易金额也不高，大概在 1 亿至 2 亿欧元之间，即便如此，该收购仍被德国媒体质疑是中国国有企业在窃取德国“核心技术”，受此影响，德国经济部宣布对此次收购进行调查，导致交易一度暂停。进入 2018 年，德国部分公众和媒体越来越明显地将中国视为德国的竞争对手。《法兰克福汇报》在年初对德国政界和经济界的高端阶层做过一项调查，结果显示：在被调查德国精英中有 70% 的人对中国不断增强的影响力表示担忧，有 67% 的人德国经济过于依赖中国表示不安，有近 50% 的人希望政府能够保护德国技术型公司不被中资企业所收购。在这样的背景下，德国政府先后否决了两起中资企业在德收购案，与此同时，关于进一步收紧德国国家安全审查的舆论也再次盛行。由此可知，如何准确表达收购目的已经成为中资企业在德国收购面临的主要挑战。

---

① Ledinside, “Germany and EU slow Address Chinese Investment Problem”, November. 28 2016, https://www. ledinside. com/news/2016/11/germany_and_eu_slow_to_address_chinese_investment_problem.

② “German economy minister wants toucher foreign investment rules”, *Times of News*, MGW-Bh. 3. 2018.

③ Tim Bartz, “Chinesischer Mercedes – Aktionär—Der Schrecken der deutschen Industrie”, *Der Spiegel*, März 2018, http://www. spiegel. de/spiegel/mercedes – anteilseigner – aus – china – li – der – schrecken – der – deutschen – industrie – a – 1196331. html.

第二节 对德国公众和媒体的分析

一、中资企业“买空”德国中小企业?

德国联邦外贸与投资署（GTAI）2017年的调查统计显示，中国已经连续三年成为在德国投资项目最多的国家。以非金融类投资为例，根据商务部的统计，2013年中国在德国非金融类投资存量从39.8亿美元升至2016年的88.27亿美元，同比增长了258.6%①。尽管增速较快，但比较存量可以发现，与德国在华投资相比差距依然很大。目前在华德国企业超过6000家，德国对华累计投资超过600亿美元。再以金融类投资为例，2017年年底普华永道（德国）公司发布统计报告指出，截至2017年11月中旬，外资在德国共计收购709家企业，交易额达到998亿欧元。其中，美国投资者收购158家，位居第一；瑞士、英国和法国投资者分别收购80家、72家和55家，位居第二到第四；中国仅排名第五位，收购数量为47家。2016年年底外交部发言人华春莹在例行记者会上指出，中国在德投资存量只占德国吸引外资总量的0.3%，仅相当于德国对华投资的1/10。2017年中国驻德国大使在《法兰克福汇报》上发表文章指出，相较于美国和欧洲在德投资收购，中国无论是从数量还是金额上并不突出。2018年中国驻德国经济商务处公使衔参赞在接受采访时指出，所谓“买空”德国完全是歪曲事实。根据德国联邦银行的统计，中国对德国投资尚不到德国吸引外资总量的1%，与两国经济体量和双边贸易量极不相称，中国对德投资规模远远少于德国对华投资规模。实际上，中国对德投资和收购才刚刚

① 《2016年中德经贸合作简况》，驻德国经商参处，2017年7月1日，http://www.mofcom.gov.cn/article/tongjiziliao/fuwzn/feihuiyuan/201702/20170202517082.shtml.

起步，尚有很大潜力可挖。所谓“买空德国中小企业”的论调更多的是意识形态作祟，以双重标准看待中国，而且以往绝大多数案例已经证明，中资企业的收购可以给德国企业，尤其是中小企业带来急需的资金支持并帮助其拓展中国市场，对德国来说是机遇而不是威胁。

二、德国企业没有得到平等准入待遇？

时任德国副总理的 Sigmar Gabriel 在 2016 年 10 月撰文《对中资企业在德国收购说“不”》，呼吁欧盟对中国收购采取更严厉姿态，以保障“公平”竞争。① 他认为德国企业在中国投资受到了歧视和限制，那么事实又是如何？2016 年前 10 个月欧盟在华投资增长了约 40%，德国在华投资增长了 120%。② 中国欧盟商会发布的《商业信心调查 2017》显示，绝大多数欧盟在华企业业绩向好。55% 的受访企业 2016 年营业额出现增长，71% 的受访企业 2016 年税前利润为近 5 年来最好水平，51% 的受访企业拟增加在华投资，55% 的受访企业对在华业务保持乐观。联合国贸发会在 2018 年年初发布的《全球投资趋势监测报告》中指出，2017 年在全球外国投资总额大幅下降（较上一年下降 16%，降至 1.52 万亿美元）的背景下，中国吸引外国直接投资逆势而上，达到创纪录的 1440 亿美元，成为继美国之后全球第二大外资流入国。我国商务部的统计显示，2017 年中国内地新设立外商投资企业 35652 家，同比增长 27.8%。此外，德国企业一直高度依赖中国市场，对于很多德国企业来说，中国市场已经超过本土市场，这种现象甚至引发了德国公众对过于依赖中国市场的担忧。以上事实很难得出德国企业投资中国时没有得到平等准入待遇的结论。相反，中国政府已经进一步降低准入门槛，2016 年将外资企业在华收购由审批制改为备案制③，2017 年商务部再次修订《外商投资产业指导目录》，减少外资准入限制并大幅简化外资并购中国企业的手续。2018 年商务部发布《外商投资准入特别管理措施（负面清单）》，推出一系列重大开放举措。以汽车行业为例，

① “German push grows for Chinese investment”, Customs Today, October 24. 2016, http://www.customstoday.com.pk/german-push-grows-for-chinese-investment/.

② 商务部:前 10 月欧盟对华投资增 41.5%　跨国公司仍看好中国[N].人民日报,2016-12-03.

③ 中华人民共和国商务部令 2016 年第 3 号外商投资企业设立及变更备案管理暂行办法[EB/OL].中华人民共和国商务部网站,2016-10-08,http://www.mofcom.gov.cn/article/b/f/201610/20161001404974.shtml.

中国取消了专用车和新能源汽车外资股比限制；2020 年取消了商用车外资股比限制；2022 年取消了乘用车外资股比限制以及合资企业不超过两家的限制。在政策公布后，德国宝马集团就迅速与华晨宝马的中方股东达成协议，将斥资 36 亿欧元收购华晨宝马 25% 的股权，将其在华晨宝马的持股比例提升至 75%，交易将于 2022 年正式生效，至此宝马成为中国取消乘用车外资股比限制后首个作出改变的合资品牌，也将成为第一家控股中国企业的外国汽车公司。与此同时，中国大幅下调进口汽车关税，将整车关税由 25% 和 20% 降至 15%；将汽车零部件关税由 8%、10%、15%、20% 和 25% 统一降至 6%。这对一直高度依赖中国市场的德国乘用车制造厂商来说是极大利好，德国媒体①甚至认为德国车企，特别是豪华汽车制造商将成为此次中国降低关税的最大赢家，据粗略统计，此次降低进口关税至少为德国企业带来 45 亿欧元的额外利润。可以说，中国始终坚持对外开放，为市场创造公平的竞争环境，始终欢迎德国企业来华投资。

三、中资企业利用政府资源刻意收购德国高新技术?

加布里尔 2016 年还曾在德国《经济周刊》上发文呼吁："欧盟国家不应仅关注国家安全和国防产业，还应特别保护国家核心产业和技术，特别是对欧洲未来发展和创新有战略影响的领域。欧盟应该反思，以牺牲就业和企业利益为代价，允许非欧盟投资者依托国家资源闯入欧洲市场是否合理。"② 这种担忧其实没有任何依据。近几年，随着国内民营企业的发展壮大，民营企业已经替代国有企业成为跨境收购的主力。国家发展改革委 2017 年年底发布的《中国对外投资报告》显示，我国对外投资结构不断优化，民营企业发展势头尤为迅猛。2006 年有接近 80% 的跨境收购项目由国有企业发起。到了 2016 年，国有企业的占比已经不到 20%。根据《2017 年中资企业跨境并购特别报告》对中国企业跨境并购交易投资者性质的分析，2016 年有 66.31% 的跨境并购是由民营企业完成的，财务投资者占比

---

① "China senkt Importzölle auf Autos", Frankfurter allgemeine Zeitung, 5 May 2018, http://www.faz.net/aktuell/wirtschaft/handelsstreit－china－senkt－importzoelle－auf－autos－15601572.html.

② "Chinesen sollen lieber draußen bleiben", Wirtschafts Woche, Januar 2.2016, https://www.wiwo.de/unternehmen/industrie/uebernahmen－chinesen－sollen－lieber－draussen－bleiben/19165554.html.

为21.13%，国有企业占比仅为12.57%。普华永道报告也显示，2016年民营企业跨境收购的交易金额（1060亿美元）和交易数量（609宗）都远高于国有企业（交易金额653亿美元；交易数量116宗）①，2017年尽管中国跨境收购相较于历史上最为活跃的2016年有所回落，交易金额和交易数量双双下降，但民营企业仍然主导着中国海外并购市场（见表10-1）。

表10-1　2013—2017年中国并购交易分类汇总

	2013		2014		2015		2016		2017	
	交易数量/宗	交易金额/亿元	交易数量/宗	交易金额/亿元	交易数量/宗	交易金额/亿元	交易数量/宗	交易金额/亿元	交易数量/宗	交易金额/亿元
国企	55	358	78	254	79	236	116	653	101	279
民企	228	104	145	133	207	207	609	1060	467	594
财务投资	25	10	49	130	94	127	195	374	238	341

单位：美元

资料来源：根据普华永道发布的《中国企业并购市场2017年回顾与2018年展望》整理而得。

由于通过换股完成跨境收购交易的方式目前尚难执行，中资企业一般都选择全现金支付作为跨境收购的支付方式，因此，中资企业需要通过各种渠道募资，如果国有背景的资金使用成本相对较低或投资条件相对优惠，买方是有可能选择其作为战略投资方参与到跨境收购的交易中来的，但是这并不代表买方就得到了中国政府的授意和补贴，只是正常的市场经济行为。德国大型企业其实很多也有国企背景，例如，德国下萨克森州政府就持有大众20.2%的股权，该州还持有德国第二大钢铁生产商萨尔茨吉特集团（Salzgitter）26.5%的股权，德国巴符州政府持有德国第三大能源公司巴登—符腾堡州能源集团（EnBW）46.75%的股权。此外，德国电信、莱茵集团以及赫伯罗特（HPL）等都是国有参股企业，这些企业进行跨境收购，是否也应被视为利用德国政府资源进行交易？2016年中国投资基金拟收购德国芯片生产商Aixitron以及2018年中国国家电网拟收购德国四大电网公司之一的50Herz 20%的股权时，德国部分媒体渲染中资企业的国有背景以及可能由此产生的风险。这种所谓的“安全考量”其实是一种

① 普华永道.中国企业并购市场2017年回顾与2018年展望[EB/OL].2018-01-23,https://www.pwccn.com/zh/deals/ma-2017-mid-year-review-and-outlook.pdf.

捕风捉影、蓄意抹黑的行为，无疑会给中德经贸进一步发展带来负面影响。

中资企业特别关注德国，是因为德国是全球最具竞争力的国家之一。世界经济论坛《2017—2018 年全球竞争力报告》中显示，德国在全球竞争力排名中位列第五①。世界银行发布的《2018 年营商环境报告》中显示，德国在全球 190 个经济体中排名第 20 位②，德国拥有良好的营商环境。同时，德国有许多拥有先进技术和竞争力的中小企业，相较于美、日公司，价格相对便宜，性价比更高。中资企业自然会选择德国公司作为收购对象，大可不必将此曲解为所谓的“国家阴谋”。

四、德国公众和媒体对中国投资担忧的分析

德国仅是中资企业跨境收购的热点国家之一，但从德国收购现状以及历史存量上看，中国与美国、法国和英国尚有很大差距，远远提不上“买空”德国。中、德两国经贸往来密切，中国已经连续三年成为德国第一大贸易国，中国市场也成为德国企业最重要的销售市场，甚至超过了德国本土，所谓“德国企业在中国未得到平等准入待遇”的言论根本就没有立足点。近年来，伴随着中国民营企业的发展壮大，民营企业已经替代国有企业成为中资企业跨境收购的主力，所谓“中资企业利用政府资源收购德国高新技术企业”的言论是没有依据的。那么为何会出现以上言论?

第一，对中资企业在短时期内的快速发展不适应，导致“买空德国”的言论出现。德国墨卡托中国研究中心（Merics）和美国荣鼎咨询公司(Rhodium Group）的联合调查显示，10 年间中国对欧洲投资规模至少增加了 4.3 倍，由 2008 年的 69 亿欧元上涨到 2017 年的 297 亿欧元，2016 年甚

① 2018 年 9 月 26 日，世界经济论坛发布《2017—2018 年全球竞争力报告》，报告对全球 137 个经济体的竞争力进行排名，评估指标共 12 项：包括法律法规、基础设施、宏观经济环境、卫生与教育、劳动力效率和金融市场效率等。位于前十位的国家(地区)是：瑞士、美国、新加坡、荷兰、德国、中国香港、瑞典、英国、日本和芬兰。中国排名第 27 位。

② 2018 年 10 月 31 日，世界银行发布《2018 年营商环境报告：改革创造就业》(Doing Business 2018 Reform to Create Jobs)，报告对全球 190 个经济体针对本国企业的商业监管体系进行分析与评估，以衡量该经济体的监管环境是否有利于本地企业的经营。评估指标共 10 项，包括创办企业、申请许可、电力支持、财产登记、信贷审批、中小投资者保护、税收、跨境贸易、合同执行以及破产。在这份排名中，位于前 10 位的国家(地区)是：新西兰、新加坡、丹麦、韩国、中国香港、美国、英国、挪威、格鲁吉亚、瑞典。中国排名第 78 位。

至达到了359亿欧元（5.2倍）的顶峰。相比之下，2016年欧洲对华投资仅为77亿欧元。中国投资欧洲是欧洲投资中国的4.66倍。这种失衡在德国显得尤为明显，2016年中国在德国并购额为110亿欧元，首次超过德国在华并购额35亿欧元。此外，2010—2017年，有213家德国企业被中资企业收购，其中仅2017年就有43家企业，中资企业在欧洲乃至在德国收购的增长趋势是极为明显的，现在中国对欧洲和德国的投资已经远远超过欧洲和德国对中国投资，改变了以往欧洲和德国单方向投资中国的局面，这种激变在某种程度上刺激着德国公众和媒体，所以才会惊呼中资企业要“买空”德国。而且中资企业在欧洲和德国投资越来越多元化，越来越倾向于投资于欧洲与德国的高新技术和高端装备制造产业（见表10－2）。

表10－2　2017年中资企业在欧盟的十大收购

排名	收购方	交易金额	目标公司	标的行业	标的所在国
1	中投公司	890亿元	Logicor Europe	物流地产	英国
2	吉利控股	210亿元	沃尔沃集团	汽车制造	瑞典
3	丝路基金等	130亿元	ASPI 5%股权	基础设施	意大利
4	联想控股	110亿元	卢森堡国际银行	金融	卢森堡
5	海航集团	91亿元	Durfy16.79%股权	消费零售	瑞士
6	科瑞集团	87亿元	Biotest	医疗健康	德国
7	奥瑞德光电	71亿元	Ampleon	TMT	荷兰
8	青岛天华院	65.2亿元	Krauss－Maffei	工业制造	德国
9	吉利集团	48.9亿元	Saxo银行	金融	丹麦
10	三元食品＋复星国际	47.3亿元	St Hubert	零售	法国

资料来源：根据胡润研究院与易界DealGlobe联合发布的《2017年中国跨境并购百强》以及公开渠道信息整理而得。

第二，德国企业对中国市场越来越依赖以及与中国企业竞争日趋激烈，让德国觉得未能得到平等准入待遇。2017年德国质量协会（Deutsche Gesellschaft für Qualität，简称DGQ）联合德国市场研究机构Innofact对“中国制造”和“德国制造”进行的调查显示，80%的受访德国人将“中国制造”视为“德国制造”的对手；超过75%的受访德国人认为中国企业品牌价值和技术水平发展潜力更大，会超越德国企业。他们认为未来20年“中国制造”品质会更好，中国经济发展将给德国带来挑战。此外，德国公众和媒体普遍认为中国企业是通过抄袭德国技术而不是创新才实现进步的。2018 年 4 月德国媒体《世界报》在一篇报道[①]中指出，中国是抄袭德国产品和技术最多的国家，而且随着时间的推移，抄袭还有继续扩大的趋势。该文以德国机械制造为例，将中国描述成“如有组织的犯罪（Organisierten Kriminalität）一样进行大规模的剽窃”，导致 3/4 的德国企业，特别是员工人数少于 250 人的中小企业遭受假冒和侵权影响，损失了大量市场份额和工作岗位，甚至威胁到了这些企业的生存。与此同时，尽管中国复制品质量较差，但仍让中国挤掉德国成为世界机械出口第一大国。实际上，今天中国的市场开放程度远远超过 20 年前，为何 20 年前德国不提所谓的“平等”，反而近些年却越发强调？归根到底是因为德国工业对中国市场的依赖已经达到前所未有的程度，德国已经无法与中国市场割离，可是中资企业实力已经越发强大，两国企业间的激烈竞争已经不可避免，这让德国人陷入恐慌。

第三，对中国政府提出“中国制造 2025”心怀恐惧，担心未来技术优势不在并丧失国际竞争力，才让所谓的“技术阴谋论”在德国拥有市场。2018 年《法兰克福汇报》（Frankfurter allgemeine Zeitung）曾针对来自德国政府和企业的 511 名精英[②]（Elite－Panel）进行了民意调查，结果显示超过 70% 的精英对中国不断增长的影响力感到担忧。[③] 在《法兰克福汇报》另一篇报道默克尔访华的文章[④]中提出，中国并未遵守开放市场的承诺，为了拓展中国市场，很多欧洲公司不得不向中国转让技术，而且尽管中国工业许多领域已经产能过剩，但是中国政府依然给予大量补贴。德国人认识到从市场规模和发展潜力上看，德国很难与中国展开竞争，今天的中国是仅次于美国的全球第二大经济体，经济规模已经是德国的 3.66 倍，随着

---

① Carsten Dierig,“Diese Länder kopieren die meisten deutschen Produkte”, April 25. 2018, Die Welt, https://www. welt. de/wirtschaft/article175810509/Plagiate－Maschinenbau－buesst－jaehrlich－sieben－Milliarden－Euro－durch－Kopien－ein. html? wtrid = onsite. onsiteseGWBh.

② 调查问卷对象包括经济界和政治界的 511 位领导人，其中有 84 名是雇员超过 2 万人的大型公司的董事；29 名各联邦州州长、议会议长、国务卿以及各政党的领袖。

③ Heike Göbel,“Deutschlands Elite pocht auf Schutz vor China”, Frankfurter allgemeine Zeitung, 23. May. 2018, http://www. faz. net/aktuell/wirtschaft/deutsche－chefetagen－wuenschen－sich－mehr－schutz－vor－china－15602294. html.

④ “China hat viele Versprechen nicht umgesetzt”, Frankfurter allgemeine Zeitung, 23. May. 2018, http://www. faz. net/aktuell/wirtschaft/eu－kommissar－katainen－klagt－china－hat－viele－versprechen－nicht－umgesetzt－15602842. html.

时间的推移，这种差距会越来越大。中国在短期内就会超过美国成为全球第一大消费市场。中国还是世界第一大贸易国以及世界第二大外资流入国，尽管如此，中国并未满足于现状，推出了旨在将中国打造为世界制造业强国的“中国制造 2025”规划，这让本就担心丧失对华优势的德国人更加紧张，德国长期以来都是以制造业立国，“德国制造”是德国人的骄傲，如果连技术和品牌优势都丧失了，德国还能拿什么与中国竞争？

归根到底，中国经济和中资企业在短时间内快速崛起让长期以俯视眼光看待中国的德国部分群体和媒体感到了不适，这才是反对中资企业在德收购的根源。

第三节　用成功案例准确表达收购意图，营造有利的收购环境

一、用事实证明收购是互利共赢的

本书第二章已经从德方视角就中资企业在德收购的影响进行了探讨，中资企业可以帮助德国中小企业摆脱代际危机，为它们带来急需的资金支持并帮助它们拓展中国市场，最终促进两国经济健康稳定持续发展，所以中资企业在德国收购是有利于德国发展的，中资企业应该以事实说话，将用一个个鲜活的成功案例展示给德国公众。回顾以往中资企业在德国的很多收购，都取得了“共赢”的结果。

以2016年中国化工收购德国塑料和橡胶生产加工机械制造商Krauss－Maffei为例，中国化工在收购Krauss－Maffei后迅速与德国公司形成战略协同，帮助Krauss－Maffei实现了跨越式发展：

第一，中国化工帮助Krauss－Maffei开拓中国市场，提升德国公司的市场竞争力。尽管Krauss－Maffei为大众、宝马和奔驰等国际一流汽车生产商提供仪表盘和挡泥板的制造设备，但是它并没有中国客户。被收购后，中国化工利用国内渠道帮助Krauss－Maffei获得了与中国乘用车生产商的合作机会。例如，比亚迪汽车集团就向德国公司订购了25台机械设备。通过中国化工的扶持，Krauss－Maffei在2016年的销售额和订货量都创造了历史纪录。2017年Krauss－Maffei营收达到13.7亿欧元，同比增长8%，新增订单量增长6%，又打破了2016年的营收纪录。

第二，中国化工帮助Krauss－Maffei整合业务，雇用更多的德国员工。中国化工对双方业务进行整合，将旗下的三家机械制造子公司划归给Krauss－

Maffei，德国公司规模达到新量级，销售额大幅增长 15%[①]。随着 Krauss－Maffei 业务规模和市场渠道的扩大，德国公司在保留原有雇员规模的基础上又增加了新业务岗位。仅在收购当年 Krauss－Maffei 就新招募了 350 名员工，目前员工人数已超过 5000 名[②]。

第三，中国化工向 Krauss－Maffei 注入低成本资金，帮助德国公司持续发展。Krauss－Maffei 原股东是财务投资者加拿大 Onex 基金，它收购德国公司主要是为了套取投资差额利润，所以它只关注公司短期业绩，并不特别在意公司的长远发展。因此，Onex 基金对 Krauss－Maffei 的财务监管较为严格，对募资和投资行为较为谨慎，这实际上阻碍了 Krauss－Maffei 扩大生产规模、增强公司竞争力。中国化工与 Onex 基金的表现完全不同：首先，中国化工很快就向 Krauss－Maffei 无偿注入 5000 万欧元资金，以帮助德国公司发展。[③] 其次，中国化工帮助 Krauss－Maffei 进行财务重组，寻找低成本资金替代原先昂贵的金融性债务，降低了公司财务负担。

第四，进行重大战略重组，推动 Krauss－Maffei 在中国借壳上市。2017 年中国化工旗下专门生产轮胎和橡胶制品的上市公司青岛天华院化学工程股份有限公司（SH. 600579，简称“天华院”）发布公告拟以 66.41 亿元的价格向中国化工收购 Krauss－Maffei 控股公司环球装备。如果借壳上市成功，Krauss－Maffei 将成为第一家在中国 A 股上市的德国公司，与法兰克福交易所相比，中国 A 股市场更具吸引力，因为德国股市的规模和活跃度相对较小且估值普遍偏低，登录中国 A 股市场将会极大地推动 Krauss－Maffei 在中国乃至全球的经营扩张，中国化工有机会将 Krauss－Maffei 打造成为“中国制造 2025”和“工业 4.0”的标杆企业，成为国内化工机械行业的新龙头。

---

① 数据来源于 Krauss Maiffei 官方网站 2017 年 12 月 11 日报道“ChemChina will KraussMaffei an die Börse in Shanghai bringen”，2017 年 Krauss－Maffei 营业收入相较于 2016 年上升 5%，达到 1.3 亿欧元。具体详见：https://www.kraussmaffeigroup.com/de/pressemitteilungen－konzern/d/chemchina_kraussmaffei_boerse_shanghai.html.

② 数据来源于 Krauss Maiffei 官方网站 2017 年 12 月 11 日报道“KraussMaffei Group auf Wachstumskurs”，2017 年 Krauss－Maffei 雇佣员工人数历史上第一次突破 5000 人，同时固定资产投资也出现 10% 的增长。具体详见：https://www.kraussmaffeigroup.com/de/pressemitteilungen－konzern.html.

③ 数据来源于 Krauss Maiffei 官方网站 2017 年 12 月 11 日报道“KraussMaffei Group auf Wachstumskurs”，2017 年 Krauss－Maffei 固定资产投资也出现 10% 的增长。具体详见：https://www.kraussmaffeigroup.com/de/pressemitteilungen－konzern.html.

2017 年 11 月，德国《商报》（Handelsblatt）公布了一份德国工会决策和研究机构汉斯—伯克勒基金会的调查报告，调查对象是包括 Krauss－Maffei 在内 42 家被中资企业投资的德国公司及其 5.5 万名员工，调查显示德国公司管理层和员工普遍对中国投资者感到满意。此外，针对 Krauss－Maffei 可能借壳天华院登录中国 A 股市场，德国《南德意志报》以及《商报》也非常关注，它们认为 Krauss－Maffei 在中国市场有很大的增长空间，在 15 年前该公司股东也曾设想 Krauss－Maffei 有朝一日变成公众公司，但是谁也没有想到这个愿望最后可能会在中国 A 股市场实现。

二、严格遵守德国法律法规并尊重当地的风俗习惯

德国部分公众和媒体对中资企业在德收购的担忧主要分为两类：一类是对中资企业收购某些行业表示担忧，例如涉及能源和资源以及军事安全的收购行为；另一类是对中资企业在接手德国公司后具体行为的担忧，例如裁员、环境污染以及不遵守当地法律法规。我们必须要承认，在中资企业“走出去”的过程中确实存在缺点和不足，例如有些中资企业过于功利，未将自身利益与国家利益以及德国利益，还有所在地区利益很好地结合起来，不认真履行企业社会责任，只盯着资源和技术，甚至是较为敏感的高新技术，特别是一些实际上不具有跨境收购能力的中小企业，为了节约成本，在外国违规裁员、破坏环境、偷税漏税，不注意与当地政府和行业协会沟通，造成误会越来越大，从而引发了当地民众的不满，但这毕竟是少数。中资企业应该谨慎在德国收购，严格遵守德国法律法规并尊重当地的风俗习惯，树立中资企业遵纪守法、服务社会的正面形象。

第一，避免选择敏感行业进行收购，如果决定收购，就应严格按照相关法律法规实施。例如，德国法律明确禁止外国投资者进入军工和核电领域，银行金融业、能源业和服务业等的收购需要政府特别审批，能源供应、通信和交通等行业的资产转让需要政府审批等。中资企业应避免选择涉及军工和关系民生的企业进行收购。此外，涉及需要政府审批的项目应积极与相关部门进行对接，严格按照规定执行收购程序。

第二，规范员工行为，坚持属地化经营。严格筛选外派员工，选择品德好、业务能力强的员工赴德国工作；同时，针对德国公司特点、德国法律法规以及当地风俗习惯进行有针对性的培训，提高外派员工的快速适应

能力和遵纪守法意识。此外，中资企业应尽可能减少外派人员，尽量多地雇用当地员工并与德国工会建立稳定的沟通渠道，依法签订劳动合同，明确劳资双方的权利和义务，避免日后产生纠纷。

第三，健全和完善公司管理制度，严格落实“谁主管谁负责，谁执行谁负责”的工作原则，切实构建企业总部—境外项目公司—德国分子公司的三级海外工作管理体系，制订切合实际、分层分级、操作性强的生产经营规范，实现德国公司管理的制度化、体系化和规范化。在健全内部机制的同时注重德国的传媒力量，积极与当地媒体沟通和交流，争取各界对企业的理解和支持，树立中国和中资企业的正面形象。同时防控舆论风险，对涉及中国和中资企业的不实的负面报道要及时澄清和说明。

第四，坚持守法经营，履行社会责任，牢固树立“遵纪守法，服务社会”的观念，中资企业应该注意维护国家和自身的形象，摒弃违法的短视行为。避免出现手续不全、经营不规范甚至违法违规的情况；坚守职业道德，拒绝假冒伪劣，杜绝坑蒙拐骗、行贿受贿等；团结其他中资企业，避免恶性竞争、互相拆台；同时，坚持经济效益和社会效益并重、有取有予的企业发展之路；做好环境保护，积极参与当地公益事业，让当地政府和公众切实感受到中资企业的收购行为为当地带来了“红利”。

第十一章

德国国家安全审查

第一节　德国收紧国家安全审查

2017 年 7 月 12 日，德国联邦内阁会议通过《对外经济法》实施条例修订，成为欧洲首个收紧外资收购政策的国家。仅仅一年之后，2018 年 12 月 19 日，德国再次修订实施条例，进一步强化外商投资安全审查。多位分析人士指出，德国此举针对中国的意味明显。2017 年的修订明确了审核所涉行业范围并延长了审查期限，2018 年则大幅降低了审核门槛，大大增加了中资企业在德收购的交易难度和不确定性。

一、德国政府否决烟台台海集团收购 Leifeld

2018 年 8 月，德国经济部（BMWi）以收购可能危及德国公共秩序和安全为由否决了烟台台海集团对德国 Leifeld（全称 Leifeld Metal Spinning AG）的收购。该案例是德国政府历史上首次以危害国家安全为由否决外国投资者收购德国企业，标志着德国政府对中资企业在德收购的监管态度已发生根本性转变。

Leifeld 成立于 1891 年，是一家位于德国威斯特法伦州的精密机械制造商，拥有员工约 200 人，在美国和中国上海设有分公司，主要生产旋压机，该设备可生产用于航空航天和核工业的高强度材料，2017 年营业额约 4000 万欧元。从规模和营收上看，Leifeld 只是一家小企业，但德国政府认为 Leifeld 生产的特种机床能够处理目前最坚固的材料，包括钛钢，该技术比较敏感，可能被用于中国民用核发展以及军事目的。

烟台台海集团是一家位于山东的民营企业，其子公司烟台台海玛努尔核电设备股份有限公司（SZ. 002366）（以下简称“台海玛努尔”）是深交所挂牌上市公司，主要致力于百万千瓦级压水堆核电厂的回路主管道生产，提供各种泵阀、大型双相钢和超级双相钢叶轮等大中型核级和非核级铸锻件产品的生产和服务，号称全球唯一一家同时具备二代和三代核电主管道生产能力的制造企业。2017 年台海马诺尔营收超过 25.26 亿元，利润 12.89 亿元，资产规模达到 71.57 亿元，[①] 其公司规模远远超过 Leifeld，此次收购实际上可理解为台海集为整合行业技术而收购一家加工机械制造商。需要强调的是，民用核能装备部件与应用在核武器上的部件差异很大，所谓“替中国军方窃取军事技术”的言论纯属无稽之谈，而且台海集团在欧洲已经做了多起收购，包括 2012 年收购法国玛努尔工业集团，2018 年年初收购另一家濒临破产的德国公司 Duisburg Tubes Production 等。

德国政府此次禁止交易恰逢台海集团在法国收购冶金行业领先企业 Manoir 受阻，尽管台海集团自 2012 年起就已经是 Manoir 的第一大股东，但该交易仍然被法国政府禁止。这两笔交易接连被法国和德国政府否决不得不让人产生遐想。

二、德国政府干扰中国国家电网收购 50Herz

如果 Leifel 收购案或可勉强解读为德国政府对外商投资敏感行业进行更加严格的管控，但横加干涉中国国有企业国家电网收购德国电力输送系统运营商 50Herz 20% 股权的行为就难以自圆其说了。

50Herz 是德国四大电网公司[②]之一，为德国北部和东部超过 1800 万用户提供电力输出服务，输电网线路总长达 1 万公里，电网覆盖面积达 109360 平方公里。[③] 50Herz 在利用海上风能发电并传输领域拥有丰富的经验和领先技术。2017 年 50Herz 将 102 台位于波罗的海的风能发电机组并入陆地电网，总装机容量达 339 兆瓦，可是由于投资滞后，仍有总装机容量 167 亿兆瓦的 33 台机组尚未并入电网。50Herz 拥有两个股东，分别是比利时电网运营商 Elia 以及澳大利亚基础设施基金 IFM，它们分别拥有 50Herz 60% 和 40% 的股权。2018 年上半年，IFM 拟以 8 亿欧元的价格将其持有 50Herz 20% 的股权转让给中国国家电网。

国家电网公司是全球最大的电力集团，2017 年位居世界 500 强第二

① 台海玛努尔核电设备股份有限公司. 台海核电 2017 年度报告[EB/OL]. 2018 - 04, http://pg. jrj. com. cn/acc/CN_DISC/STOCK_TIME/2018/04/28/002366_nb_1204827963. PDF.

② 德国四大电网公司分别是 TennetTSO, Amprion, TransnetBW 以及 50Herz.

③ 数据来自 50Herz 官方网站, Über Uns: https://www. 50hertz. com/de/50Hertz/Ueber - uns.

位，营业收入315199亿美元，利润9571亿美元，如果国家电网入股将给50Herz带来急需的资金支持，推动50Herz加快发展，但是德国政府“出于安全政策考虑”极力阻止此次交易。首先，德国政府与50Herz第一大股东Elia进行磋商，让其收购IFM拟转让的20%的股权，而后又授权德国国有复兴信贷银行（KfW）收购剩余的20%股权。

该案例有三个疑问：

第一，国家电网投资规模要小得多的50Herz的原因？德国媒体对此已经进行了分析，一方面是，因为50Herz在太阳能和风能发电方面拥有先进技术和较强的创新力，可以帮助国家电网解决电压稳定等技术难题；另一方面，国家电网希望借助50Herz在欧洲尤其是德国的领先地位帮助开拓新市场，[①] 综上可将国家电网的投资的目的理解为基于企业发展的战略布局。

第二，德国政府阻止此次交易仅仅是因为国家电网来自非欧盟国家？50Herz原股东IFM是一家澳大利亚公司，不是欧盟企业。为何澳大利亚公司可以持有50Herz股权，中资企业却不可以？近几年国家电网已经成功投资包括意大利、葡萄牙和希腊在内的多个欧盟国家电网运营商，尚未见到被干涉的情况，为何只有在德国被干涉？这不得不让人怀疑德国政府区别对待中资企业。

第三，50Herz电网业务是德国关键的基础设施，所以需要审慎对待？德国经济法规定只有外国投资者收购德国公司股权比例达到或超过25%时才需要被德国政府审核，此次交易所涉股权比例并未触及该申报审核门槛。如若交易成功，国家电网仅拥有50Herz 20%的股权，不可能掌控50Herz，绝谈不上会危及德国公共安全，这让人不得不怀疑德国政府阻止投资干扰了市场公平交易原则，对中资企业投资设立了歧视性壁垒。

---

① 国家电网收购50 Herz的原因来自德国《法兰克福汇报》(Frankfurter Allgemeine Zeitung)的2018年7月28日的文章Warum China nach dem deutschen Stromnetz greift，具体详见：http://edition.faz.net/faz-edition/wirtschaft/2018-07-28/warum-china-nach-dem-deutschen-stromnetz-greift/182965.html.

第二节 德国国家安全审查法规

除了以上两个案例外，2016 年 7 月福建宏芯向德国半导体设备供应商 Aixtron 发起要约收购，德国政府因为美国的干涉，史上首次收回无异议证书，导致收购最终失败。2017 年 2 月，德国联合法国和意大利在欧盟委员会呼吁欧盟制定更严格的外资收购审查机制，以遏制中国对欧洲高新技术企业投资。2018 年 12 月，德国政府在收紧外商投资安全审查政策之后仅一年再次强化审查力度，这一系列事件矛头都指向了中国投资，中资企业在德收购时一定要谨慎应对。

一、国家安全审查的法律依据

德国没有一部专门收购法，相关法律依据分散在民法、商法、公司法、反限制竞争法、对外经济法和有价证券收购法等法律法规中。其中《联邦德国对外经济法》（Außenwirtschaftsgesetz，AWG）以及相关《对外经济条例》（Außenwirtschaftsverordnung，AWV）是德国在贸易投资方面最为重要的法律。AWG 第 1 条准则（Grundsatz）明确规定：联邦德国原则上遵循经贸自由。同时，AWG 也保留了德国政府在特殊情况下进行干预的权力。[①] 2008 年 8 月 20 日，德国内阁通过《对外经济法》和《对外经济条例》第 13 次修正草案，新增了限制外资收购德国企业的内容。修订后的 AWV 第 7（1）条第 4 项规定[②]：在《欧共体条约》第 46 条和第 58

---

① 《对外经济法》(AWG)第 1 部分法律行为(Rechtsgeschäfte und Handlungen)第 1 条准则(Grundsatz),具体详见:http://www. gesetze - im - internet. de/awg_2013/AWG. pdf.

② 《对外经济法》第 1 部分法律行为(Rechtsgeschäfte und Handlungen)第 7 条(Einzeleingriff im Seeverkehr außerhalb des deutschen Küstenmeeres),具体详见:http://www. gesetze - im - internet. de/awg_2013/AWG. pdf.

（1）条规定的范围内，为维护公共秩序和国家安全，可以对对外贸易进行限制。第7（2）条第6项指出，非欧盟国家收购德国企业，不能对国家安全造成损害或威胁国家利益，否则交易应该被中止。

二、国家安全审查的主管机构

德国联邦政府没有专门管理国外投资的部门，而是依赖不同机构协同管理[①]，其中最为关键的部门是德国联邦经济和能源部（Bundesministerium fuer Wirtschaft und Energie，又称 BMWi，以下简称“经济部”），其主要职责是确保德国经济持续稳定增长，确保德国经济具有较强的竞争力。在投资领域 AWV 规定[②]经济部有权对欧盟或欧洲自由贸易联盟（以下简称 EFTA）之外的投资者直接或间接收购德国企业的行为进行审查并依法[③]颁布具有法律效应的无异议证书。

三、国家安全审查的主要内容

（一）审查对象

国家安全的审查对象至少需要具备两个条件[④]：一是投资者来自欧盟和欧洲自由贸易联盟（EFTA）以外的国家和地区；二是收购后投资者直接或间接拥有德国公司投票权达到或超过25%。该投票权包括以下几种情况：

（1）投资者收购德国公司不少于25%拥有投票权的股份；

（2）投资者和其关联企业的投票权合并计算，即如果投资者通过其在欧盟设立的 SPV 公司或者分公司间接投资德国企业，其股权比例加上投资

---

① 德国收购涉及多个监管部门：包括①德国联邦金融监管局，负责监督和审批投资或收购德国股份公司的交易；②德国联邦银行，负责统计外国投资流量和存量变化；③德国联邦贸易与投资促进署，负责外国投资咨询等，本书主要关注安全审查，不对其他部门作深入研究。

② 《对外经济条例》(AWV)第6章(Beschränkungen des Kapitalverkehrs)第55条(Anwendungsbereich der sektorübergreifenden Prüfung)，具体详见：http://www.gesetze-im-internet.de/awg_2013/AWG.pdf.

③ 《对外经济条例》(AWV)第6章(Beschränkungen des Kapitalverkehrs)第58条无异议证书(Unbedenklichkeitsbescheinigung)，具体详见：http://www.gesetze-im-internet.de/awg_2013/AWG.pdf.

④ 《对外经济条例》第6章(Beschränkungen des Kapitalverkehrs)第56条投票权(Stimmrechtsanteile)，具体详见：http://www.gesetze-im-internet.de/awg_2013/AWG.pdf.

者直接投资同一家德国企业的股权比例超过25%以上（含25%）；

（3）投资者与德国公司的股东就行使表决权达成协议，拥有不少于25%的表决权，尽管其直接收购的股权比例少于25%；

（4）投资者与其他股东达成协议成为事实上的一致行动人，合并拥有不少于25%的表决权。

2018年12月德国政府通过修订案将涉及“敏感行业”的外商投资安全审查门槛由25%下调至10%。

如外国投资者符合以上条件，就需根据联邦公报（Bundesanzeiger）上的文件指引制作项目文件并向经济部提交。AWV第55款第1条规定经济部有权要求投资者根据项目情况额外提供调查所需的补充文件。如果收购的是非敏感行业的德国公司，则AWG或AWV并未强制要求外国收购者主动申报，不过收购交易一旦被经济部调查，有被终止或被要求恢复原状或禁止或限制投票权的风险。根据AWV规定，德国经济部有权在收购协议签署后5年内决定是否对该项交易启动审查程序，鉴于经济部拥有审核权的周期较长，建议中资企业选择主动向经济部申请无异议证书或在项目交割前主动与经济部进行沟通，以防止出现被否决风险。

（二）审核的敏感行业

原则上德国对外国投资者通过投资或收购进入德国并不设限制，但AWV第55条罗列的敏感行业除外，德国经济部重点审查的敏感行业包括：

（1）关键基础设施；

（2）涉及关键部门的系统和安全软件①；

（3）电信设备；

（4）云存储。

德国政府明确禁止外商投资或收购的公司包括：

---

① 关键部门系统和安全软件包括：一是能源部门：控制发电厂、电网、天然气、燃料以及区域供热的设施系统软件；二是水利部门：管理、控制和自动化淡水供应和废水处理的设施的软件；三是信息和电信部门：用于语音和数据传输或数据存储和处理的系统软件；四是金融部门：用于现金支取、信用卡支付、传统交易、证券和衍生品交易的结算和管理以及保险服务的系统软件；五是医院：用于销售处方药以及管理实验室信息数据的医院信息系统软件；六是运输部门：用于航空、铁路、海运、内河航运、公路以及公用运输和物流运输的系统软件；七是食品部门：用于食品供应的系统软件。

（1）涉及战争武器研发和制造的德国公司[①]；

（2）涉及建设运营核电站以及核垃圾处理项目的德国公司。

需要注意的是，过去3年中资企业在德国收购引起争议或受阻的案例绝大多数都属于以上敏感行业范畴。

表11－1 2016—2018年中资企业在德国收购受阻案例

时间	收购事项	争议点	结果
2016	三安光电收购德国照明行业巨头 Osram	（1）三安光电实力不足，可能有国资支持； （2）专利和核心技术流失	间接干涉收购失败
2016	福建宏芯基金收购德国半导体设备供应商 Aixtron	（1）基金拥有国资背景； （2）Aixtron 生产的光电器件可能应用到相控阵雷达等军事设备上	间接干涉要约失败
2016	美的集团收购德国机器人制造商 KUKA	KUKA 是德国工业4.0重要组成部分，工业机器人核心技术可能流失	一度暂停交易最后批准
2017	安泰科技收购德国碳纤维复合材料部件制造商 Costesa	Costesa 生产的碳纤维复合材料可能被用到军用战斗机等领域	一度暂停交易最后批准
2018	中国国家电网收购德国电网运营商 50Herz	50Herz 是德国四大电力公司，是德国最重要的基础设施运营商之一	间接干涉收购失败
2018	烟台台海集团收购德国精密设备制造商 Leifeld	Leifeld 制造的旋压机可生产用于核工业或军事目的的高强度材料	审查否决

资料来源：根据公开渠道信息整理而得。

通过表11－1可知，德国政府对中资企业是否拥有国资背景比较敏感，三安光电和福建宏芯基金都被怀疑有中国政府参与和支持而饱受德国舆论质疑。此外，如果目标公司的技术或产品存在应用到军工或核电领域的可能，也会受到德国经济部的重点关注。

（三）审核流程和时间

经济部应在外国投资者递交完整材料后2个月内作出判断此次收购行为是否危害公共秩序或国家安全，在这段时间内，如果经济部没有按照AWV第55条规定开启进一步审查的程序，则被视为签发无异议证书。如经济部

① 德国经济部并未明确禁止投资者进入该领域，只是规定，非德国籍投资者的项目可能被否决。

决定进行干预，则会根据项目具体情况决定应补充递交的材料并通知外国投资者。在收到完整补充材料后，经济部应在4个月内做出禁止或限制交易的决定，否则就被视为批准交易，经济部会将审核结果公布在联邦政府网站上（见图11－1）。

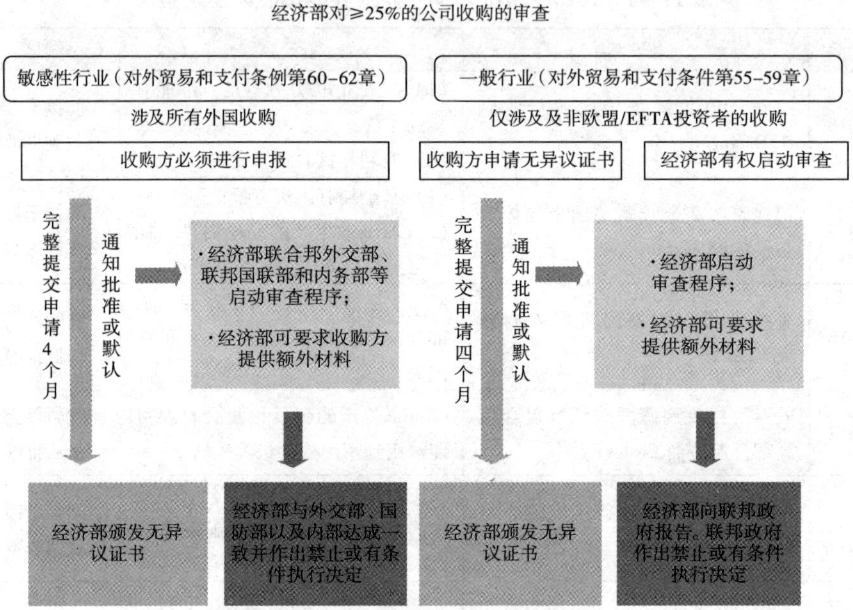

图11－1　德国国家安全审查审核流程

资料来源：商务部发布的《中德收购指南——在德国的收购》。

（四）政府干预

一旦经济部认为外资收购危害了德国的公共秩序和安全，就要向联邦政府汇报，在得到联邦政府同意后实施干预。如果外资收购正在进行，经济部可直接中止收购程序并要求收购方将目标公司恢复到收购前的状况。如外资收购已经完成，会采取干预措施：一是直接限制外国投资者在被收购公司的表决权，确保外国投资者不能对被收购公司施加重大影响；二是否决此次收购交易并委托第三方将项目恢复到收购前的状况。①

① 《对外经济条例》（AWV）第6章（Beschränkungen des Kapitalverkehrs）第59条禁止或指令（Untersagung oder Anordnungen），具体详见：http://www.gesetze－im－internet.de/awg_2013/AWG.pdf.

四、德国收紧国家安全审查对中资企业的影响

在德国政府2017年修订AWV后，中国政府通过多种渠道表示了关切，认为该修正案为中资企业在德收购带来了负面影响，可能导致中资企业参与的交易更易受到政治性干预。对此可作以下理解：

第一，德国政府2017年修订的AWV存在一些模棱两可的定义，可能会增加中资企业在德收购的不确定性。例如，如何确认关键基础设施和非关键基础设施间的界限？如何评估生产军民两用产品的非敏感行业企业？这两个问题实际上为德国经济部首次以国家安全为由否决烟台台海集团收购Leifeld埋下了伏笔。

第二，由于大幅降低安全审查门槛至10%，中资企业在德参与收购交易时受到德国政府干涉的可能性进一步增大，尤其是类似于美的收购KUKA或吉利投资戴姆勒这类交易规模大且目标公司是德国标志性企业的收购。此外，买方拥有国资背景或本身就是国有企业的，在德收购也可能面临被禁止风险，相关中资企业应该提前做好困难准备。

第三，相较于AWV修正之前，中资企业需要申报的交易数量将大幅增加且德国经济部的审查将更加深入。基于此，安全审查的期限就会相应延长，将大大改变中资企业在德收购的时间周期。伴随着交易时间的增加，需要处理和协调的各种冲突因素也会增加，可能会影响收购成功的概率。

第四，在外商投资安全审查趋紧的大背景下，中资企业作为潜在的竞标方很可能会处于劣势地位，尤其是当目标公司的管理层对中资企业是否能完成交易抱有怀疑时，中资企业很难与转让方进行谈判降低交易价格或签署有利的收购协议，而且转让方很有可能会以承担额外审查程序为由，让参与竞争的中资企业支付更高的履约保证金。

第五，鉴于德国政府对中资企业实施了多个第一次：历史上首次收回无异议证书、历史上首次以危害国家安全为由禁止交易，且安全审查的有效期限长达5年，所以即便是在短期内获得批准，中资企业也不可掉以轻心，防止出现极端情况（如美国政府干涉）并做好寻求司法救济的准备。

第三节 德国与英、美安全审查政策比较

近年来，中资企业跨境收购呈井喷式增长引起了欧美主要国家对所谓“技术外流”的担忧。继德国之后，美国、澳大利亚和英国等国纷纷收紧本国外商投资安全审查政策，导致中资企业跨境收购在2016年达到顶峰之后开始出现回调，2017年以来中资企业在欧美地区跨境收购的交易规模、交易金额以及大型交易的数量都出现了明显下降。据统计，2010年以来美国是中资企业海外收购的第一目的地国，英国是中资企业在欧洲收购的第一目的地国，可以说美、英两国是中资企业海外收购最关注的国家，本节选取了这两个国家的外商投资安全审查制度与德国进行比较，以求对德国安全审查制度有更深刻的理解。

一、德、英、美三国安全审查政策的主要内容

表 11－2　德、英、美三国外商投资安全审查制度比较

		德国	英国	美国
1	监管机构	德国联邦经济和能源部（BMWi）	英国竞争与市场管理局（CMA） 在审核交易时 CMA 协调政府相关部门和机构组成投资安全评估小组，保证各方能够准确获得交易信息并提供独立意见。该小组主席由副国家安全顾问担任	美国外国投资委员会（CFIUS）。 CFIUS 由美国财政部长担任委员会主席，其他代表包括以下部门的负责人：财政部、司法部、国土安全部、司法部、商务部、国防部、国务院、能源部、美国贸易代表办公室以及美国科技政策办公室； 以下部门会以观察员身份参与：管理和预算办公室、国家经济委员会、国家安全委员会、经济顾问委员会以及国土安全委员会。此外，美国国家情报局局长和劳工部长是没有投票权的列席成员
2	审查内容	并购交易对德国公共秩序和国家安全是否已经或可能造成不利影响	保护英国国家安全，包括： （1）国家安全和公共安全； （2）反对垄断和公平竞争； （3）经济和技术竞争力； （4）金融稳定（欧洲并购谨慎监管）； （5）媒体多元化	保护美国国家安全，但法律对于“国家安全”并没有明确的定义。一般可理解为并购交易是否已经或可能会对美国国家安全造成威胁和损害，因此 CFIUS 在判断一项交易时拥有比较大的自由裁量权

续表

		德国	英国	美国
3	审查门槛	(1) 投资者来自欧盟和欧洲自由贸易联盟(EFTA)以外的国家和地区; (2) 收购后投资者直接或间接拥有德国公司投票权达到或超过25%。该投票权包括以下几种情况: a. 投资者收购德国公司不少于25%拥有投票权的股份; b. 投资者和关联企业投票权合并计算收购同一家德国企业股权比例超过25%以上(含25%); c. 投资者与德国公司的股东就行使表决权达成协议,拥有不少于25%的表决权; d. 投资者与其他股东达成协议成为一致行动人,合并计算拥有不少于25%的表决权。 2019年1月1日起,涉及敏感行业的外商投资安全审查门槛由25%下调至10%	外国投资者通过并购对英国企业产生重大影响或实际控制。包括下列情形: (1) 收购后投资者直接或间接拥有英国公司投票权或股权达到或超过25%; (2) 通过其他安排可以对英国公司产生重大影响或实际控制; (3) 对外国投资者参与目前尚未运行但未来可能会影响国家安全的新项目; (4) 外国投资者收购具有重大价值或影响的、资产达到或超过50%份额以上的交易。 非敏感行业: (1) 目标公司在英国的营业额达到或超过7000万英镑; (2) 并购交易可能让收购后公司主体在英国或在英国部分地区提供产品或服务的市场份额达到或超过25%。 如出现以上任一情况,需基于公共利益或公平竞争的因素判断是否需要对交易进行审查。 敏感行业:(2018年修改后出现的) (1) 收购前目标公司在英国提供产品或服务的市场份额达到或超过25%; (2) 目标公司在英国的营业额达到或超过100万英镑。 如果目标公司从事特定"相关业务"(见"审查重点")且出现以上任一情况,则被视为触发审查门槛	原审查门槛(2008年11月14日修改CFIUS审查规则): CFIUS依法对"受管辖交易"(Covered Transaction)进行审查。 "受管辖交易"是指:外国投资者通过合并、收购以及其他投资形式直接或间接"控制"可能影响国家安全的目标公司(不包括绿地投资和初创公司)。"控制"一般是指外国投资者持有目标公司股权比例≥10%。需要注意的是,CFIUS有权对非美国公司被收购行为进行审查,只要其在美国从事贸易(Interstate commerce)。 新审核门槛(The Foreign Investment Risk Review Modernization Act of 2018,以下简称"FIRRMA"): FIRRMA扩大了CFIUS管辖权限,将涉及某些"敏感行业"投资者拥有某些"特别权限"的"其他投资"(Other Investment)行为也纳入监管范围,即便外国投资者并未取得目标公司控制权

续表

		德国	英国	美国
4	审查重点	德国经济部重点审查的敏感行业： （1）关键基础设施； （2）关键部门的系统和安全软件； （3）电信设备； （4）云存储。 德国政府明确禁止外商投资或收购的公司： （1）涉及战争武器研发和制造； （2）涉及建设运营核电站以及核垃圾处理项目	“敏感行业”包括： （1）军用和军民两用领域：开发、生产或制造涉及英国和欧盟出口管制类的限制性商品、软件或信息； （2）核心计算机软硬件领域：开发、生产或制造涉及安全、民生、高新技术以及基础设施的核心软硬件系统、知识产权以及相关组件等； （3）量子技术：涉及量子计算、模拟、成像、传感、导航和通信等相关技术的开发、生产和制造	“敏感行业”是指 （1）关键基础设施（Critical Infrastructure）所有、运营、生产和服务； （2）关键技术（Critical Technologies）开发、设计、制造、测试； （3）美国公民敏感个人数据维护和收集。 “特别权限”是指外国投资者可能通过收购获得目标公司以下一种或几种权利： （1）能够获取目标公司拥有的非公开核心技术信息； （2）能够在目标公司董事会拥有席位或担任观察员； （3）能够影响目标公司涉及“敏感行业”的重大决策。 新增审查内容： （1）敏感区域的固定资产交易，即美国境内临近军事设施区域，以及事关国家安全设施的周边区域。 （2）任何旨在规避CFIUS审查的交易安排。 （3）外国投资者在美国公司享有权利的变更，即在完成初始投资后，任何可能导致外国投资者在美国公司决策权增加的行为

续表

		德国	英国	美国
5	审查流程	非敏感行业不强制申报，敏感行业强制申报。德国经济部在外国投资者递交完整材料后2个月内作出判断，在这段时间内如果经济部没有开启进一步审查程序，则被视为签发无异议证书。 如决定进行干预，则经济部会要求外国投资者补充材料。经济部应在4个月内作出禁止或限制交易决定，否则就被视为批准该交易	非敏感行业不强制申报，敏感行业强制申报。收购方可主动与英国政府就交易进行非正式沟通，但在这种情况下不会获得有约束力的批准。 在启动正式申报程序并提交完整材料后，英国政府应在不超过30个工作日内作出是否介入交易的决定，如果政府决定介入，应在不超过45个工作日基于国家安全原因对交易进行审核，如交易复杂，可适当延长审核时间	一般交易不强制申报，惯常做法为交易方认为如需要CFIUS审核，则在签署一系列正式协议后向CFIUS提交书面通知并与CFIUS进行非正式沟通，且会将通过CFIUS审核作为交易交割前提条件。 如果外国投资者投资业务达到FIRRMA新设审核门槛，交易方必须向CFIUS提交声明，该声明可视为提交书面通知书的替代性措施，即要求外国投资者在进行敏感领域投资时必须强制申报。 CFIUS在收到正式书面通知后10个工作日内作出是否进行后续调查的决定，如进行后续调查，则CFIUS拥有45天的审查期（Review），如CFIUS认为交易可能损害美国国家安全，会进入45天后续调查期（Investigation）并要求交易方提供更为详尽的资料，如果需要CFIUS可以再延长15天进行后续审查，因此CFIUS最长审查期可达105天

续表

		德国	英国	美国
6	政府干预	如果并购行为已经或可能危害德国公共秩序和安全，德国联邦政府可实施干预： （1）如果交易正在进行中，可直接中止交易并要求收购方将目标公司恢复到收购前状况； （2）如果交易已经完成，就要采取干预措施：一是直接限制外国投资者在被收购公司表决权，确保外国投资者不能对被收购公司施加重大影响；二是否决此次收购交易并委托第三方将项目恢复到收购前状况	如果并购行为存在危害英国安全的风险，英国政府有权采取必要措施来避免或缓解风险，包括： （1）结构性救济措施，如资产剥离； （2）行为性救济措施，如限制控制权； （3）禁止或撤销交易，具体包括： • 限制或禁止获得信息或技术； • 限制或禁止转让知识产权； • 保持收购前的供求关系； • 接受监管或定期提交报告。 如违反相关禁令或未履行救济措施可能导致承担民事或刑事责任	（1）CFIUS 有权在审查期内暂停交易，且无须等到审查结束就可将交易提交美国总统以采取进一步行动。 （2）减缓行动（Mitigation），即 CFIUS 与交易方就消除或降低交易对美国国家安全带来的风险达成协议或条件。 （3）CFIUS 有权对减缓行动进行有效监督，以验证确实有效消除或降低交易给美国带来的负面影响。
7	发展趋势	进一步收紧外国投资审查政策： （1）进一步降低国家安全审查的门槛，将 25% 下调至 10%； （2）可能会设立主权财富基金来扶持陷入财务困境的德国公司	短期内大概率不会调整外国投资审查政策	FIRRMA 完全生效需要 18 个月，因此可以预计美国外国投资审查政策在短期内不会再作调整

资料来源：（1）CFIUS，“CFIUS Reform：Final Regulations Issued on November 14，2008”，https：//www. treasury. gov/resource – center/international/foreign – investment/Documents/Summary – FinalRegs. pdf.（2）Department for Business，Energy & Industrial Strategy，“National Security and Investment：A consultation on proposed legislative reforms”，https：//assets. publishing. service. gov. uk/government/uploads/system/uploads/attachment _ data/file/728310/20180723_ – _ National _ security _ and _ investment _ – _ final _ version _ for_ printing_ _ 1_ . pdf.

由表 11 - 2 可知，欧美主要国家收紧外商投资安全审查已经成为一种趋势且监管法规的趋同性也越发明显，但在一些细节上还存在一些差异。

二、德国与英、美国家安全审查政策的异同

第一，尽管从表面上看德国经济部（BMWi）单独承担对外商投资安全审查的职能，但实际上其与美国 CFIUS 以及英国审核小组相类似，都要与政府相关部门进行充分沟通后再作出裁决，所以是否能够通过安全审查取决于德国政府的综合考量，正因为如此，它极易受到非安全因素的干扰。例如，尽管中资企业在德收购的规模和数量远少于美国企业，但是中资企业面临审查的压力却远高于美国企业，德国经济部（BMWi）历史上从未否决过一起美国企业在德收购，但对中资企业的收购行为却保持警惕，将史上首次撤销无异议证书、史上首次否决交易以及史上首次干预未达到审核门槛的交易都给了中资企业。中、美两国企业在德国收购的不同待遇提醒我们，欧美主要国家安全审查的裁决结果会受到很多非安全因素的干扰，包括意识形态、政府关系以及经贸联系等，是极为复杂且有时是难以把握的。

第二，德国和英、美两国的监管目的基本相同，都是为了维护国家安全，不过英国审查还包括反垄断以及维护市场公平的内容。此外，德、英、美三国尤其是美国并未对“国家安全”进行明确定义，因此这三国政府在审查交易时拥有更大的自由裁量权，任何否决理由都可以归入危害国家安全上来。例如，中资企业自 Trump 担任美国总统至 2018 年 7 月，已经有 50 起交易受到 CFIUS 审查，其中至少有 15 起交易被否决①，否决理由以及所涉及行业五花八门。如果说 2017 年 Canyon Bridge 基金收购 Lattice Semiconductor 被否决是因为基金有中国国资背景，以及交易可能导致核心知识产权转移等尚能揣测作出一定的解释，那么 2018 年大北农（002835. SZ）收购 Waldo Farms 被否决就显得有些莫名其妙了，难以想象一个肉猪育种公司也会危害美国国家安全。从 2016 年以来的审核案例来看，德国政府有美国化倾向，需要引起中资企业高度警惕。

① 汉坤律师事务所. FIRRMA 法案扩大 CFIUS 权限——雷霆监管下中国对美投资是否还能成功落地？[EB/OL]. 2018 - 08 - 20, http://www.imspender.com/articles/yi - kun - jing - wai - tou - zi - od-ishi.

第三，德国原审查门槛为收购后外国投资者直接或间接拥有德国公司的投票权≥25%，这个数字远高于美国≥10%以及英国≥100万英镑营业额的标准，就审查门槛而言，相对较高，但是2018年德国政府干涉中国国家电网收购德国50Herz公司20%股权的案例说明，德国可能会进一步收紧外国投资审查政策，德国政党领导人以及主流媒体已经多次呼吁，有必要将德国安全审查的门槛由25%下调至15%，甚至是10%，并且设立10亿欧元规模的国家主权财富基金来扶持陷入困境的德国中小企业，以更好地管控中资企业在德的收购。在这样的背景下，2018年12月德国政府步英、美两国的后尘，将涉及“敏感行业”的外商投资安全审查门槛由25%下调至10%。

第四，就审查内容而言，德国目前并未要求对非德国企业的收购行为进行审查，这与英、美两国的政策存在明显差异。目标公司如果在美国拥有一定规模的业务且CFIUS认为中资企业对该目标公司的收购可能会影响美国国家安全，CFIUS是可以对交易进行干涉甚至是否决的。2016年CFIUS否决了中资财团Go Scale Capital基金对飞利浦旗下照明事业生产商Lumileds多数股权的收购。Go Scale Capital基金是一家当时新设立的投资基金，由金沙江创投（GSR Venture）和橡树投资伙伴（Oak Investment Partners）联合出资组成，是一支纯市场化的投资基金，并未有国资背景，且CFIUS也未解释否决原因，只能猜测二级发光管（LED）属于半导体，而美国政府防备中国企业获得相关知识产权，这个案例提醒在德收购的中资企业，尽管交易对手是德国公司，但也要防止美国干涉。

第四节　中资企业应对德国安全审查的建议

德国对中国投资心态复杂，一方面希望借助中国资本推动德国经济和德国企业发展，另一方面又担心丧失技术优势和国际竞争力，再加上部分德国媒体推波助澜，恶意炒作中国的负面消息，导致德国社会对中资企业疑虑重重。在这种背景下，一直宣称外国投资者在德国享受国民待遇的德国政府，对中国收购的态度发生了变化。安全审查已经成为中资企业在德国收购的主要障碍。2017 年 4 月中国欧盟商会发布的《中国投资欧盟报告》显示，有 66% 的中资企业在欧盟投资时遇到监管问题。当事国政府以交易可能危害国家安全为由禁止交易已经成为跨境收购失败的重要原因之一，如何应对安全审查已经成为中资企业在德国收购的关键因素：

第一，熟稔德国乃至欧洲外资收购安全审查的相关规定和程序。中资企业在发起收购前就应该熟稔相关法律法规，尤其需要注意的是，对非敏感性行业的收购虽然未强制外国投资者主动申报，但一旦开始审查可能有失败风险，所以中资企业在不能明确交易是否涉及国家安全审查时应主动与德国经济部联系，征询德国经济部意见并寻求官方指导，防止产生不利后果。

第二，借助“专业”中介机构和相关第三方力量帮助完成在德收购工作。目前，德国国家安全审查所涉及范围存在一定的模糊空间，中资企业需保持警惕：一是雇佣熟悉安全审查的专业中介机构，让其帮助权衡收购风险并提供专业援助；二是向中国商务部投资促进事务局（CIPA）和商务部国际贸易经济合作研究院等相关政府派驻德国机构寻求帮助，尽快熟悉欧盟和德国法律环境。

第三，调整收购策略，转变收购方式。中资企业可尝试通过调整收购方案来降低德国政府和公众的注意力。一是采用循序渐进方式，即先参股目标公司，以少量投资初步锁定目标公司，再根据实际需求签署一系列买方期权协议，逐步增加在目标公司的话语权，并视情况再决定是否控股；二是采用建立合资公司（Joint Venture）的方式进行合作，通过技术授权和战略联盟等方式间接获得目标公司的核心技术和先进管理经验；三是在德国寻找战略投资方，以联合投资方式降低收购敏感度和收购难度。

第四，拿起法律武器捍卫自身合法权益。如果经济部最终禁止交易执行，中资企业可通过诉讼挑战德国经济部。尽管在实践中很少有中资企业愿意走这一步，但如果无计可施，诉讼也是一种必要的手段，否则中资企业可能遭受重大经济损失。2014 年三一重工状告奥巴马政府和美国外资投资委员会（CFIUS）以国家安全为由否决三一重工子公司拉尔斯（Ralls Corp）在美国的一宗并购案就获得了胜利。

第五，通过交易谈判为自身争取最大权益。由于跨境收购交易周期较长且需要相关政府的审批，存在较大的不确定性。中资企业应在交易谈判中尽可能地降低国家安全审查的风险。例如，如果未能取得德国经济部审批，中资企业是否一定要支付反向分手费？如需要支付，额度是多少？是否符合市场惯例？是否可以降低反向分手费？如果在约定交易完成日之前未能取得政府审批，中资企业是否有权延长申报时间？是否需要支付“超时费”（Ticking Fees）？

第六，在以往的收购案例中德国媒体经常恶意炒作中国收购，推波助澜“买空德国论”和“技术窃取阴谋论”，给收购造成了极其不利的舆论环境，所以应特别重视德国媒体和公众的力量。收购早期建议在德国当地聘用专业机构，就中资企业在德国收购进行包装宣传，树立买方的正面形象。此外，选择合适的收购时期也非常重要，这在继峰股份收购德国老牌上市公司 Grammer 的案例中就得到了很好的印证，继峰股份以“白衣骑士”的身份出现，帮助德国公司的管理层击退了恶意收购方，赢得了德国媒体和公众的赞誉，在这种情况下很难想象德国经济部会否决交易。

第十二章

其他影响在德国收购的因素

第一节　美国对中资企业在德国收购的干涉

尽管收购标的不在美国，但是中资企业在德国乃至欧洲收购都可能会受到美国政府的阻挠，尤其是收购标的在美国设有子公司或拥有一定业务时，中资企业就必须要向美国外国投资委员会（以下简称 CFIUS）进行申报，由美国政府和军事部门以及情报机构组成的 CFIUS 会审核此次交易是否对美国的国家安全构成威胁。近年来，美国已经多次以危害美国国家安全为由强行暂停或中止中资企业的收购行为，最具代表性的案例就是否决中资企业收购德国企业 Aixtron。

2016 年 7 月，中国福建宏芯向陷入经营困境的德国半导体设备供应商 Aixtron 发起要约收购，收购金额为 6.7 亿欧元。9 月，收购案通过德国经济部（BMWi）安全审查。10 月，德国政府突然宣布撤销之前批准，重新进行评估。据德国媒体披露，德国政府撤回收购批准源于美国干预。美国政府在没有证据的情况下坚持认为 Aixtron 技术可能会应用到军事领域，反对福建宏芯收购 Aixtron。12 月，福建宏芯发布公告称对 Aixtron 收购要约已经失效，收购交易条件无法实现，将退还此前已购买的 Aixtron 股份，交易失败。这是一起因美国政府干预导致中资企业未能通过德国安全审查而收购失败的案例。那么美国政府为什么要干预此次收购？

第一，被收购企业技术具有一定的敏感性，美国严防死守极力阻止中国获得高精尖端技术。Aixtron 是一家以生产 MOCVD 设备为主的半导体设备制造商，以生产光电器件为主要业务。尽管从营收规模上看 Aixtron 不能排进全球半导体设备厂商前十位[①]，但是 Aixtron 拥有很好的技术积累。近年来随着中国 LED 产业快速崛起，中国对 MOCVD 设备的需求与日俱增，逐步成为全球最大的 MOCVD 设备市场。Aixtron 搭上了“顺风车”，凭借技术优势一度占据中国 60% 的市场份额，可是随着美国 Veeco 公司的崛起，Aixtron 在中国的销售每况愈下。2016 年第一季度 Aixtron 营业收入同比下滑 47%，净利润为 -1550 万欧元，同比亏损增加 63%。[②] 公司实际控制人英国投资公司 Argonaut Capital 感觉难以为继，不得不宣布转让控制权。福建宏芯认为这是一个很好的收购机会：一方面，中国 LED 企业对 MOCVD 设备需求较高，Aixtron 技术正好满足这一诉求；另一方面，收购美国 Veeco 公司一定会受到美国 CFIUS 的干预，所以 Aixtron 几乎是中资企业收购的唯一选择。

收购 Aixtron 可以帮助中国打通整个 LED 产业链，优化国内化合物半导体产业的布局，但是这些化合物半导体可以应用到相控阵雷达等军事设备上[③]，成为美国政府干预的口实。实际上，美国政府已经屡次阻止中资企业收购欧美半导体公司，2016 年清华紫光收购存储器生产厂商 Western Digital、华润微电子和清芯华创收购 Fairchild Semiconductor、2017 年中国创业投资基金收购 Lattice Semiconductor 等都因为美国政府干预而失败。美国一直以安全审查为幌子，明为国家安全，实际上是千方百计地阻止中国获得高精尖端技术。

第二，收购主体的国有背景让德国公众产生疑虑。福建宏芯在成立仅仅 4 个月后就向 Aixtron 发起要约收购，而且国有企业占据福建宏芯 49% 的股权，这让德国公众产生了疑虑，担心中国政府利用该基金间接获取德国敏感技术。

---

① 2016 年全球半导体设备厂商前十位分别是 Applied Materials(美国)、ASML(荷兰)、Tokyo Electron(日本)、Lam ReseGWBh(美国)、KLA - Tencor(美国)、DNS(日本)、Advantest(日本)、Teradyne(美国)、Hitachi High - Technologies(日本)、Nikon(日本)，前十位中有 4 家美国企业、5 家日本企业和 1 家欧洲企业，合计占有全球半导体设备 93.6% 的市场份额。由于美国和日本对中国投资和收购高新技术企业一直都比较限制，所以中资企业选择范围相对有限，规模相对较小，财务状况一般的 Aixtron 就成为中资企业的目标。

② 中国投资者拟以 6.7 亿欧元收购德国半导体公司[N]. 参考消息(第 6 版)，2016 - 05 - 24.

③ 相关技术具体说明可详见：Gail Purvis. & RoySzweda. “Focus on Aixtron”, 3 - *Vs Review*, Volume 18, Issue 6, August 2005, pp. 28 - 30.

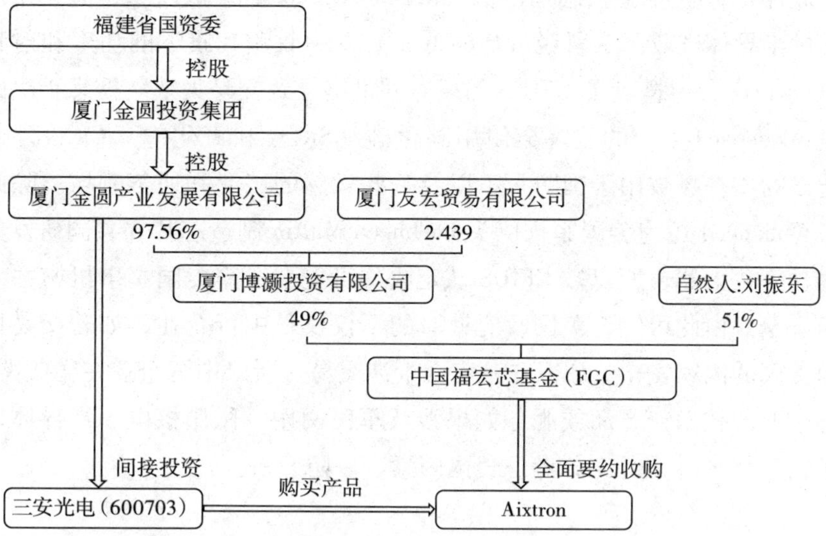

图 12－1　福建宏芯股权结构

资料来源：通过查阅福建宏芯基金和厦门金圆产业发展有限公司股权情况整理而得。

如图 12－1 所示，福建宏芯的主要股东厦门金圆产业发展有限公司间接投资国内主要 LED 外延片和芯片产品供应商三安光电（600703），三安光电又是 Aixtron 最重要的客户，已经与 Aixtron 合作 16 年。2015 年 12 月，三安光电突然宣布 Aixtron 设备工艺无法达到要求，将取消 47 台设备订单，导致 Aixtron 大幅削减全年销售指标，股价因此暴跌 43%[①]。Aixtron 股价暴跌以及财务状况恶化有利于福建宏芯在收购谈判中占据有利地位并降低收购报价，这进一步加剧了德国公众和媒体的猜疑。

除了 Aixtron 案例，近年来已经出现多起因为美国政府干涉导致交易遇到波折甚至中止的情况，2018 年科瑞集团在收购德国血液制品制造商 Biotest 时也曾一度因为未获得 CFIUS 的批准而暂停交易，最后 Biotest 不得不剥离美国业务以缓解 CFIUS 的疑虑。由此可知，美国对中资企业通过收购获取高新技术极为敏感，尽管交易可能不涉及危害国家安全或公共秩序，甚至交易主体是一家德国公司，但是美国仍有可能横加干涉。

① 高祥晓，王培. 由中国宏芯投资基金收购 Aixtron 失败案例引发的思考[J]. 对外经贸实务，2017(10)：32－35.

此外，2016 年德国芯片巨头 Infineon Technologies 拟以 8.5 亿美元价格从美国半导体产业巨头科锐（Cree Inc.）手中收购其旗下的功率和射频部门 Wolfspeed，但遭到了 CFIUS 的反对并最终导致交易失败。据悉否决的理由是 Wolfspeed 生产的装置会使用碳化硅（SiC）和氮化镓（GaN），这两种化学物质一般被用于国防军工以及一些敏感的工业和通信领域。除此之外，Wolfspeed 还为美国军火巨头 Lockheed Martin 制造芯片并共同研发氮化镓高功率放大器，所以被 CFIUS 认定收购可能会泄露美国军事机密并威胁国家安全。由此可知，美国政府针对的不仅仅是中资企业，如若交易可能威胁美国的国家安全，CFIUS 一定会干涉交易。所以中资企业在德收购时，目标企业的技术、产品或服务如果涉及军民两用、民用核电、半导体以及电子信息技术时，要充分考虑美国因素，以防万一。

第二节　欧盟推出外商投资安全审查

长期以来，欧盟28个成员国中仅有包括德国在内的12个国家（法国、德国、意大利、西班牙、葡萄牙、英国、奥地利、丹麦、芬兰、波兰、立陶宛和拉脱维亚）拥有国家安全审查机制①，并没有所谓欧盟层面的安全审查机制。《欧洲共同体条约》规定欧盟投资政策决定权由各成员国自行掌握，各成员国可根据情况制定各自的投资管理政策。2007年《里斯本条约》生效后，尽管外国直接投资（FDI）被正式纳入欧盟共同贸易政策范畴成为欧盟专属权限，但是安全审查仍然是各成员国的职权范畴。

德国在对AWV进行修订的同时又联合法国和意大利向欧盟提交联合文件，要求欧盟赋予成员国审查和禁止与市场规则不符的收购交易权力。由于德、法、意极力推动，2017年9月13日欧盟委员会颁布了《有关外国投资者对欧盟直接投资的法规草案》(Proposal for a Regulation establishing a framework for screening foreign direct investment in the European Union，以下简称《草案》)。《草案》第一次赋予了欧盟对"关乎欧盟利益"的外商直接投资拥有审查权并确定了欧盟层面的外商直接投资审查框架。尽管《草案》尚需要获得欧盟各成员国和欧盟议会批准，一旦获批，一个涉及29个欧盟成员国的安全审查机制将会出现，这将对中国收购者产生一定的影响。最直接的影响就是，中资企业在德国收购时，如交易被认为是"关乎欧盟利益"，可能就需要应对除德国经济部之外的欧盟委员会以及所有欧盟成员国的问询和审核，这会在一定程度上增加交易的不确定性以及失

① European Economic and Social Committee，"The EU should have a better screening mechanism for foreign direct investment to ensure that security and public order are not put at risk"，(Spring 2018)，https://www.eesc.europa.eu/en/news-media/news/eu-should-have-better-screening-mechanism-foreign-direct-investment-ensure-security-and-public-order-are-not-put-risk.

败的风险。

一、欧盟推出安全审查的原因解析

（一）德、法、意三国推动欧盟搭建安全审查架构的逻辑

欧盟一些非官方智库对《草案》的出现作了一些分析，从中可以看出欧盟搭建安全审查的逻辑：

第一，外国投资对欧盟的影响越发重要，加强管控迫在眉睫。截至2015年，欧盟吸引外资存量已经达到5.7万亿欧元，远超过美国（FDI存量5.1万亿欧元）和中国（FDI存量1.1万亿欧元），尽管欧盟只有0.4%的公司是由非欧盟投资者拥有，但它们贡献了欧盟企业总营业额的13%以及6%的总就业岗位，所以无论是从投资规模还是重要程度来讲，非欧盟投资者都变得越来越重要。鉴于国际社会纷繁复杂，基于地区安全和公共秩序考虑，加强对外国投资的管控无可厚非。

第二，欧盟企业在对外投资时并未得到平等的准入待遇，饱受贸易保护主义和不公平竞争的侵害。欧盟企业在进入某些新兴国家（尽管比较隐晦，但明显指向中国）的市场时经常会受到阻碍，例如，某些行业禁止外国企业进入；或者要求外国企业只能以合资公司形式进入；或者对合资公司的外国企业最高持股比例进行限定；或者要求欧盟企业以技术换取市场；等等。与此同时，欧盟国家却对这些新兴国家开放，导致了技术和市场的流失。欧盟作为全球最主要的外国直接投资（FDI）目的地和来源地，为了保护自身安全和国际竞争力，不得不加强对外商投资监管。

第三，欧盟是目前世界上仅有的、尚未建立投资安全审查的主要经济体。美国和中国以及七国集团（G7）所有成员均已建立投资审查机制且都在努力加强管控力度。美国最早在1975年就成立了外国投资委员会（CFIUS），近两年正围绕扩大管控范围进行改革。中国参照美国的运行机制在2015年颁布了《中华人民共和国外国投资法（草案征求意见稿）》，首次以法律形式对外资审查制度作出规定，划定了禁止外国投资者进入的战略领域。欧盟作为世界最主要的经济体之一，建立投资安全审查制度无可厚非。

第四，由于对外国投资实行宽松且自由的政策，欧盟面临高端技术流失以及国际竞争力丧失的风险。目前对欧盟投资已经出现失衡，中国在

2015—2017 年在欧洲投资增长超过 100%；反之，欧洲在中国投资却下降近 30%，这是一种不公平的竞争，因为中国投资缺乏透明度，中国国有企业借助国家资源在有目的地收购欧盟最具全球竞争力的技术，欧洲高新技术的流失会削弱欧洲竞争力。

实际上，以德国为首的部分欧洲国家对中国心怀恐惧才是《草案》出现的最大推动因素。

（二）对欧盟推出外商投资安全审查的理解

首先，从历史上看，欧盟尤其是德、法、意三国企业很早就进入了中国，过去 30 年这三国企业在中国这个世界上最活跃的新兴市场赚取了大量利润。目前，中国是德国第一大贸易伙伴国、法国第七大贸易伙伴国①、意大利第四大贸易伙伴国②，这些事实很难得出欧盟企业在中国饱受贸易保护主义和不公平竞争侵害的结论。相反，中国作为发展中国家，适当立法对一些处于发展中的产业进行保护是完全正当的，这与所谓的政府干涉完全是两个概念。

其次，尽管在欧盟层面确实尚未建立外商投资审查机制，但是德国早在 2008 年就对 AWG 和 AWV 进行了修订，新增了限制外资并购德国企业的内容。此外，法国和意大利、西班牙、葡萄牙和英国等国也早于中国在国家层面就外商投资审查进行了立法，中国作为世界最重要的经济体之一，追随美、德、法、意等国家设立外商投资安全审查机制当然是正当的，而且就审查范围和否决概率来讲，中国的审查力度远不及美国 CFIUS，是否可以断言美国对欧盟企业干预更甚？

最后，虽然中国过去 3 年（2015—2017 年）在欧洲的投资增长迅速，但是美国才是欧盟最大的投资国，尽管其在欧盟的 FDI 份额已经由 1995 年

---

① 据欧盟统计局的统计，2017 年中、法两国双边贸易额为 530.5 亿美元，增长 13.0%。其中，法国对中国出口 213.4 亿美元，增长 21.1%，占法国出口总额的 4.0%，提高了 0.5 个百分点；法国自中国进口 317.1 亿美元，增长 8.2%，占法国进口总额的 5.1%，与上年同期持平。法国与中国的贸易逆差 103.6 亿美元，下降 11.3%。中国为法第七大出口市场和第六大进口来源地，中国是法国非欧盟国家中仅次于美国的第二大贸易伙伴国。

② 据欧盟统计局的统计，2017 年意大利与中国的双边货物贸易额 473.9 亿美元，增长 11.7%。其中，意大利对中国出口 153.0 亿美元，增长 25.4%，占其出口总额的 3.0%，提升了 0.4 个百分点；意大利从中国进口 320.9 亿美元，增长 6.2%，占其进口总额的 7.1%，下降了 0.3 个百分点。意方贸易逆差 168.0 亿美元，下降 6.9%。中国是意大利第七大出口市场和第三大进口来源地，中国是意大利非欧盟国家中仅次于美国的第二大贸易伙伴国。

的51.3%下降至2015年的41.5%，但远超过中国，从存量上看这个差距则更加明显。2017年9月发布的《欧盟—中国经济关系2025：共建未来》(EU - China Economic Relations to 2025：Building a Common Future）研究报告显示，欧盟和中国之间FDI存量远低于欧盟和美国之间水平。截至2016年，欧盟和中国之间FDI存量总计为2030亿欧元，其中，欧盟在华FDI存量为1680亿欧元，中国在欧盟FDI存量为350亿欧元。与此同时，欧盟和美国之间FDI存量则达到50000亿欧元，其中，欧盟在美国FDI存量为26000亿欧元，美国在欧洲FDI存量为24000亿欧元。中国在欧盟存量只有欧盟在华存量的20%，仅相当于美国在欧盟存量的1.46%。2017年我国对外直接投资存量与GDP比例仅为11.4%，远不及发达经济体的44.8%，甚至赶不上世界平均水平的34.6%以及发展中经济体的19.8%，由此可知，确实存在着失衡，不过不是欧盟对华投资过少，而是作为世界第二大经济体的中国对欧盟投资尚有很大潜力有待挖掘。

在全球化时代，外国投资对欧盟的影响确实越来越重要，基于地区安全和公共秩序的考虑，加强对外国投资的管控无可厚非，但是如果枉顾事实、刻意针对中国，就不得不让人怀疑是意识形态在作祟。

二、欧盟外商投资安全审查的主要内容

（一）遵循原则

（1）外国投资是欧盟经济增长、增加就业和加快创新的重要推动力，为实现欧盟经济社会稳定发展贡献了力量，欧盟坚持开放的投资环境，欢迎外国投资。

（2）欧盟需要确保外国投资者服从统一法规并保护欧盟关键技术和资产以及成员国合法权益。

（3）在尊重各成员国特殊国情以及各自审查外国直接投资多样性的基础上，拟在法律框架内搭建一个由欧盟委员会引领的合作框架以审查外国直接投资，以维护欧盟安全和公共秩序。

（二）审查程序

《草案》第8条规定，各成员国在审查外国直接投资是否影响安全和公共秩序时应相互合作。

第一步，对外国投资进行审查（或认为有必要对外国投资进行审查）

的成员国应及时通知欧盟委员会和其他成员国；或尽管外国投资行为未发生在本国，但成员国认为该笔交易可能对自身产生影响，也可要求投资目的地国提供相关信息。

第二步，可能受到影响的成员国应在收到完整交易材料25个工作日内给出合理意见并考虑审查是否应该上升到欧盟层面。

第三步，投资目的地国需充分考虑其他成员国的意见并通知欧盟委员会。

第四步，欧盟委员会应在其他成员国提出意见之后25个工作日内决定是否就交易发表意见。

第五步，投资目的地国应充分考虑欧盟委员会的意见并将其纳入审查评判因素中来，如果该成员国对欧盟的意见未予以采纳，需向欧盟委员会作出解释。

（三）审查内容

《草案》第10条规定，欧盟成员国和欧盟委员会有权要求非欧盟投资者提供涉及投资交易的相关信息：

（1）非欧盟投资者股权结构，包括一致行动人和实际控制人背景信息；

（2）交易价值和投资计划；

（3）非欧盟投资者以及一致行动人的情况信息；

（4）非欧盟投资者以及一致行动人涉及欧盟其他成员国的业务情况信息；

（5）交易的募资方式，包括第三方补贴信息等。

（四）适用范围

《草案》第4条规定，欧盟成员国和欧盟委员会可以基于安全和公共秩序（security and public order）的考虑对涉及以下内容的非欧盟投资行为予以审查：

——关键基础设施，包括能源、交通、通信、数据存储以及金融等行业的敏感设备和基础设施；

——关键技术，包括人工智能、机器人技术、半导体、网络安全、核技术以及潜在军民两用技术；

——关键原材料供应安全；

——敏感信息的获取与控制。

《草案》还将外国投资者是否受到政府控制或受到政府资助作为判断外商投资是否可能影响安全和公共秩序的重要因素。

（五）欧盟与成员国的权责划分

《草案》就欧盟与各成员国就外资安全审查范围和关系进行了界定①：

欧盟委员会有权审查可能影响欧盟或其他成员国利益的境外直接投资。关乎欧盟利益的项目，包括涉及大额资金的投资项目，以及关键基础设施、关键技术和关键原材料投资项目等。欧盟委员会会在合理期限（25天）内出具意见，相关投资目的地成员国必须最大限度地考虑欧盟委员会的意见。

各成员国依据本国审查制度审核境外投资，但需要告知其他成员国和欧盟委员会，如果其他成员国认为投资交易可能影响自身安全和公共秩序，则其他成员国和欧盟委员会有权发表无约束力意见，相关投资目的地成员国需对意见予以“慎重考虑”。

相关投资目的地成员国拥有对投资交易的最终决定权。欧盟委员会在外资审查中的角色偏向于建议和咨询，发表的“意见”暂无法律约束力。

为了确保有效实施监管，成员国新建或修订外商投资安全审查的法律法规应向欧盟委员会报告，并且成员国每年都应向欧盟委员会提供本国外商投资信息年度报告。与此同时，欧盟委员会将专门设立一个由成员国代表以及欧盟委员会成员组成的协调机构，定期召开会议审议外国投资的相关问题，并在各个成员国设立信息渠道联络点以便筛查涉及外商投资的交易。

三、对中资企业在德国收购的影响

第一，中资企业可能需要应对两个层面的安全审查。对于中资企业而言，在德收购不仅需要应对德国经济部的审查，还需考虑《草案》赋予欧盟的相关权利，即欧盟委员会和其他欧盟成员国可能会就中资企业的收购行为发表意见，这在很大程度上延长了交易周期，并增加了交易的复杂性

① Reid Whitten. “CFIUS for Europe? New screening of Foreign Direct Investments in Europe ”, *The National Law Review*, December 12. 2017, https://www.natlawreview.com/article/cfius-europe-new-screening-foreign-direct-investments-europe.

和不确定性。

第二,《草案》确定的审查行业与中国在德重点关注的投资目标有较高的重合度。半导体、人工智能、机器人和大数据等高新技术领域是中资企业较为关注的领域，也是中国经济战略转型的关键。《草案》明确提出了“关键技术”的概念，会进一步增加相关产业收购的敏感性，类似于美的收购德国 KUKA 以及华西能源收购德国拥有核废料处理技术的 JL Goslar 的交易可能会面临更加不利的舆论环境和更加严格的审查标准。

第三,《草案》进一步扩大了审查范围。在某种程度上《草案》比德国 AWV 的审查制度更加严格，因为《草案》审查外商投资并不限于取得一定比例的股权,《草案》的适用范围更广。未来中资企业在德国的任何投资行为都有可能因此受到审查，会大大增加投资的审批环节和交易成本。

第四，国有企业可能会成为众矢之的。《草案》审查的关键点在于“背后是否有国家背景的资金支持”以及收购是否体现“互惠”和“公平竞争”原则。这体现出欧盟和德国高度警惕中国国有企业和国家背景的收购交易。未来中国国有企业在欧洲和德国收购时势必会面临更加严格的政府审查。

第三节　中国加强企业境外投资和收购的监管

一、中资企业跨境投资出现的问题

近几年，随着中资企业跨境收购日趋活跃，出现了大量的非理性投资。例如，中资企业在德国收购往往会支付更高的价格，会出现多个中资企业共同参与竞标一家德国企业的现象，这些中资企业恶意竞价导致收购价格水涨船高。2016 年三家中资企业——北控水务（00371. HK）、中国天楹（000035. SZ）和首创环境（03989. HK）共同竞购德国垃圾焚烧发电厂运营商 EEW，由于竞争激烈，北控水务不得不提出 14. 38 亿欧元的报价并最终胜出。按照 EEW 2015 年扣除非经常性损益的净利计算，北控水务报价的市盈率为 22 倍。如果按照 EEW 2014 年净利润计算，市盈率则接近 100 倍，远远超过其他同类垃圾运营公司的价格。收购导致北控水务负债率大幅增加，达到历史最高的 54%①。花旗银行发布报告称 EEW 的产能利用率已经超过 95%，且由于欧洲固废处理市场增长空间有限，因此质疑北控付出的代价过大。国际三大评级机构之一的标准普尔甚至因此将北控水务列入降级负面观察名单，试想如果没有多家中资企业集中竞价，是否会有另一番情景？

还有一些中资企业在没有足够实力和跨境投资经验的情况下，盲目地进行杠杆比例极高的募资行为并在境外大肆收购，其中很大一部分资金流入体育、娱乐、酒店和房地产等产业，这与我国对外投资的产业政策严重背离。此外，部分中资企业由于缺乏跨境管理能力，导致被收购企业在经

① 《北控水务（中国）投资有限公司公开发行 2016 年公司债券（第一期）募集说明书摘要》，第 3 –4 页。

营上出现很大困难和问题。例如，2012年中国商用车生产厂商青年汽车投资1000万欧元收购德国豪华大客车生产商 Vieson Bus GmbH 74.9%的股权，目的是引入德方先进的豪华客车生产技术并开拓欧洲市场，可是由于经营不善，仅仅一年后 VISEON 就停止生产并于2014年正式破产。2015年，中国普仁集团收购德国石荷州（Schleswig - Holstein）最大的商用机场吕贝克机场并提出一系列激动人心的计划，包括兴建飞行学校、把机场变为中国旅客到欧洲的中转站等，可仅仅一年后就因为资金链断裂，吕贝克机场不得不再次申请破产。即便是跨境投资经验丰富的集团公司，如果扩张过度也存在资金承压的问题。例如，近些年在全球大举收购的海航集团在2017年投资德意志银行①，又收购德国哈恩机场②。由于海航集团主要依赖杠杆融资进行海外收购，导致公司债务负担过重，2017年年底海航集团负债已经达到惊人的7365亿元，现金流捉襟见肘，融资遭遇挫折，流动性危机集中显现。海航集团只能选择大量抛售海外资产和股权，其中也包括德意志银行股票以缓解债务危机和流动性危机，这些案例都给我国在德投资的形象造成了一定的负面影响。

为了让中资企业跨境投资和收购回归理性，加强境外投资监管已经势在必行。2017年以来，境外投资监管部门陆续出台多个文件，包括《关于全口径跨境融资宏观审慎管理有关事宜的通知》和《关于进一步推进外汇管理改革完善真实合规性的审核通知》等。监管政策向“控流出，扩流入”转变，对跨境收购项目从严审核，对跨境收购领域进行重点限定，强调要聚焦在国家鼓励发展的产业上，对“母小子大”“快进快出”、资产负债率过高仍然购买境外股权的项目从严审批。受此影响，银行对投资资金出境审批趋严，对并购贷款和银行贷款等都提高了风险评估标准。中资企业在德开展收购时，无论是募资还是交易结构搭建以及退出安排设计都需要更加规范和严谨。

---

① 德意志银行成立于1870年，是德国最大的银行和世界上最主要的金融机构之一，是 DAX 指数企业，在2018年世界500强企业中排名第223位。海航集团通过其在奥地利设立的公司 C - Quadrat Investment AG 持续增持德意志银行股票，并最终成为其第一大股东。

② 海航集团收购德国哈恩机场的交易于2017年8月正式交割，收购金额为1510万欧元，收购完成后海航集团持有哈恩机场82.5%的股权。哈恩机场位于莱茵兰—普法尔茨州，距离法兰克福约120公里，是1993年由美国空军基地改建而成的民用国际机场，近年来由于客流量减少等原因导致亏损，但仍是德国最重要的货运机场之一。

二、修订《企业境外投资管理办法》

2017 年 12 月，国家发展改革委正式颁布《企业境外投资管理办法》（又称“11 号令”）。“11 号令”简化了跨境投资监管程序，调整了跨境投资监管方向，以加强对中资企业跨境收购的支持和服务力度，有助于中资企业降低跨境收购的审查难度，同时也对中资企业跨境收购行为进行约束，在德国从事收购的中资企业对此应予以重视。

以下是对“11 号令”主要内容的分析：

（一）适应范围

“境外投资”是指中华人民共和国境内企业直接或通过其控制的境外企业，以投入资产、权益或提供融资、担保等方式获得境外企业所有权、控制权、经营管理权及其他相关权益的投资活动。

“控制”是指直接或间接拥有企业半数以上表决权，或虽不拥有半数以上表决权，但能够支配企业经营、财务、人事和技术研发等重要事项。

通过定义可知，监管对象范围包括各类型企业——既包括法人企业，也包括非法人企业，如事业单位、社会团体和合伙企业等。监管投资方式——既包括直接投资，也包括间接投资。搭建“VIE 架构 + 内保外贷”是中资企业在德国收购最常使用的交易方式。例如，中鼎股份收购德国 Tristone 采用的是境外设立 SPV 特殊目的公司 + 内保外贷的间接收购形式，木林森收购德国 Ledvance 采用的是境外设立基金子公司 + SPV 特殊目的公司的形式。

所谓“控制”，既包括实际控制，也包括间接控制，如通过签署 VIE 协议或委托代管协议控制等。此外，“11 号令”还第一次明确提出向既有境外企业增加投资也属于监管范围。未来中资企业选择在德分阶段收购，原则上每次增持或购买新发行股份都需要向主管部门报告，这会对类似于潍柴动力通过持续增持控股德国 KION 的收购交易产生一定影响。

（二）项目核准或备案标准

“11 号令”规定中资企业开展敏感类项目投资需向国家发展改革委申报并取得核准（见表 12 - 1）。敏感类项目包括涉及敏感国家和地区的项目以及涉及敏感行业的项目。所谓敏感国家和地区是指：

（1）未与我国建交的国家和地区；

（2）发生战乱的国家和地区；

（3）根据我国缔结、参与的国际条约、协定等需要限制对其投资的国家和地区；

（4）其他敏感国家和地区。

德国不属于敏感国家和地区，不受此条款限制。

所谓敏感行业包括：

（1）武器装备的研制生产维护；

（2）跨境水资源开发利用；

（3）新闻传媒；

（4）根据我国法律法规和有关调控政策，需要限制企业境外投资的行业。

德国明确禁止外国投资者进入军工领域，此外，涉及水、电、暖气类的民生项目需政府特别审批，所以德国对外商投资的行业限制与“11 号令”有一定的重合性。实务中，中资企业对德国的高端制造业以及高新技术产业比较感兴趣，一般不会触碰“11 号令”提出的敏感性行业，所以该条例对我国企业在德国收购影响不大。

2017 年 8 月国务院颁布的《关于进一步引导和规范境外投资方向指导意见的通知》将房地产、酒店、影城、娱乐业和体育俱乐部以及在境外设立无具体项目的股权投资基金或投资平台作为限制类境外投资。实务中，中资企业对德国的土地、酒店、房地产和足球俱乐部一直都比较感兴趣。例如，复星国际曾向多特蒙德、不莱梅和柏林赫塔等多支德甲球队发出收购要约。中资企业还收购了包括哈恩机场在内的多家德国机场和多家欧洲知名酒店企业。未来中资企业在德国选择收购目标时应结合“11 号令”以及限制类投资指引进行判断拟投资项目是否触及监管限制。

“11 号令”第十四条规定备案管理范围是非敏感类项目。所谓非敏感类项目，是指不涉及敏感国家和地区以及不涉及敏感行业的投资项目。

表 12－1　“11 号令”对境外投资金额的相关规定

<table>
<tr><th></th><th>“11 号令”投资主体</th><th>投资金额</th><th>备案机关</th><th>修改原监管文件内容</th></tr>
<tr><td rowspan="2">1</td><td rowspan="2">中央管理企业（含中央管理金融企业、国务院或国务院所属机构直接管理企业）</td><td rowspan="2"></td><td rowspan="2">国家发展改革委</td><td>删除“小路条”以及由国家发展改革委核准和备案的项目需要由省级发展改革委预审并满足转报送的要求</td></tr>
<tr><td>20 亿美元及以上境外投资项目不再需要国务院核准，即不再有国务院核准的项目</td></tr>
<tr><td rowspan="2">2</td><td rowspan="2">地方企业</td><td>3 亿美元及以上</td><td>国家发展改革委</td><td rowspan="2">10 亿美元及以上境外投资项目不强制要求国家发展改革委核准</td></tr>
<tr><td>3 亿美元以下</td><td>注册地省级政府发展改革部门</td></tr>
</table>

资料来源：根据过去两版《企业境外投资管理办法》整理所得。

所谓“小路条”，是指中方投资额在 3 亿美元及以上的境外投资项目，中资企业需要在对外开展实质性工作前向国家发展改革委报送项目信息并得到确认函，这与国际通行惯例并不相符。在德国，很多目标公司是通过竞价交易完成转让的，竞价交易流程非常严格，要求竞价方严格遵守报价日期和报价程序。“小路条”的存在，实质上增加了投资运作的环节和交易的不确定性，在一定程度上为中资企业设置了障碍，不利于中资企业参与竞争。此次“11 号令”删除了“小路条”的相关规定，降低了中资企业在德收购的审批压力，有利于中资企业提高竞争力。

“11 号令”还删除了 10 亿美元及以上境外投资项目需要国家发展改革委核准的条款。例如，美的集团收购德国机器人制造企业 KUKA、北控水务收购德国最大垃圾焚烧发电运营商 EEW 等涉案金额都超过了 10 亿美元，这类项目未来将不再需要国家发展改革委核准，只需进行相对简单的备案即可。像珠江钢琴集团（002678）收购德国最大钢琴制造商 Schimmel、均胜电子收购德国导航企业 TechniSat 这类民营企业主导的跨境收购，由于投资金额少于 3 亿美元，仅需在公司所在地管理机构备案即可完成整个审批环节，大大简化了中资企业在德收购的申报环节。

（三）项目核准程序和时限

以往属于国家发展改革委核准的项目由其提出审核意见后报国务院核准。地方企业则需要向所在地省级发展改革委申报并由其提出审核意见后报送国家发展改革委。备案程序与审核程序相类似，也需要层层上报备案，此次“11号令”规定实行核准和备案的项目只需通过网络系统向监管机关提交申请报告和相关文件即可，这对申报企业来说更容易操作，也更加便利。

以往国家发展改革委在受理核准项目后，如有必要应在5个工作日内委托有资质的咨询机构进行评估，并依据评估报告在40个工作日内给出受理意见。此次“11号令”将5个工作日调整为4个。同时依据项目的复杂程度，将一般评估时限缩短为30个工作日内，复杂评估时限延长至60个工作日内。“11号令”还规定备案项目受理机关应该在7个工作日内向申报中资企业作出是否备案的决定。

由于地域、语言和程序差异，中资企业在德收购时经常会遇到获得目标公司转让信息较晚需要快速判断和决策的情形，由于交易形势错综复杂，中资企业往往要承受巨大的压力。例如，天翔环境收购德国BWT时就遇到过这样问题。天翔环境在获知BWT拟转让股权时BWT已经与竞争对手进行了多轮沟通，留给天翔环境运作的时间极少，尽管后来天翔环境在不到100天内就完成了对BWT的收购，可是这只是个例，实际上绝大多数中资企业都难以在短时间内完成审批流程。此次“11号令”简化了中资企业的申报程序并缩短了一般项目的审核时间，进一步减轻了中资企业负担，有利于中资企业在德国开展收购业务。

（四）核准或备案效力

以往国家发展改革委出具的核准文件或备案通知书是中资企业对外签署具有法律文件的前置条件。“11号令”第三十二条规定属于核准和备案管理范围的项目，投资主体应当在项目实施前取得项目核准文件或备案通知书。所谓项目实施前，是指投资主体或其控制的境外企业为项目投入资产、权益或提供融资、担保之前。由此可知，国家发展改革委出具的核准文件或备案通知书将不再作为中资企业签署最终收购协议的“前置条件”，而是作为已签署最终收购协议的“生效条件”。长期以来，中资企业境外收购时不得不支付一笔所谓的“中国溢价”（China Premium），即因为政府审批环节导致交易不确定性增加，德国公司认为与中资企业交易存在风险，所以要求中资企业额外支付一笔保证金以保障交易顺利完成交割。此次“11号令”的调整符合国际惯例，增加了中资企业在德收购的灵活性，解决了监管法规与实践操作相脱节的问题。

(五) 核准或备案变更

“11 号令”增加了已核准或备案项目出现变化需要变更申请的情形。以往情形是:

(1) 项目规模和主要内容发生变化;

(2) 投资主体或股权结构发生变化;

(3) 中方投资额超过原核准或备案 20% 及以上。

此次新增情形包括:

(1) 投资地点发生重大变化;

(2) 中方投资额变化 1 亿美元及以上;

(3) 需要对项目核准和备案内容进行重大调整的情形。

由于跨境交易的复杂性,极有可能会出现涉及交易金额、交易架构和投资模式等方面的重大调整,所以此次变更实际上扩大了境外投资事中监管的范畴。

(六) 投后监管

由于国内外经济形势的变化,2016 年下半年以来国内出现了大量非理性投资以及通过虚假境外投资收购套汇、骗汇以及向境外非法转移资产的情形。此次“11 号令”新增了境外投资事中和事后监管内容,包括增加重大不利情况报告、项目完成情况报告和重大事项问询和报告。

所谓重大不利情况报告,是指在境外投资过程中发生外派人员重大伤亡、境外资产重大损失、损害我国与有关国家外交关系等重大不利情况的,中资企业应当在有关情况发生 5 个工作日内提交情况说明报告。所谓项目完成情况报告,是指中资企业应当在项目交割日起 20 个工作日内提交情况说明报告。所谓重大事项问询和报告,是指政府监管部门有权就境外投资过程中的重大事项向中资企业发出问询函并在规定时限内得到书面答复。此外,国务院发展改革委还建立了境外投资违法违规行为纪录,将其纳入全国信用信息共享平台,对违法违规行为进行追责,以上举措是希望通过增加违法成本降低对外投资的风险隐患,更好地引导企业开展境外投资。中资企业在德收购时只要遵守德国相关法律法规、谨慎进行投后管理,一般是不会触及以上规定的,可是一旦出现特殊情况,应该及时向国内主管部门汇报,努力将风险降到最低。

“11 号令”首次提出主管部门应在职权范围内就产业政策走向、投资信息服务、投资环境优化和企业权益保护等方面对中资企业提供指导和帮助，这有助于中资企业更准确地把控国家产业政策和行业发展态势，更直观地判断德国公司价值和收购可行性。未来中资企业在德收购可借助中国政府的力量寻求更加公平的投资环境，以维护自身合法权益。

（七）“11 号令”对中资企业在德收购影响解读

监管机构将报送国家发展改革委核准的金额由最初的 3000 万美元提高至 3 亿美元直至备案制，实际上在逐步放宽对民营资本的监管力度，这与中资企业在德收购规模越来越大、民营企业主导项目越来越多的趋势相一致。

从宏观层面上看，尽管中资企业在德收购增长迅速，连续三年蝉联德国最大单一投资国，并于 2017 年创下 126 亿欧元的投资纪录，但是中国仅占德国吸引外资投资存量的 1%，中资企业在德投资仍然存在极大的增长空间，所以放宽监管力度有利于中资企业继续在德国开展跨境收购。

从企业性质构成来看，民营企业无论是从数量还是从规模上看都增长迅速，2016 年民营企业与国有企业在德国投资项目比为 79%∶21%，投资金额比为 59%∶41%。[①] 民营企业已经超越国有资本成为中资企业在德收购的主力。监管机构对境外投资项目根据企业性质实施分类管理，对在德投资的民营企业而言，未来除个别行业的投资项目需要审批外，其余均实行备案制，这也有利于民营企业实施“走出去”的发展战略。

针对民营企业在德收购过程中经常因为对德国环境不熟悉导致收购失败或发生重大损失的情况，“11 号令”首次提出了境外投资指导和服务概念，即要求监管机构帮助企业从行业发展态势角度来判断收购价值。未来民营企业可向政府相关部门寻求德国政经形势、德国法律法规、社会治安以及舆论民情等方面的咨询服务，以提升企业在德收购的安全性。此外，“11 号令”关于加强境外投资事中和事后审查的内容也督促中资企业在德完成收购交易后应该加强项目风险管控，更加严谨和规范地运营和管理德国公司，遵守德国当地法律法规，尊重德国的文化、宗教和风俗习惯，履

① Deloitte, “Investing in Germany – A guide for Chinese businesses”, vol. 182, Spring 2018, http://doc.mbalib.com/view/f63510fee2963e08a68e43a5021736eb.html.

行社会责任，注重环境保护，保证产品和服务质量，以免因为出现负面影响和损失受到国内监管部门处罚。

针对“11号令”内容，对中资企业在德收购提出两点建议：

第一，审慎学习和掌握“11号令”的主要内容，严格遵守德国当地的法律法规和风俗习惯。企业应在跨境交易的准备阶段就积极与国内监管部门沟通，寻求官方指导，依据指引并参照以往案例分析拟收购项目是否触及国家发展改革委的审核标准，是否存在被禁止风险，或者是否仅需要进行备案，是否在地方层面就可完成申报工作等。同时确保申请或备案所需的文件和具体内容符合规定，避免因不符合规定反复补充材料导致审核备案时间过长以致延误收购的情况出现。

第二，更加谨慎地进行跨境收购安排，不仅做好事前，还要做好事中和事后经营管理工作。企业应该认识到类似于内保外贷、搭设 VIE 架构、协议控制和个人特殊目的公司之类游离于现行管理边界之外的间接收购手段已经纳入政府监管范畴。企业在搭建交易结构和进行募资时需要更加谨慎以免违反监管规定。“11号令”加强境外收购“事中”和“事后”管理的新思路要引起企业高度重视。未来涉及恶意分拆、虚假申报、擅自实施交易、不按规定办理变更、应报未报、不正当竞争、威胁或损害国家利益和安全、违规融资等行为都会被主管部门记录并依规实施惩处。

第十三章

中资企业在德国的投后整合策略

投后管理是一个近几年才被重视的理念。项目完成交割不是收购最终目的，被收购企业能否与买方实现预期的协同效应并继续发展才是判断收购成功与否的关键。德勤（Deloitte）发布的统计数据显示，未能充分识别/实现协同效应（20.3%）是中资企业跨境收购未能实现预期战略最主要的原因，其次是收购后整合计划执行不力（19.4%），这两个因素加起来占比达到 39.7%，由此可知投后整合对跨境收购的重要性（见图 13-1）。

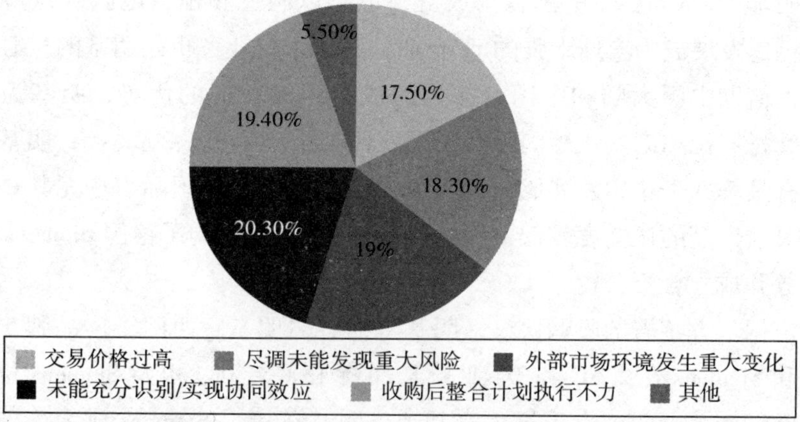

图 13-1　中资企业跨境收购未能实现预期战略的主要原因统计

资料来源：Deloitte 发布的《中资企业海外并购及并购后整合现状调查》调查报告。

实际上，完成收购流程并交割只是跨境收购的开端，不是收购的最终目的，投后顺利整合以及推动被收购企业持续稳定发展才是收购的关键。中德两国拥有不同的法律法规、企业制度、市场环境和公司文化，这些对跨境收购投后管理来说是极大的挑战，在投行圈流传着所谓的“柒零定律”：70%的并购难以达到预期，70%的不成功案例源于整合失败①。虽然中资企业在德国收购数量众多且增长迅速，但不能否认的是，跨境收购所承担的风险极大，投后整合如果出现偏差就可能满盘皆输。本章选取4个中资企业在德国的投后整合案例，以期能够给拟在德收购的中资企业以启发。

第一节　明基对Siemens手机业务投后整合分析

明基于2001年在中国台湾成立，最早以制造和销售电脑外设产品起家，迅速发展成为全球十强的IT企业，其中手机业务也是明基的核心业务之一，借助中国大陆和中国台湾人力成本相对较低的优势，明基为西门子、摩托罗拉和诺基亚等国际知名厂商代工生产手机。2002年，明基推出了自有品牌并寄希望发展成为世界级手机厂商，但是国际市场尤其是欧美市场对新产品的认知度较低，为此明基于2005年收购了德国Siemens的手机业务并成立合资公司。

依据双方签署的收购协议，明基将拥有“明基—西门子”品牌5年使用权和Siemens在2.5G和3G业务上28个核心专利，以及Siemens位于东亚、欧洲和美洲的三大手机生产基地。明基还接手Siemens成为德国移动通信巨头Vodafone和德国电信的合作伙伴。此外，Siemens承诺给予明基2.5亿欧元现金补偿以及5000万欧元追加投资。从以上内容看交易似乎对明基比较有利，而且借助此次收购，明基一举跃升为全球第四大手机制造商②，可是短短一年后明基就宣布合资公司巨额亏损8.4亿欧元，无力再

① David Spaulding, “Investment performance attribution: a guide to what it is, how to calculate it, and how to use it”, *McGraw - Hill Professional*, Vol. 6, 2003, pp. 23.

② 数据显示，Siemens品牌手机2005年在全球市场的占有率约为9%，与明基合并后年销量将超过5000万台，落后于Nokia，Motorola和Dopod，排名第四位。

继续追加投资只能申请破产，德国3000多名当地工人不得不接受失业的安排。那么明基失败的原因是什么？简而言之，就是明基缺乏跨境收购经验，对德国公司管理失控导致投后整合失败。

第一，无力扭转Siemens手机研发周期过长、产品更新换代较慢、不能抓住市场转瞬即逝机会的困局。尽管西门子品牌在全球极具声誉，但是在手机制造方面的变通性较差，它们花费大量时间和精力在如何让产品更耐用和更实用上，而不是生产更符合市场潮流的轻薄、智能并凸显个性的手机，这种逆潮流趋势的产品自然不会受到市场欢迎，西门子逐步在欧洲沦为二流手机品牌。明基作为多家国际知名厂商的代工厂，在捕捉市场风向、迎合趋势以及快速响应市场方面具备一定的优势，可是双方企业文化的巨大差异，导致明基无法进行产业整合。

在产品研发方面，明基根据手机销售周期提出了在一个季度内研发几款新机型的目标，但是德方团队对品质过分苛求，再加上复杂烦琐的研发流程，以及德国员工又极力反对加班工作，导致新产品研发严重滞后，几乎完全错失了2005年的手机销售旺季。尽管如此，德方团队仍坚信自己比明基更具技术优势，应该由德方主导合资公司产品研发，由此又引发了生产制造方面的问题。受限于研发效率低下，明基无法发挥规模化生产的优势，只能被德方“团队牵着鼻子走”，无法按时完成生产计划，这让客户越发不满。2006年4月合资公司收到了Vodafone的巨额订单。Vodafone计划下半年在欧洲国家销售具有地域特色的新款手机，这就要求合资公司提前做好适用于不同国家特点的设计和生产工作，可是德方团队再一次出现研发滞后的情况，严重影响了Vodafone的销售计划。最终Vodafone取消订单，这无异于给合资公司重重一击。

第二，未能处理好与德方员工和工会的关系，无力降低公司运营成本，导致企业承受了沉重的财务负担。收购交易前一个季度，Siemens手机业务已经亏损1.38亿欧元，合资公司财务负担沉重，因为德国人力资源成本是国内的十几倍，可是受限于德国工会对企业的强大影响力，明基无法在短时间内完成裁员和减薪工作，反而受到德国工会和员工的强烈抵制，屡屡出现的罢工现象强烈打击了合资公司的声誉和形象。在完成收购一年后迫于财务压力，明基无力继续向合资公司追加投资，收购最终只能以失败告终。合资公司的破产严重拖累了明基原有的业务，明基被迫进行全面战略收缩并放弃手机业务，关闭海外所有工厂，元气大伤。

这个案例对今天中资企业在德收购有很大的启示，明基作为一家实力较强的代工企业，希望通过收购成熟品牌完成从低端代工向高端品牌升级的跨越式发展，可是因为缺乏跨境收购经验，明基未能有效对双方业务进行整合，导致合资公司的研发、生产和销售出现脱节。此外，明基没能处理好与德方员工和工会的关系，导致罢工现象频发，严重打击了德方团队的积极性。由此可知，中资企业一定要对投后整合做好充分准备，谨慎前行，否则就可能出现满盘皆输的结局。

第二节　上工申贝对 Durkopp Adler 投后整合分析

2004 年，国内最早专业生产工业缝纫机的国有企业上工申贝（集团）股份有限公司（以下简称上工申贝）在销售收入持续下滑、经营严重亏损的情况下，“史无前例”地收购德国上市公司 Durkopp Adler（以下简称 DA 公司）。

长期以来，上工申贝与国内工业缝纫机行业的大多数企业一样，技术水平低，只能生产低端产品，导致产品严重同质化，陷入降价—竞争—降价的恶性循环中难以脱身。与此同时，中国服装产业迅速成长，高端缝纫机市场需求倍增，受限于技术水平不过关，中国高端缝纫机设备 90% 的市场份额被日本和德国企业占据[①]，在这种情况下，上工申贝寄希望于收购拥有先进技术和知名品牌的 DA 公司，实现产品换代升级。由于这宗收购交易是 1990 年之后全球缝纫机设备行业最大的一宗收购案且上工申贝体量小于 DA 公司，以致在德国引起了不小的震动。德国媒体报道称：“德国上市公司被中国亏损企业收购史无前例。”由此可知，将两家亏损企业绑在一起风险极大，且两家企业还分别位于政经环境完全迥异的两个国家，投后整合难度极大。收购之初，DA 公司员工对收购抱有怀疑态度——上工申贝来自发展中国家且亏损严重，如何来帮助 DA 公司走出困境？

实际上，上工申贝在收购 DA 公司之前就对其生产经营状况作了客观且准确的评估。上工申贝认为尽管 DA 公司技术领先，但是在发展战略上出现了误判。首先，未能抓住纺织行业重心由欧洲向亚洲转移的趋势，在新兴国家尤其是中国的市场占有率较低；其次，DA 公司只在欧洲设厂导致人工和经营成本过高，财务负担过重。基于此，上工申贝作了如下安排：

① 胡雯，王宇. 上工申贝化蝶之旅[J]. 财经，2013(12)：34.

第一，借德方之手完成裁员，降低 DA 公司运营成本。在德国，裁员或解雇员工是非常困难的，德国劳动者的权利意识非常强，工会组织影响力巨大。德国《民法典》第 613a 条第 4 款规定[①]，无论是资产收购还是股份收购都不能因为企业所有权转移而以任何方式解除既有劳动合同。德国公司裁员需要超过 10% 的员工以及工会组织批准方可实施，但这个过程耗时较长，一般需要 8 ~10 个月的时间。[②] 收购前，DA 公司雇佣员工接近 500 人，如果裁掉 1/3 可谓是极为艰难。在这种情况下，上工申贝在交易期间与 DA 公司原管理层约定必须在项目交割前完成裁员，这样上工申贝就免于同 DA 公司工会进行直接谈判，降低了投后的人力整合难度。与此同时，上工申贝对德方管理层进行安抚，仅向 DA 公司派驻 2 名中方代表，保持 DA 公司在生产经营上的独立性。

第二，对德国公司进行专业化分工，降低 DA 公司的生产成本。DA 公司在欧洲拥有 4 家工厂，分别位于罗马尼亚、捷克和德国，这 4 家工厂做的是没有任何区别的同质化产品。收购后，上工申贝依托各家工厂不同的优势进行专业化分工，即每家工厂只负责生产产品链条中的一个环节——罗马尼亚用工成本较低，负责生产最为精细的零部件；捷克工业基础雄厚，负责生产铸件以及对缝纫机头进行二次加工；德国人工成本和技术水平都较高，所以上工申贝将原来的两家工厂合并，负责产品集成和质量监控。[③]

第三，对德国公司进行技术整合，充分发挥各自优势。收购之初，上工申贝尝试将德国技术和设计带入中国，但是从效果上看并不理想。中国工厂生产出来的机械设备与在德国生产出来的存在较大差距，且德国设计在中国市场也出现了“水土不服”的情况。上工申贝对此作了深入分析：DA 公司研发生产体系经历了几十年的洗礼，从方案设计、实验测试、生产集成、安装调试再到最终商业化是非常规范和严谨的。DA 公司仅研发

---

① 德国司法部（Bundesministerium der Justiz und für Verbraucherschutz）关于民法典（Bürgerliches Gesetzbuch）第 613a 条 Rechte und Pflichten bei Betriebsübergang，具体详见：http://www.gesetze-im-internet.de/bgb/index.html.

② Weiss, M. and Schmidt, M. “Labour Law and Industrial Relations in Germany”, 4th edn Kluwer, 2008, pp. 23 -31.

③ 胡雯，王宇. 上工申贝化蝶之旅[J]. 财经，2013（12）：35.

团队就超过 50 人，每年研发费用支出高达几百万欧元，这些不是靠拷贝德方技术并搬回到中国生产就能复制的。在此基础上，上工申贝调整方案重新对双方职责进行分工：由德方主导产品设计和研发；由中方负责产品生产和销售。此外，中方还加大了对德方的投资力度，每年向 DA 公司投入不少于 500 万欧元作为专项研发费用，帮助 DA 公司研发生产应用于高端市场的缝纫机，从而巩固了 DA 公司在汽车座椅、汽车内饰件和皮革类奢侈品市场的领先地位。

第四，通过持续收购竞争对手，增强德国公司竞争力。收购 DA 公司后上工申贝并没有停止“走出去”的步伐，而是依托 DA 公司持续在德国进行收购。2014 年 DA 公司收购欧美地区的主要竞争对手德国百福公司。相较于 DA 公司，德国百福公司在热塑性材料和合成纤维焊接技术方面拥有一定优势。① 同年，DA 公司又收购了在数控机床和自动缝纫技术方面全球领先的德国 KSL 公司②，而后依托 KSL 公司的碳纤维缝纫技术和三维立体缝纫技术，上工申贝和 DA 公司突破传统市场，成功进入汽车、环保和航空航天领域，公司竞争力得到极大提升。③

上工申贝通过这一系列操作成功降低了 DA 公司的运营成本，改善了公司财务状况，提高了公司技术水平，增强了公司的核心竞争力。上工申贝和 DA 公司的财务情况都出现了明显改善，资产负债结构和损益状况发生了质变，营业利润也从亏损转变为盈利。④ 今天，DA 公司已重新成为德国缝纫机行业的领导者，上工申贝也发展成为世界第二大缝纫机生产商。

---

① 《上工申贝（集团）股份有限公司：关于上工欧洲收购并增资德国百福公司项目公告》，2013 年 3 月 8 日。

② 《上工申贝（集团）股份有限公司：关于上工欧洲投资德国凯尔曼公司及其关联公司项目的公告》，2013 年 7 月 8 日。

③ “Weiterer Meilenstein zur Unternehmensentwicklung der ShangGong Gruppe ”，2013，http://www.duerkopp – adler. com/de/main/news/news/item_0070. html.

④ DA 公司官方网站：“Dürkopp Adler weiter hoch im Kurs”显示 DA 公司 2015 年前三季度营业收入达到 9080 万欧元，相较于 2014 年上升了 22%，DA 公司的股价相较于 2014 年年初上升了 58%，公司经营情况出现全面复苏。具体可见：http://www.duerkopp – adler. com/de/main/news/news/item_0094. html.

第三节 三一重工对 Putzmeister 投后整合分析

2012 年，三一重工以 3.6 亿欧元价格收购德国混凝土泵制造商 Putzmeister。交易期间，Putzmeister 工人担忧三一重工在拿走技术、设计和品牌后会任由工厂倒闭、工人失业而在工厂门外集体抗议，这代表了当时德国公众对中资企业在德国收购的普遍看法。那么三一重工是如何应对的?

三一重工首先准确评估了 Putzmeister 的优劣势：Putzmeister 是世界混凝土机械设备第一品牌，拥有成熟技术和可靠研发能力，三一重工可借收购获取技术并提升产品质量并加速国际化步伐；与此同时，Putzmeister 的最大弱点是缺乏产品多样性，导致在经济危机来临、欧美市场萎缩时公司转型困难，难以脱身，三一重工拥有资金和市场渠道可以帮助 Putzmeister 实现产品多样化并开拓中国这个世界最大的混凝土市场。基于此，三一重工选择放弃对 Putzmeister 进行尽调，转而迅速完成交割并在投后公司治理方面作了如下安排：

第一，对 Putzmeister 工人和管理层进行安抚，保证收购后实现平稳过渡。三一重工在收购期间就承诺①收购 Putzmeister 后不裁员、不减薪，在 2020 年之前保持 Putzmeister 人员稳定。此外，三一重工基于对原管理层的信任，决定不向 Putzmeister 委派中方代表，不对公司管理层进行调整，并任命当时 Putzmeister 的 CEO 担任三一重工董事，保持德国公司在经营上的稳定性和独立性。与此同时，三一重工作为母公司也对 Putzmeister 提出了要求，即制定经营业绩目标——2012 年实现 7 亿欧元销售业绩，收购 5 年

① "Sany Promises to Keep German Workers Following Putzmeister Acquisition", *Rental Equipment Register Exclusive Insight*, Feb. 2012, p. 9.

后实现20亿欧元销售额。[①] 后来Putzmeister走出了经营困境并扩大了在中国市场的份额，公司员工不仅没有减少反而还有所增加。

第二，发挥各自优势重新划分双方市场，增强Putzmeister的国际竞争力。三一重工对双方市场重新进行划分以便发挥双方固有优势：三一重工在中国混凝土市场的占有率超过了50%，在中国市场贡献了95%的销售额[②]；Putzmeister在国际市场占有率较高，在国际市场贡献了90%的销售额。[③] 基于此，三一重工将Putzmeister德国总部Aichtal确定为三一重工在中国以外地区的混凝土机械业务全球总部并交由Putzmeister来管理，这样Putzmeister负责三一重工除中国市场以外的混凝土业务，实现了海外业务协同发展。三一重工将销售产品进行切割：在中国市场，三一重工将Putzmeister销售的同类产品予以撤回，确保不进行同业竞争；同时，对于没有的产品像混凝土喷射机器等，三一重工利用国内分销网络帮助Putzmeister进行市场拓展，这样三一重工在中国只卖自己生产的各类混凝土输送泵和工业泵，在世界其他地区则只销售Putzmeister生产的各类泵。

第三，进行品牌和技术整合，发挥各自优势实现战略协同。为了维护Putzmeister品牌形象，三一重工并未调整Putzmeister原有的采购策略，并继续使用原有的供应商。此外，三一重工委派专人约见Putzmeister的主要客户，就收购交易和Putzmeister的未来发展目标进行说明并承诺Putzmeister不会因为更换控制人而影响产品质量，以求得这些客户的认同。Putzmeister在全球拥有200多项专利技术，可以帮助三一重工实现技术突破并降低生产成本，但是鉴于德方对此心存芥蒂，三一重工选择放低姿态：首先，三一重工与Putzmeister在中国合办工厂，推动德国核心技术在中国生根发芽；其次，委派技术人员赴德国学习其严谨、精细和注重品质的制造经验；最后，加大对Putzmeister的支持力度，联合Putzmeister共同

---

① 通过查阅《三一重工股份有限公司2013年年度报告》可知，受益于收购Putzmeister剩余10%股权实现对德国公司并表，三一重工2013年实现海外收入108.74亿元，占公司总营收的29.92%，较2012年增长24.42%。Putzmeister实现营收7.24亿元，实现连续三年业务增长，可以说，三一重工对Putzmeister设定的第一阶段目标已经实现。

② 通过查阅《三一重工股份有限公司2012年年度报告》可知，三一重工国际营收占总收入比为6.7%，国内营业收入占比为93.3%，收购Putzmeister后，三一重工国际营收占比上升到15%。

③ "Sany Agrees to Acquire Putzmeister", *Rental Equipment Register Exclusive Insight*, 2012, p. 17.

进行新产品研发。①

从目前来看，投后整合产生了较好的效果，三一重工与 Putzmeister 的战略协同逐步显现并一举改写了全球机械行业格局。三一重工完成了品牌和技术的升级换代，拓展了国际市场，催生出一个世界级的混凝土机械制造巨头；Putzmeister 得到了稳定的资金支持，增加了产品的多样性并拓展了中国市场，中德双方实现了共赢。

① C. Bryant, "Sany set to buy German pump - maker", *Financial Times*, 30 Jan. 2012, pp. 17.

第四节　潍柴动力对 KION 和 LHY 投后整合分析

2012 年，潍柴动力（000338. SZ & 2338. HK）以 7. 38 亿欧元的价格收购凯傲集团（Kion Group AG，KION）25% 的股份和林德液压业务（以下简称 LHY）70% 的股权。该笔收购是 2016 年以前中资企业在德国规模最大的收购案，现在看来潍柴动力的收购是成功的，LHY 成功实现了战略转型，交易最终得到了德国公众的认可，那么潍柴动力是如何做到的？

第一，坚定支持公司长远发展，加大对 LHY 在德国的基础设施投入，消除德方员工的不信任感。长期以来，德国公众一直对来自亚洲的收购心怀戒备，固执地认为中资企业看中的是德国技术，根本就不在乎德国工人的死活，正因为如此，KION 与潍柴动力在收购协议中约定潍柴动力无权将液压技术带回中国。潍柴动力从长计议，向 LHY 管理团队和员工释放了坚定支持公司长远发展的明确信号，以消除德方员工的不信任感。首先，潍柴动力积极帮助 LHY 争取更多的中国订单；其次，为 LHY 购置新设备，帮助 LHY 扩大生产规模，提升运营效率，完善产品组合，优化生产布局并雇佣更多德国员工；最后，潍柴动力投资 5800 万欧元为 LHY 在德国建立新工厂，该笔投资是巴伐利亚州近些年来最大的投资项目之一，被阿萨芬堡赫尔（Ahthafenburg hull）市长称为“地区工业发展的里程碑”。新工厂占地 22000 平方米，将为 700 名员工提供宽敞的生产装配车间和一座综合办公大楼。投产后，LHY 液压驱动件的产能将提高 2/3，达到 25 万台。潍柴动力将“We are One”的理念深深植入德国公司，用实际行动告诉德国公众和德方员工，潍柴动力有动力也有能力将 LHY 打造成行业和市场领导者。

第二，潍柴动力尊重德方管理团队，采用“抓大放小”的管理策略。潍柴动力深知处理好与德方关系并取得企业管理的共识至关重要。首先，潍柴动力就企业管理逻辑与德方管理团队达成共识，即承认双方企业文化存在差异，但强调企业文化是没有优劣之分的，只有彼此尊重并取对方之所长才能形成更具竞争力的跨国企业文化。潍柴动力的企业文化是快速的市场反应能力和良好的项目执行力，LHY 的企业文化是精益求精的工匠精神和孜孜不倦的创新精神，只有将两者结合才能更好地帮助企业发展。其次，潍柴动力坚持做好管理平衡，“抓大放小”。所谓“抓大”，就是严格按照德国法律法规管理 LHY，委派中方代表担任 LHY 监事会主席并通过股东权力影响监事会议事规则对 LHY 重大战略事项进行管理，如为德方设定长期和短期经营目标等。所谓“放小”，就是在具体业务层面充分信任德方管理团队，坚持自主管理、适度自治。

第三，将德国品质和中国速度相融合，共同开拓中国市场。长期以来，LHY 作为一个液压件生产部门仅为母公司 KION 提供配套服务，缺乏市场意识和销售渠道，导致林德液压件的价格远远高于其他国际一线品牌，缺乏市场竞争力。对此，潍柴动力与 LHY 探讨如何将 LHY 先进技术与中国广阔市场相结合，经过 2 年的磨合，德方团队逐步认识到了自身不足，为争取中国市场，德方团队主动提出在中国合资建立新厂。2014 年 12 月，林德液压（中国）有限公司（以下简称合资公司）成立，LHY 持股 51%，潍柴动力持股 49%。合资公司 2015 年和 2016 年先后从德国引入液压马达生产线和液压泵生产线，至此 LHY 液压核心零部件实现了中国本土化生产。在管理上，合资公司凡是涉及品质的环节，如研发、采购和生产等由德方负责，凡是涉及接洽客户的环节如销售、服务和谈判等由中方负责。在产品上，合资公司以中国市场需求为导向，在起重机、农用机和挖掘机等领域新开发出 97 个项目。2016 年林德液压国产化产品表现优异，液压马达和液压泵共销售 6000 多台，实现销售收入 7300 万元。①

第四，以 LHY 为依托继续推动战略收购，打造智慧仓储全产业链。在较好地整合 LHY 并坐稳 KION 第一大股东之后，潍柴动力继续推动境外收购，帮助 KION 发展壮大。2016 年，KION 对价 21 亿美元收购德国 Siemens Dematic AG（以下简称 Dematic）100% 的股权。

Dematic 是全球一流的物流设备和物流方案供应商，总部位于德国 Of-

---

① 数据来源:《潍柴动力股份有限公司 2016 年年度报告》。

fenbach，拥有超过5000名员工和近百年历史，产品和系统覆盖范围广泛，包括各类堆垛机、穿梭机、输送机、分拣机、堆垛机和自动化立体库以及各型号导引车等。2015年Dematic实现营业收入近20亿美元，实现净利润近1.7亿美元[①]。Dematic在全球22个国家拥有100多个工程中心和制造基地，市场份额位居全球前三位。KION收购Dematic可以将物料搬运硬件设备与Dematic自动化和供应链优化技术相结合形成有效互补和协同，打造智慧仓储全产业链，推动KION由装备制造型企业向软硬件系统集成整体解决方案服务商转型，进一步增强KION的销售规模和盈利能力，拓展KION在全球尤其是在北美市场的业务，进一步提高KION的抗风险能力和国际竞争力。

潍柴动力与KION以及LHY有着巨大的文化差异，液压业务原本也与潍柴动力原主业关联性不高，可是潍柴动力通过收购KION取得了可观的效益，并与国内业务实现了较好的协同，这在中资企业跨境收购的案例中较为少见，值得中资企业学习和借鉴。

① 数据来源:潍柴动力2016年年度第三季度财务报告。

第五节　中资企业实施投后整合的建议

2018 年德勤（Deloitte）发布的报告显示：中资企业在跨境交易中有可能由于多种原因而导致投后整合失败，运营模式不清晰（17%）、整合计划不合理不完善（17%）、对整合重要性认识不足（15%）以及整合管控机制不完善（13%）是最主要的影响因素，基于此，建议中资企业采用以下整合措施（见图 13 -2）：

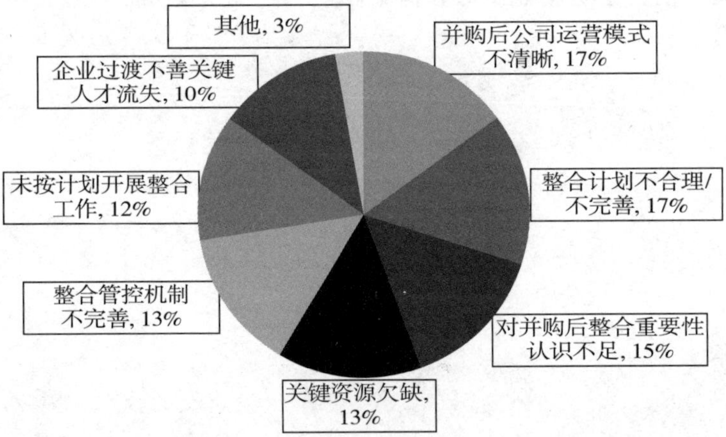

图 13 -2　德勤（Deloitte）发布关于投后整合失败原因分析的调查问卷

资料来源：德勤 2018 年发布的《跨境并购后的成功整合》。

第一，依托收购双方特点搭建合理的公司治理架构，以有效管控德国公司并提高管理效率。中资企业应该根据德国公司的实际经营情况合理搭建与之相适应的治理架构、议事规格、决策和奖惩机制，最大限度地提高德国公司的运营效率。实务中，中资企业往往通过留任德方管理层作为解决方案，这在一定程度上暴露了中资企业缺乏跨国管理人才以及跨境收购经验不足的问题。实际上，中资企业在收购前就应对德国公司董事会和监事会席位以及管理架构进行设计，应就中方权责范围以及未来重大事项的决策机制与德方达成一致并在收购后迅速予以落实，以更好地管控风险。

第二，最大限度地安抚德方团队并努力激发德方团队的积极性，保证核心业务岗位稳定，确保收购后德国公司平稳过渡。中资企业应该根据目标公司的实际情况提前考虑到德方核心人员可能流失的风险并采取切实有效的措施予以防范。实际上，核心团队的稳定是确保德国公司业务稳定的关键，中资企业应该在尽职调查阶段就详尽分析德国公司的核心人员情况，充分评估人员流失风险，然后参照行业内同类公司标准确定福利待遇并提出切实可行的人才发展计划，为企业员工提供有吸引力的发展机会和期权方案。

第三，严格按照收购方案执行整合计划，让德方团队准确理解中方财务管理的要求，全面且准确地掌控德国公司财务状况。财务整合是中资企业实施投后整合的关键环节，中资企业应该仔细且详尽地评估德国公司财务管理体系，在保证德国公司平稳过渡的前提下，明确提出财务监管要求和整改方案并予以落实，促使德国公司的财务管理系统能够真正符合中国公司的战略目标和管理要求。

第四，在中德双方之间建立高效和科学的沟通机制并推动中德双方高度融合。由于中资企业和德国公司之间有着不同的企业文化、工作方式和风俗习惯，双方之间应该建立有效的沟通机制协调双方的利益诉求并实现团队融合。一方面，中资企业应该加强与德国公司的内部沟通；另一方面，需要维系德国公司的外部关系，保证顺利实现平稳过渡。

第五，稳妥推进业务整合，逐步实现研发、生产和销售的战略协同。实现中德双方业务协同才是中资企业实施跨境收购的核心战略目标，通过整合双方战略品牌、销售网络、客户资源、采购模式和研发体系才能形成发展合力，从而真正提升中资企业以及德国公司的竞争力。中资企业应该在充分了解双方业务链条和各板块运行情况的前提下有针对性地制订切实可行的协同方案并严格执行，然后依据实际情况进行调整，逐步形成发展合力，最终实现双方的价值增值。

第十四章

总结与展望

第一节　中资企业在德国收购现状总结与分析

随着中国经济的持续快速发展，中资企业“走出去”的趋势越发明显，中国对外投资增速持续高于全球。2015 年中国对外投资额首次超过吸引外资额成为资本净输出国；2016 年中国首次成为全球第二大对外投资国。民营企业逐步替代国有企业成为跨国收购的主力军，高新技术逐步替代矿产能源成为中资企业跨境收购的重点，欧美则成为中资企业跨境收购最关注的区域，其中德国尤其受到青睐。

一、中资企业青睐德国公司的原因分析

（一）德国是全球最稳定和最具竞争力的国家之一

第一，强大的经济实力。德国是世界第四大经济体，欧洲第一大经济体，经济总量仅次于美国、中国和日本，是高度发达的资本主义国家。德国人均 GDP 超过 4 万美元，国民生活水平很高，消费潜力巨大。德国的基础科学、理工科学以及应用科学极为发达。

第二，高效健全的行政体制和法制。德国由 16 个享有高度自制权的联邦州组成。各级政府权力划分清晰、各司其职，真正实现了权利和责任、事权和财权的统一。德国法律规范透明，一直都是世界其他国家效仿的对象。在市场准入方面，德国对外资基本实行较为宽松的市场准入政策，外国投资者在德国设立和运营公司以及资本流通都不会受到区别对待。

第三，稳定的政治环境。与日本、意大利和西班牙等国不同，德国选举和换届比较稳定。执政党和领导人在位时间较长，德国在对内对外政策上能够保持良好的延续性，保证了德国企业拥有一个良好的政治环境。

第四，完备的社会保障体系。德国的社会保障制度拥有上百年历史，已经建立了完善的全民保障制度。德国政府每年将 GDP 的 1/3 用于公共福

利支出，德国社会福利对公民的覆盖“从出生到死亡”，各种各样的补助和救济真正使德国做到了幼有所育、学有所教、病有所医、老有所养、住有所居和弱有所扶，保证了德国社会环境的稳定。

第五，极具竞争力的教育制度。在德国，很少有年轻人失业，究其原因，就是德国采用双轨制，青少年可以一方面接受基础教育，另一方面根据企业的实际需求进行专业技能培训，提高就业能力，通过这种校企联合培养的方式真正提升了德国劳动力的整体素质，为德国企业持续健康稳定发展提供了大量优质的劳动力。

第六，制造业立国与“德国制造”的品牌价值。德国坚持“制造业立国”的发展战略，德国政府制定了大量鼓励扶持政策支持中小企业发展，给中小企业提供了良好的发展空间。此外，“德国制造”的品牌价值也是吸引中资企业收购德国公司的关键，德国在多个行业，尤其是高端制造业拥有无以匹敌的品牌效应。

第七，德国企业估值相对较低，收购相对容易。相较于美国、英国和日本，德国很多企业由于公司规模相对较小、参与资本市场较少导致估值相对较低。此外，2017 年以前德国对中资企业在德国收购采取相对开放和宽容的态度，这与中资企业在美国收购屡屡受挫形成了鲜明对比。

第八，先进的企业经营理念。德国企业坚持高度专业化、坚持创新、注重服务、遵循品质至上和全球化的发展理念。德国企业尤其是中小企业强调以人为本、注重发展员工素质、加强团队合作、追求精益求精和诚信，这些都值得处于飞速发展和变革中的中资企业借鉴学习。

（二）中德两国经济互补性强

中德经贸往来密切，2016—2018 年中国连续三年成为德国最重要的贸易伙伴。德国对中国保持着较高贸易顺差，2014—2016 年，德国对我国顺差累计达到 716 亿美元；同时，德国有近 6000 家企业活跃在中国市场。德国企业尤其是大型企业高度依赖中国市场，德国经济对中国市场依存度高。

中、德两国在产业发展阶段和产业发展水平方面存在明显差别，两国之间在产业价值链、产业技术和产业分工等方面有较强的互补性。中国是以生产半成品为主，德国是以生产成品为主，中国产品附加值偏低，德国产品附加值较高。德国工业基础产业发达，产业链完整。“德国制造”几乎涵盖了所有制造部门，从被誉为“工业中的工业”的汽车制造到“世界工厂制造者”的机器设备制造以及每一个制造业细分行业，德国都处于世界前列。尽管我国已经成为制造业大国，但还不是世界制造业强国。随着人口老龄化的到来，以往中国制造依赖人口红利和廉价劳动力驱动发展的模式已经难以为继，工业 4.0 为我国提供了一个弯道超车的契机，2014 年中国政府颁布了 2025 规划，力推中国成为引领世界经济发展的制造业强国。2025 规划推出了十大重点发展和攻关领域，包括新一代信息通信技术、高档数控机床和机器人、农业机械装备、生物医药和高性能医疗器械等。德国在这些领域拥有雄厚的技术积累和历史积淀，因此，借力德国成熟的产业经验，通过收购德国优质企业实现中国经济跨越式发展已经成为大势所趋。

基于以上原因，近年来中资企业在德国收购尤为活跃，德国已经成为中资企业在欧洲收购最多的国家。2016 年中资企业收购 68 家德国企业，创造了在德收购企业数量的历史纪录。2017 年中资企业在德国收购金额达到 137 亿美元，创造了在德收购金额的历史纪录。

二、中资企业在德国收购遇到的主要挑战

尽管趋势令人兴奋，但也应该清醒地认识到中资企业在德国收购过程中遇到了不少困难与挑战。

第一，中资企业对德国关于外商投资的监管法规和操作程序不熟悉，导致在交易实施过程中经常处于被动局面。中资企业在德国收购主要分为两种类型：一种是收购德国非上市公司；另一种是收购德国上市公司。非上市公司的法律形式一般是有限责任公司（GmbH），上市公司的法律形式是股份公司（AS），这两类公司的监管法规和收购流程存在明显差异。相较于在国内收购，中资企业在德国收购的复杂程度远超想象，陌生的法律环境和瞬息万变的市场环境让跨境收购风险重重。

第二，德国部分公众和媒体对中国投资者心存疑虑，甚至将来自中国的投资视为一种威胁。伴随着中资企业在德国收购数量和收购规模的快速增长，德国公众和媒体对中国投资者的质疑和担忧不断上升。2016 年美的收购 KUKA 成为导火索，引发了德国对关键技术流失和丧失核心竞争力的担忧，一时间“买空德国论”和“技术阴谋论”甚嚣尘上，中资企业在德

收购面临越来越大的舆论压力。

第三，德国收紧外商收购安全审查政策并推动欧盟立法阻止中资企业收购德国和欧洲技术型公司。2017 年 3 月德国联邦内阁会议通过了《对外经济法》实施条例的修订，成为欧洲首个收紧外商投资的国家。2018 年 12 月又再一次升级监管标准，大幅降低安全审查门槛。多位分析人士指出德国此举针对中国的意味明显，可能会降低中资企业在收购过程中的吸引力。2017 年 9 月欧盟委员会颁布草案赋予欧盟和成员国对“关乎欧盟利益”的外商直接投资拥有审查权，第一次在欧盟层面搭建了外商投资安全审查框架，一个类似于美国外国投资委员会（CFIUS）的国家安全审查机制在欧洲出现，这大大增加了中资企业在德国收购的不确定性。

第四，中资企业未能充分评估德国的企业制度、营商环境和公司文化，导致投后管理出现偏差，难以实现预期目标。由于中资企业在德国收购涉及不同的法律法规、企业制度、市场环境和公司文化，跨国收购后的经营管理就成为极大的挑战，一旦投后整合出现偏差就极可能满盘皆输。

第五，中资企业在德收购还会受其他因素的影响，例如中国政府加强境外投资监管力度并严控资金出境规范了中资企业在德收购行为。2017 年监管部门首次提出加强跨境收购事中和事后管理的要求，类似于内保外贷、搭设 VIE 架构、协议控制和个人特殊目的公司之类游离于现行管理边界之外的间接收购手段已经被纳入核准和备案的管理范围，随着境外投资监管趋严，中资企业在资金募集和投后管理等方面将面临比以往更大的压力。

第六，部分中资企业由于未能准确判断行业发展趋势，盲目在德国进行收购，导致被收购的德国公司在经营上出现很大困难，甚至拖累到中资企业原有业务，最惨痛的教训就是赛维 LDK 收购德国 Sunways，由于赛维 LDK 没有准确预判欧洲太阳能产业的发展趋势，盲目收购最终导致两家公司走向破产。

三、中资企业应对策略总结

第一，严格遵守德国相关法律法规。德国是世界上最早对企业经营进行立法的国家，公司法体系比较健全，涵盖各个类型公司，其中最主要的就是个体企业、资合公司、人合公司三大类。人合公司是指两个或两个以上自然人以个人信用对经营活动承担无限责任的公司，人合公司从工业化初期至二战一直是德国公司的主要形式，如果公司资不抵债，股东会以其全部资产对债权人承担无限责任，这类公司股份转让困难，股东和公司的权利义务区分不清，已经不符合现代公司发展趋势了。实务中，中资企业收购德国企业基本都是以资合公司为主。资合公司是一个或数个自然人或法人按照公司法要求出资注册成立的公司，主要分为有限责任公司和股份公司，其中非上市公司主要是有限责任公司，上市公司为股份公司。资合公司实行现代企业制度，是德国目前经营公司业务的首选形式，具有很强的法人性。

中资企业在德国收购有限责任公司时，应该组建得力且稳定的团队，严格按照初步投标、第二轮投标，最终报价和签署协议的交易程序进行操作，在第一时间确保在对内和对外各个环节作出最佳和最及时的反应。同时选择合适的服务中介机构与交易对手商谈收购条款，最大限度地降低收购风险。在收购股份公司时，中资企业需要遵守德国证券法等相关法律法规，根据目标公司特点设计收购方案，首先与大股东约定收购比例；在触发强制要约前主动发起自愿收购要约，依据二级市场价格和交易对手确定合理的要约价格，做好相关融资和尽调安排保证项目顺利交割。总之，中资企业应根据目标公司的法律形式和特点有针对性地进行交易以保障自身利益诉求。

第二，准确表达收购意愿。首先，必须要明确中资企业并未“买空”德国中小企业，中国在德国投资存量仅占德国吸引外资总量的0.3%，仅相当于德国对华投资的1/10，尚有很大潜力可挖，所谓“买空德国中小企业”的论调更多的是意识形态作祟。其次，德国企业投资中国时实际上得到了平等的准入待遇，否则不会有这么多德国企业来中国发展，中国政府始终坚持对外开放，始终欢迎德国企业来华投资。最后，中资企业并未利用政府资源刻意收购德国高新技术公司，绝大多数的收购都是由民营企业发起的，中资企业青睐德国更多是综合权衡的结果，根本没有所谓“国家阴谋”。在此基础上，中资企业应该用事实说话，用一个个成功的收购案例让德国公众认识到中资企业在德国收购是互利共赢的。此外，中资企业应该谨慎管控自身行为，严格遵守德国法律法规并尊重当地风俗习惯，在德国民众面前树立中资企业和中国籍员工遵纪守法、服务社会的正面形象。

第三，搭建合适的交易架构。跨境收购的交易结构可以分为直接收购和间接收购，中资企业基于融资便利、风险隔离和税收优惠等因素，基本都是利用间接收购方式进行交易。选择间接收购拥有多个优势：一是规避中国和德国严格的法律监管，能够快速高效地完成收购，即通过在境外搭建SPV公司作为收购主体来达到规避政府审批、节约交易时间、减少交易步骤的目的。二是方便融资，降低外汇管制的风险。在外汇管制趋严的宏观经济形势下，利用交易平台在境外募集资金，合法合规地绕开外汇管制，最大限度地降低资金出境难对跨境收购的影响。三是享受税收优惠，进一步降低收购成本以及未来经营成本。许多中资企业在德国收购时都在卢森堡设立SPV公司，这是因为卢森堡是欧洲著名的“避税天堂”，德国和卢森堡同属于欧盟，受益于税收协定以及欧盟税收优惠待遇指令，两国间的股息预提税、资本利得预提税以及特许权使用费预提税都为0，可以帮助中资企业节省成本。四是方便管理目标公司，更加灵活地安排募、投、管、退。多层交易结构相较于直接收购更加灵活，收购主体可以通过转让境外SPV公司股权，实现目标公司控制权变更以及财务投资人退出。五是隔离风险，保障中资企业安全。SPV公司在法律上拥有独立法人资格，国内收购主体和德国目标公司之间形成多层结构，可以在一定程度上隔离目标公司债务风险、运营风险和破产风险。

第四，设计合理有效的整合方案，进行成功的投后管理。中资企业在德国完成收购流程并交割实际上只是跨境收购的开端，完成交易不是收购的最终目的，被收购公司能否实现预期的协同效应并发展壮大才是判断收购成功与否的关键。由于中资企业在德国收购涉及不同的法律法规、企业制度、市场环境和公司文化，投后管理成为一种极大的挑战。有效的投后整合应该建立有效的公司治理架构，管控风险。中资企业应该根据德国公司实际经营状况合理设置与之相适应的管理模式、议事规格、决策机制和奖惩制度，从而最大限度地提高德国公司的运营效率和经济效益。有效的投后整合应该激发公司团队的积极性，确保管理和业务岗位的稳定。中资企业应该依据目标公司的实际情况，提前考虑到核心人员流失的风险并采取有效措施予以防范，核心团队稳定是确保目标公司业务稳定的关键。有效的投后整合应该明确财务管理要求并全面掌控财务数据。财务整合是中资企业实施投后整合的关键环节，中资企业应该仔细评估德国公司的财务管理体系，在保证德国公司平稳过渡的前提下，明确提出财务监管要求和整改方案并予以落实，使德国公司的财务管理系统能够真正符合中资企业的战略目标和管理要求。有效的投后整合应该重视公司文化整合，实现双方人员融合。中资企业应该一边加强与德国公司的内部沟通，一边维系与目标公司关联方的关系。有效的投后整合应该稳妥推进业务协同，逐步实现协同效应。实现中德双方业务协同才是中资企业实施跨境收购的核心战略目标，通过整合双方品牌战略、销售网络、客户资源、采购模式和研发体系，才能形成发展合力，真正提升中资企业以及德国公司的竞争力。

第五，中资企业在德国收购时应积极应对国内外的政府审查，做到有备无患确保交易能够顺利交割。中资企业在德国收购前应审慎学习并严格遵守中国和德国相关的法律法规，企业应在跨境交易的准备阶段就积极与国内监管部门进行沟通寻求官方指导，避免因不符合规定或审核备案时间过长影响交易。此外，中资企业还应审慎设计交易方案，做好事前、事中和事后的管理工作。涉及不正当竞争、威胁或损害国家利益和违规融资等行为都会被相关主管部门记录并依规受到惩处，一定要予以重视。

针对德国和欧盟收紧外商投资审查的情况，中资企业应予以高度重视：一是熟稔德国乃至欧洲外商投资安全审查的相关规定和程序并寻求官方指导。二是借助专业中介机构和相关第三方力量的帮助完成在德收购。三是适当调整收购策略并转变收购方式，降低德国政府和公众的注意力。中资企业可以采用循序渐进的收购方式先参股、后控股，或采取建立合资公司的方式确定合作关系，或是寻找当地战略合作方结成同盟，利用战略合作方的本土优势降低收购障碍。四是拿起法律武器捍卫自身合法权益。如果德国经济部最终禁止交易交割，中资企业可通过诉讼挑战经济部。五是通过交易谈判为自身争取最大权益。六是重视德国媒体的力量。中资企业应就收购行为进行一系列宣传包装，树立中国买方的正面形象，强调互利共赢的意义。

第二节　中资企业在德国收购的前景展望

技术创新产业升级理论提出了两个基本观点：一是发展中国家的企业通过持续不断的技术积累，最终促进所在国家和地区的产业结构升级；二是产业结构升级会进一步推动企业对外直接投资收购，技术能力水平决定对外收购的方式和增长程度。基于此，中资企业在德国的收购前景在某种程度上是可以预测的。早期中资企业在德国主要收购一些破产和经营不善的企业，收购领域主要集中在工业和制造业，随着中国经济和中资企业实力的发展壮大，中资企业开始进行多元化收购，高新技术产业逐步成为最受关注的投资领域。2015 年以后中资企业在德国收购出现井喷式增长，先后收购了多家就收购规模和技术水平而言都极具轰动效应的公司，如德国工业机器人巨头企业 KUKA、世界一流的医药设备包装机械和自动化方案提供商 Romaco 以及德国最大的垃圾焚烧发电运营商 EEW 等，这实际上是中国经济产业结构升级所带来的必然结果。

当前中国经济正经历第四次转型，即通过实现工业化、城市化和市场化来应对国际化的挑战，其实质就是用现代科技改造传统产业并发展前沿高新技术产业，提高经济发展中的科技含量。目前，我国许多产业都存在可持续发展能力不强的问题，极易受到国家产业政策、资源和环境的影响。高能耗、高污染、低产出和低效率的现象非常普遍，难以实现持续稳定健康发展，因此，进行经济结构转型升级，改变以往的经济增长模式已经迫在眉睫。经济转型的主要任务是开发和利用前沿技术、工艺和装备改造传统产业，开发具有自主知识产权的高附加值产品，提高高新技术产业在国民经济中的比重，使之具有持续发展的能力和国际竞争力。德国具有雄厚的技术沉淀和丰富经验积累，与中国存在高度的互补性。德国在汽车整车和配件制造领域、高端机械设备领域、化工制药领域和电子电气领域以及节能环保领域等都拥有世界领先的技术和品牌，这些正是中国经济转型升级所必须吸收和掌握的，自主研发的道路极其漫长，通过兼并收购是更加快捷的一种方式。

以世界最大产业——汽车工业为例，汽车工业由于技术的复杂性和产业的关联性，最能反映一个国家的综合实力。作为世界第一大汽车消费市场，中国在汽车整车和配件制造领域与德国差距巨大。德国大众是世界汽车行业中营业收入最高的公司，2016 年德国大众营收达到 2366 亿美元，比国内最大的汽车制造商上汽集团高出 1300 亿美元，而且上汽集团绝大部分营收还来自合资品牌。如果按照销量计算，差距更为明显。2016 年中国全年乘用车自主品牌的销量之和才基本与德国大众一家公司的销量持平。德国 Bosch 是世界营收能力最强的汽车配件厂商，2016 年营收达到 448.25 亿美元,是中国第一大汽车配件厂商延锋集团的 4 倍。每年中国不得不大量进口汽车整车和配件，2016 年进口额达到 746 亿美元。总之，在这个行业德国拥有世界最好的技术和品牌，所以将德国技术与中国市场相结合就成为中资企业的必然选择。据统计，2010—2018 年，中资企业在德国共收购了 51 家汽车和零件厂商，例如，2017 年郑州煤机集团收购德国 Bosch 电机业务、中汽工业收购德国汽车配件生产商 Finoba、宁波继峰汽车收购德国汽车内饰生产商 Grammer 以及江苏奥力威收购德国汽车精密件制造商 Schuerholz 等，在这些交易中，中资企业最关注的始终是德方高端的技术和严谨的制造经验。

对于中资企业来说，实施“走出去”的发展战略，通过跨国收购持续不断进行技术积累和升级已经成为发展的必然，因为中国经济转型是不可逆的发展趋势。资源型产业将逐步退出历史舞台，传统行业只能通过技术升级才能生存和发展，新兴产业将会成为中国经济的中心和国家新的支柱产业，所以中资企业在德国收购的步伐不会停止，就收购规模而言只会越来越大，就收购领域而言只会越来越高端，可是我们必须要警惕德国部分公众和媒体对中国收购的偏见和担忧。贝塔斯曼基金会 2016 年发布的调查报告显示，德国公众对中国收购在欢迎和忧虑之间摇摆不定：一方面，德国人已经清楚地认知到中国崛起的事实以及中国市场对德国的重要性。[①]德国《世界报》曾对德国公众做过一份名为《中国和德国——认知和现实》的调查[②]。调查显示，84%的被调查者认为中德关系与德美关系一样重要；60%的被调查者认为中国对德国经济的影响力很强或极强。另一方面，德国仍然对中国抱有很大偏见，所谓中国暗地支持企业买断德国高新技术企业的“技术窃取阴谋论”以及中国妄图通过收购控制德国经济和民生的“中国威胁论”在德国仍有很大市场，这种论调随着，中资企业在德国收购规模不断扩大而日趋活跃，由此看出德国公众对中国的认知远远落后于中国实际发展的情况。此外，中国经济转型升级势必会在某些行业中与德国展开正面竞争，再加上文化背景的差异以及德国人对中国的刻板印象和成见，相信在未来一段时间内中资企业在德国收购都会面临严峻的公众压力和舆论环境。可是如前文所述，中资企业“走出去”的步伐不会停止，中国经济转型升级的步伐也不会停止，中德经贸紧密的关系只会越来越强。德国联邦统计局公布的贸易数据显示，2017年中德进出口总额达到1866亿欧元，中国连续两年成为德国最重要的贸易伙伴。[③] 德国公众会逐步适应无处不在的中国影响力；同时，随着中资企业在德国取得的一个个成功，德国公众也会认识到中国对德国的收购实际上是一种合作共赢之举。相信随着中资企业逐步在技术领域和研发水平上达到甚至超越德方，部分德国人那种俯视中国和中资企业的傲慢和偏见也会逐步减少直至消失。归根到底，实力决定地位，这是国际关系学中新现实主义的核心观点，如果中国经济实力和科技实力处于绝对优势地位，相信中资企业跨境收购不仅在德国，在世界范围内都会拥有更加光明的前景，当然，实现这个目标还需要我们沉下心来继续努力。

---

① Xinhua,“Chinese investors should be welcomed in Germany: think tank,” April 23, 2013, http://en. people. cn/90778/8219351. html.

② Dorothea Siems,“Die Kognition und Realitaet von China,” Die Welt, https://www. welt. de/.

③ 慕尼黑总领馆经商室. 2017年中国蝉联德国第一大贸易伙伴[EB/OL]. 2018-02-24,中国服务贸易指南网,http://tradeinservices. mofcom. gov. cn/article/news/gjxw/201802/55017. html.

参考文献

中文文献

[1] 卜石元. 中资企业德国投资指南与案例分析 [M]. 上海：上海人民出版社，2015.

[2] 白江. 论有限责任公司取得自己的出资份额：以德国法和中国法为背景 [M]. 北京：法律出版社，2011.

[3] 曹洪军，安玉莲. 跨国并购理论研究综述 [J]. 东方论坛，2003（6）.

[4] 杜景林，卢谌，译. 德国商法典：第一版 [M]. 北京：中国政法大学出版社，2010.

[5] 杜德斌，赵剑波. 中资企业跨国并购全流程整合研究——以金风科技并购德国 VENSYS 公司为例 [J]. 学术研究，2014（8）.

[6] 方重，崔佳. 关于德国并购重组促进实体经济发展的思考 [J]. 清华金融评论，2017（12）.

[7] 高爱贺. 德国人合公司的主要形式及其经济意义 [J]. 经济管理研究，1995（2）.

[8] 高祥晓，王培. 由中国宏芯投资基金收购爱思强公司失败案例引发的思考 [J]. 对外经贸实务，2017（10）.

[9] 郭建鸾，郝帅. 跨国并购目标企业文化整合的影响因素与耦合机制研究 [J]. 中央财经大学学报，2015（1）.

[10] 国家发展改革委. 中国对外投资报告 [R]. 2017.

[11] 工业和信息化部部长. "中国制造 2025" 可简单概括为 "一二三四五五十" [EB/OL]. 2015 - 05 - 20，中国政府网，http://www.gov.cn/xinwen/2015 - 05/20/content_2865061.htm.

[12] 光大证券. 工业机器人：自动化升级，走进智能时代 [R]. 2017 - 11 - 06 日，Wind 行业研究报告.

[13] 工信部装备工业司. 中国制造2025解读之：推动机器人发展 [R]. 2016-05-12.

[14] 胡雯，王宇. 上工申贝化蝶之旅 [J]. 财经，2013 (12).

[15] 胡斌. 企业海外并购实践与启示——以中信戴卡全资收购德国KSM公司为例 [J]. 银行家，2014 (5).

[16] 韩春霖. 论企业跨国并购反垄断审查的国际合作——从恩智浦收购飞思卡尔案谈起 [J]. 国际贸易，2017 (3).

[17] 黄振宇. 并购中跨文化整合的机理研究 [J]. 上海对外经贸大学学报，2015，22 (5).

[18] 纪尧姆·杜瓦尔. 德国模式为什么看起来更成功 [M]. 北京：人民邮电出版社，2016.

[19] 蒋瑜杰. 中资企业跨国并购后的整合模式——以吉利集团并购沃尔沃汽车为例 [J]. 经济与管理研究，2017 (7).

[20] 李自杰，李卓潘. 跨国并购中的知识转移——沈阳机床并购德国希斯的案例研究 [J]. 国际经贸，2014 (1).

[21] 刘晓师. 工业机器人：自动化升级，走进智能时代 [R]. Wind证券研究报告，2017-11-06.

[22] 刘海云，李敏. 均胜电子在汽车零部件领域推进跨国并购模式的做法及启示 [J]. 对外经贸实务，2016 (8).

[23] 刘馨蔚. 德国收紧外资收购政策中企收购大门并未关闭 [J]. 中国对外贸易，2017 (10).

[24] 李俊峰，常瑜. 中国光伏产业清洁生产研究报告 [R/OL]. http://doc.mbalib.com/view/c6b5431bf54a2f68584d33dddd446e4c.html.

[25] 李晓宏，唐时达，攻克并购整合难题 [N]. CHINA FOREX，2016-05-15.

[26] 马海峰. 中资企业在德国的并购整合趋势 [J]. 经理人，2016 (11).

[27] 毛玉玲. 中企德国并购之路 [N]. CHINA FOREX，2013-10-01.

[28] 牛研，王思莹. 中资企业并购欧盟企业——以中集集团并购荷兰博格为例分析欧盟反垄断审查机制 [J]. 思想与政治研究，2017 (3).

[29] 彭海，王倩瑶. 智能制造浪潮来袭，工业机器人助力制造业转型升级 [R]. 联讯证券研究报告，2017-11-28.

[30] 潘星. 德国有限责任公司法改革述评 [J]. 德国研究，2009 (1).

[31] 普华永道会计师事务所. 2017年中资企业并购市场回顾与2018年展望 [R]. 2018，2.

[32] 前瞻数据库. 2016—2012年中国计量用仪器仪表行业市场需求与投资规划

分析报告［R］. 2017.

［33］前瞻数据库. 2016 年中国医疗器械市场销售规模约为 3700 亿元［R］. 2017 - 02 - 28.

［34］邱金辉，王红昕. 我国企业并购理论研究现状分析［J］. 经济问题，2006（7）.

［35］孙立峰. 在德国并购企业的融资相关法律问题——以三一重工并购德国普斯迈斯特有限责任公司为例［J］. 时代法学，2013（4）.

［36］商务部，国家统计局，国家外汇管理局. 2015 年度中国对外直接投资统计公报［R］. 2016 - 09 - 22.

［37］商务部. 中德收购指南—在德国的收购［R］. 2016.

［38］史世伟，陈建平. 德国经济数字地图 2011［M］. 北京：科学出版社，2012.

［39］王菁，田满文. 上市公司并购整合效率的影响因素新探［J］. 四川大学学报（哲学社会科学版），2010（1）.

［40］王小琼. 德国外资收购安全审查新立法述评及其启示［J］. 国外社会科学，2011（6）.

［41］王以锦. 海外并购基金操作实务与图解［M］. 北京：法律出版社，2015.

［42］徐芳，张梦迪. 欧盟体制下的外国投资国家安全审查制度探析［J］. 吉林工商学院学报，2015，31（3）.

［43］谢洪明. 跨国并购研究前沿及理论基础的演进［J］. 华南理工大学学报（社会科学版），2017，19（2）.

［44］徐聪. 德国经济治理［M］. 北京：时事出版社，2015.

［45］姚燕. 试析德国九家媒体关于中资企业在德国投资的报道［J］. 德国研究，2016（4）.

［46］颜士梅，王重鸣. 并购式内创业中的人力资源整合水平和模式研究［J］. 浙江大学学报（人文社会科学版），2007，37（1）.

［47］殷桐生. 德国经济通论［M］. 北京：社会科学文献出版社，2017.

［48］易界，胡润百富. 2017 年中资企业跨境并购特别报告［J］. 2018，2.

［49］银雷. 中国跨境并购新动向——基于均胜电子收购德国普瑞的案例分析［J］. 时代金融，2014（2）：190.

［50］叶勤. 跨国并购影响因素的理论解释与评述［J］. 外国经济与管理，2003，25（1）.

［51］翟巍. 欧盟国家限制竞争行为反垄断规制及对我国启示［M］. 北京：法律出版社，2016.

［52］种昂. 中资企业在德最大并购案：潍柴整合林德这四年［J］. 经济观察报，

2016（6）.

［53］赵春颖. 2017—2022年中国数控机床产业行业发展前景分析及发展策略研究报告［R］. 2017.

［54］张维，齐安甜. 企业并购理论研究评述［J］. 南开管理评论，2002（2）.

［55］张双才. 企业并购理论分析［J］. 河北大学学报（哲学社会科学版），2000，25（6）.

［56］张伟华. 海外并购交易全程实务指南与案例评析：第14版［M］. 北京：中国法制出版社，2016.

［57］张伟华. 跨境并购的十堂进阶课：第11页［M］. 北京：中国法制出版社，2017.

［58］张金鑫，张秋生，崔永梅，高愈湘. 并购背景下企业资源的分类［J］. 北京交通大学学报（社会科学版），2004（1）.

［59］朱宇方. 区分国家战略与企业发展，中企可不为收购限制所囿［BE/OL］. 观察者网，2017－08－21，https：//www.guancha.cn/zhuyufang/2017_08_04_421353_2.shtml.

［60］中国驻德国经商参赞处. 2016年中德经贸合作简况［BE/OL］. 2017，2，http：//www.mofcom.gov.cn/article/tongjiziliao/fuwzn/feihuiyuan/201702/20170202517082.shtml.

［61］朱伟革. 宽中有严的制约——德国外资并购法规与资本流程［J］. 国际贸易，2004（5）.

［62］中国资源综合利用协会可再生能源专业委员会. 中国光伏产业发展报告2008年［R］. 2009.

［63］周成曜，毛安艺，如何优雅地“走出去”——简评〈民营企业境外投资经营行为规范〉［EB/OL］. 2017－12－25，汉坤律师事务所网站：http：//www.sohu.com/a/212669420_617138.

［64］郑春荣，郑启楠. 德国对中资企业“走出去”的看法及我国应对之策［J］. 对外传播，2017（5）.

［65］Ninette Dodoo. 欧盟确立外商直投审查框架［J］. 中国外汇，2017（20）.

［66］Jan Bauer和Cornelia Topf. 中资企业赴德国最大并购案分析［J］. 中国对外贸易，2015（5）.

英文文献

［1］Anderson，JR.，“Acquisition of Cognitive Skill”，Readings in Cognitive Science，1988.

［2］Andrea Guenster. & Mathijsvan Dijk. “The impact of European antitrust policy：Evidence from the stock market", International Review of Law and Economics, Volume 46, June 2016.

[3] Arrow, K., "Vertical integration and communication", Journal of Economies, 1975 (6), pp. 173 – 183.

[4] Britzelmaier, B. and Flum, C. "Chinese direct investment in Germany: theary or opportunity for the German part of the merger or acquisition?" World Review Entrepreneurship Management & Sustainable Development, 2017, 13 (5/6): 492 – 520.

[5] Birger Wernerfelt, "A Resource – based View of the Firm", Strategic Management Journal 5, No. 2, 1984.

[6] Cartwright Susan and Schoenberg Richard, "Thirty Years of Mergers and Acquisitions ReseGWBh: Recent Advances and Future Opportunities", British Journal of Management, 2006, pp. 45 – 77.

[7] Calandro. J, "Assessing the risk of M&A: Bruner' s Disaster Framework applied to Berkshire Hathaway' s Gen Re Acquisition", Strategy & Leadership, Vol. 36 (6), 2008.

[8] C. Bryant, "Sany set to buy German pump – maker", Financial Times, 30 Jan. 2012.

[9] David Spaulding, "Investment performance attribution: a guide to what it is, how to calculate it, and how to use it", McGraw – Hill Professional, Vol. 6, 2003.

[10] Dardenne, A. and Fickas, S., "Goal – directed requirements acquisition", Science of Computer Programming, 1993, 20 (1 – 2).

[11] Denis Schweizer, Thomas Walker and Aoran Zhang, "Corss – border acquisitions by Chinese enterprises: The benefits and disadvantages of political connections", Journal of Corporate Finance, 2017.

[12] "Division of Shandong Heavy Industry Group Acquires 25 – Percent Stake in Forktruck Maker Kion Group", Rental Equipment Register Exclusive Insight, 2012, 4 (2).

[13] Donald DePamphilis, Mergers and Acquisitions Basics, 2011, NY: Academic Press, pp. 1 – 30.

[14] Duncan N. Angwin and Maureen Meadows, "New Integration Strategies for Post – Acquisition Management", Long Range Planning, Vol. 48, August 2015.

[15] Fletcher. O, "Lenovo Sets Sights on Medion", Wall Street Journal, New York, 2011.

[16] Geneen Harold, Bowers Brent, The Synergy Myth: And Other Ailments of Business Today, St. Martin' s Press, 1997.

[17] Ge, S. Chinese Companies in Germany, Südwestdeutscher Verlag für Hochschul-

schriften, 2013.

[18] Ghalebegi, S. "Chinese outward Foreign Direct investments in Germany: Post – Merger Intergration and Its Effects on Labor Relations", Hochschule für Wirtschaft und Recht Berlin – Bachelor Thesis, 2016.

[19] Global Industry Analysts, Inc., "Market ReseGWBh Report – Blood Banking and Blood Products", April. 2017.

[20] Hansell Gerry and Kengelbach Jens, "Lessons from Successful Serial Acquirers", Transaction Advisors, 2014.

[21] Hongyun Su and Su Yu, "Weichai Power Strives for 'Leadership' in Hydraulic Industry by Acquiring 70% Shares of Linde", Construction Machinery Technology & Management, Sep 2012.

[22] Jensen. "Agency costs of free cash flow, corporate finance, and takeovers", Journal of Business, 1986, 59 (2): 197 – 216.

[23] Jana P. Fidrmuc and Chunling Xia, "M&A deal initiation and managerial motivation", Journal of Corporate Finance, February 2017.

[24] Jing Zhou. & Wei lan, " Investor protection and corss – border acquisitions by Chinese listed firms: The moderating role of institutional shareholders", International Review of Economics and Finance, 2017. 12. 003.

[25] Jing Zhou. & Wei lan. "Investor protection and Corss – border acquisitions by Chinese listed firms: The moderating role of institutional shareholders", International Review of Economics and Finance, December 2017, https: //doi. org/10. 1016/j. iref. 2017. 12. 003.

[26] John A. Cantwell and Paz Estrella Tolentino, "Technological Accumulation and Third World Multinationals", University of Reading, Discussion Paper in International Investment and Business Studies, 1990, No. 1391.

[27] Jensen, Michael C. and Willian H. Meckling, "Theory of the firm: Managerial behavior, agency costs and ownership structure", Journal of Financial Economics, Vol. 3 (4).

[28] Joshua Rosenbaum, Joshua Pearl., "Investment Banking", Hoboken: John Wiley & Sons, Inc., 2013.

[29] Johannes Gabriel and Susanne Schmelcher, "Three scenarios for EU – China relations 2025", Futures, vol. 97, 2018.

[30] Kagemann, H. Wahlster, W. and Helbig, H. "Securing the future of German manufacturing industry: Recommendations for implementing the strategic initiative INDUSTRIE 4. 0", National Academy of Science and Engineering, Berlin/Frankfurt, 2016.

［31］ Karl Michael， “Mergers and Acquisitions in the Software Industry foundations of due diligence”，Norderstedt：Books on demand，vol6（3），2013.

［32］ Katherine，Löchel and Horst，“The relative attractiveness of Germany and the United States for Chinese overseas investment”，Frankfurt School – Working Paper Series，2016.

［33］ Ling li. “China's manufacturing locus in 2025：With a comparison of Made – in – China and Industry 4.0”，Technological Forecasting and Social Change，August 2017.

［34］ Louis Kaplow，“Market definition，market power”，International Journal of Industrial Organization，vol. 43，November 2015.

［35］ Marie Dutordoir，Peter Roosenboom and Manuel Vasconcelos，“Synergy disclosures in mergers and acquisitions”，International Review of Financial Analysis，Vol. 31，2014.

［36］ MGWB Ringel，“The governance of the European Energy Union：Efficiency，effectiveness and acceptance of the Winter Package 2016”，Energy Policy，Vol. 112，2018.

［37］ Martina Fuchs and Martin Schalljo，“Western' professional ethics challenged by foreign acquisitions：German managers' patterns of interpretation surrounding Chinese an Indian investors”，Geoforum75，2016.

［38］ Morck & Randall K.， “A History of Corporate Governance around the World：Family Business Groups to Professional Managers”，University of Chicago Press，2005.

［39］ M. Vatiero，“An Institutionalist Explanation of Market Dominances”，World Competition. Law and Economics Review，2009.

［40］ M. Weiss and M. Schmidt，“Labour Law and Industrial Relations in Germany”，4th edn Kluwer，2008.

［41］“Sany Promises to Keep German Workers Following Putzmeister Acquisition”，Rental Equipment Register Exclusive Insight，Feb. 2012.

［42］ Nan Zheng & Yavin Zhang，“In seGWBh of strategic assets through cross – border merger and acquisitions：Evidence from Chinese multinational enterprises in developed economies”，International Business Review，Volume 25，Issue 1，Part A，February 2016.

［43］ Nicolas，F. “China's direct investment in the European Union：challenges and policy response”，China Economic Journal，2014，7（1）.

［44］ Peter A. Corning，Nature' s Magic：Synergy in Evolution and the Fate of Humankind，New York：Cambridge University Press，2003.

［45］ Pendegast Canice， “The Provision of Incentives in Firms”，Journal of Economic Literature，Vol. 37.

［46］ Philip G. Jordan. “Global Solar Policy”，Solar Energy Markets，2014.

[47] Ploetner, O. and Pandit, S. "China' s largest investment in Germany: The strategic partnership between Weichai and KION", Harvard Business Review, 2014, 7 (1).

[48] Reddy K. S and Agrawal R, "Reengineering, crafting and comparing business valuation models – the advisory exemplar", International Journal of Commerce and Management, Vol 23 (3), 2013.

[49] Reid Whitten. "CFIUS for Europe? New screening of Foreign Direct Investments in Europe", The National Law Review, December 12. 2017.

[50] Rene Bohnsack. & Jonatan Pinkse. "The institutional evolution process of the global solar industry: The role of public and private actors in creating institutional shifts", Environmental Innovation and Societal Transitions, Vol 20, September 2016.

[51] Rosenbaum, Joshua and Joshua Pearl, "Investment Banking: Valuation, Leveraged Buyouts, and Mergers & Acquisitions", NJ: John Wiley & Sons, 2009.

[52] Ryeown Lee, Jong – Ho Lee and Tony C. Garrett, "Synergy effects of innovation on firm performance", Journal of Business ReseGWBh, September. 2017.

[53] Saurabh Vaidya. andPrashant Ambad, "Exploring Chinese cultural standards through the lens of German managers: A case study approach Procedia Manufacturing", International Business Review, Volume 20, 2018.

[54] Saurabh Vaidya, Prashant Ambad and Santosh Bhosle, "Industry 4.0 – A Glimpse", Procedia Manufacturing, Vol. 20, 2018.

[55] Savan Chatterjee, "Gains in Vertical Acquisitions and Market Power: Theory and Evidence", The Academy of Management Journal, Jun. 1991, Vol. 34.

[56] Schüler, M. and SZ Yun, "Chinese investment strategies and migration: Does diaspora matter? A Case Study on Germany", Journal of GWBhitecture Planning & Environmental Engineering, 2013, 8 (17).

[57] Snehal Awate. & V. Ajith. "Catch – up as a Survival Strategy in the Solar Power Industry", *journal of International Management*, October 2017.

[58] Sumantra Ghoshal and Philippe Haspeslagh, "The acuquisition and integration of Zanussi by Electrolux: A case study", European Mangement Journal, Vol. 8, December 1990.

[59] Vackav Smejkal, "Competition law and the social market economy goal of the EU", International Comparative Jursisprudence, Volume1, Issue1, November 2015.

[60] Zijun, "China investment in Germany Soars", China' s Foreign Trade, 2015 (1).

德文文献

[1] Alm, B. und Meurers, M. "Entwicklung der Investitionstätigkeit in Deutschland",

Econstor Preprints 107580, ZBW – German National Library of Economics, 2015.

[2] "Chinesen sollen lieber draußen bleiben", WirtschaftsWoche, Januar 2. 2016, https: //www. wiwo. de/unternehmen/industrie/uebernahmen – chinesen – sollen – lieber – draussen – bleiben/19165554. html.

[3] Dorothea Siems, "Die Kognition und Realitaet von China," Die Welt, https: // www. welt. de/.

[4] Jacob A. F., Klein S., Nick A. "Basiswissen Investition und Finanzierung", Gabler Verlag, 1994.

[5] Jürgen Schreier, "Preh – Gruppe übernimmt IMA Automation Amberg", MaschinenMarkt, Oktober 2014.

[6] KG GmbH, "Weichai Power und KION Group schließen Transaktion zur Gründung langfristiger Partnerschaft", PRESSEBOX, 2014.

[7] Klepper, CD. "Deutschland: Eine lohnende Investition Bessers Bedingungen für Start – ups, Reits und establierte Unternehmen", Argumente Zur Marktwirtschaft Und Politik, 2007.

[8] Matt Georg, "Chancen und Risiken einer Direktinvestition in der Volksrepublik China", Journal of Endocrinological Investigation33 – 1, 2010.

[9] Midea Group, "Midea plant Erhöhung der Beteiligung an KUKA AG durch ein freiwilliges öffentliches Übernahmeangebot", Ots. at, Mai 2016, https: //www. ots. at/presseaussendung/OTS_ 20160518_ OTS0005/midea – plant – erhoehung – der – beteiligung – an – kuka – ag – durch – ein – freiwilliges – oeffentliches – uebernahmeangebot.

[10] Pape U. "Grundlagen der Finanzierung und Investition", DE GRUYTER, 2015.

[11] Schneider, E. "Kritisches und Positives zur Theorie der Investition", Weltwirtschaftliches GWBhiv, 1967.

[12] Schnarr und Manfred, "Anlagenivestitionen: Leitung, Planung, Organisation", Verlag Die Writschaft, 1984.

[13] Sprechmann, K. "Wirtschaft, Investition und Finanzierung", Proceedings in Operations ReseGWBh, 2002.

[14] Sunways, A. G. "Sunways AG schließt Kapitalerhöhung ab, LDK Solar – Gruppe ist neuer Großaktionär", "PRESSEBOX", MGWBh 2012.

[15] Stephan Scheuer und Klaus Stratmann, "Die neue China – Skepsis", Handelsblatt, Dezember 21. 2017.

[16] Stefan. Prigge, " Das Wertpapiererwerbs – und Übernahmegesetz", ReseGWBh notes in economics & statistics, vol. 2, 2002.

[17] Tatistisches Bundesamt, "Jahr 2016: Volkrepublik China erstmals wichtigster Handelspartner", 18. Februar 2018, https://www.destatis.de/DE/ZahlenFakten/GesamtwirtschaftUmwelt/Aussenhandel/HandelspartnerJahr.html.

[18] Tim Bartz, "Chinesischer Mercedes - Aktionär—Der Schrecken der deutschen Industrie", Der Spiegel, März 2018.

[19] Walter Hilber & Karl Vogel, "Das neue GnbH - Gesetz: Kommentar fuer Gesellschafter, Geschäftsfuehrer und Berater", Gabler Verlag, 1980.

[20] Wang, Caroline S. "Definitorische Grundlagen der Direktinvestition. Deutsche Direktinvestitionen in der Volksrepublik China", Springer Fachmedien Wiesbaden, 2014.

索　引

后 记

由于在工作中经常遇到海外投资和跨境收购，所以我一直想就这一主题作一个梳理。其间又发现国内单一对德国投资收购的研究极少，几乎找不到高质量的学术成果，所以我决定写一本相关的书籍，对中资企业在德国收购的现状、动因、影响和挑战进行梳理并相应地提出应对策略，但是在写作过程中遇到了很大的挑战：

第一，最大的困难在于数据搜集。中资企业在德收购是近几年突然爆发的且很大一部分交易是由非上市公司完成的，导致诸如中资企业在德收购的财务绩效分析难以完成，因为短期财务数据不足以支撑绩效评价而非公众公司又难以获得准确的财务数据，可统计数据较为缺乏。本书只能通过大量的案例分析来阐述中资企业是否完成收购的预定目标，体现在研究中具有一定的欠缺。

第二，鉴于跨境收购背后都有很深的战略考量，身为核心决策层外的人实际上很难准确揣测和分析收购交易的真实意图以及投后整合安排的合理性，再加上每个交易的特殊性以及所涉行业的广泛性，所以本书有时难以进行全面的、精准的交易分析，可能存在分析深度不够的情况。

再加上个人能力、精力以及时间上的局限性，本书仍有很多地方有待完善和补充。例如，未能就中资企业跨境收购的融资方式和估值考量进行详细研究，未能就中资企业在德国上市和退出进行分析，未能就德国安全审查和反垄断审查与最具代表性的美国进行详细比较分析等，而且自该书定稿（2018 年 10 月）至出版（2019 年 5 月底）期间出现了一些新情况：2018 年 12 月 19 日，德国再次修订实施条例，进一步强化 FDI 国家安全审查，将涉及“敏感行业”的审查门槛由 25% 下调至 10%。2019 年 2 月 5 日，德国经济和能源部（BMWi）部长彼得 · 阿尔特迈尔（Peter Altmaier）

推出《国家工业战略 2030》明确将中国视为德国最主要的竞争对手之一。2019 年 3 月，欧盟委员会批准了《欧盟外商直接投资审查条例》，标志着欧盟第一次拥有了对“关乎欧盟利益”的外商直接投资拥有审查权，欧盟的 FDI 安全审查机制得以最终确定。此外，上海莱士（SH. 002252）在收购德国生产和销售血液制品巨头企业 Biotest 之后正与纳斯达克上市公司 Grifols 进行重组交易，由于可能成为真正意义上的“跨境换股收购”第一案，且牵扯到中、美、德三家上市公司，极具研究和分析价值。以上内容本书并未作深入探讨，非常遗憾。我会在接下来的一段时间通过发表论文的形式对这些新的变化予以跟进，以期能够给像我这类奋斗在投资收购第一线的工作者一点启发。

最后我还是要回到传统书写逻辑上来，不过我是真诚地反省和感谢。一是反省自己学术和业务不精，我希望未来十数年自己仍能够继续保持学习的状态，以弥补该书的不足。二是表示感谢。一路前行，要感谢的人很多，感谢硕士研究生导师吴志成老师当年招我入门，让我有机会踏上一条新的奋斗征程。感谢博士研究生导师江时学老师对撰写该书的支持和指导，感谢博士后合作导师刘志东老师帮我提高业务能力。感谢过去十年间在工作和学习中帮助过我的同事和同学们，很荣幸认识你们。最后我还要感谢我的家人、父母、老婆和孩子，你们才是我努力向前的动力之源，没有你们我将一无是处。

胡子南于北京

2019 年 5 月 13 日